永恒之井

理查德·A.纳克 著　张尧臣 龚填 译

THE WELL OF ETERNITY

文匯出版社

魔兽风云榜

龙族
五大守护巨龙
阿莱克斯塔萨 生命之龙（红龙）
玛里苟斯 魔法之龙 （蓝龙）
伊瑟拉 梦想之龙 （绿龙）
诺兹多姆 时间之龙 （黄龙）
耐萨里奥 大地之龙（黑龙）
夫妻
克拉苏斯（龙族魔法师）
克莱奥斯特拉兹（红龙）
同一个灵魂、
两种肉身
兽人
布洛克斯 勇士
三个人被卷
入时间旋涡
回到过去，
重新经历了
上古之战
暗夜精灵
孪生兄弟
伊利丹·怒风
玛法里奥·怒风
泰兰德·语风
恋人
师生
塞纳留斯 半神半人
艾萨拉 女皇
哈维斯 上层精灵
温蕾萨 女精灵
哈维斯是最得女皇宠信的精灵
燃烧军团
萨格拉斯 总头目
玛诺洛斯 指挥官
主仆
哈卡 犬王
两个人串通入侵了
暗夜精灵的都城
人类
罗宁 法师
两人曾经在上古之战中共同
抗击燃烧军团，后结为夫妻

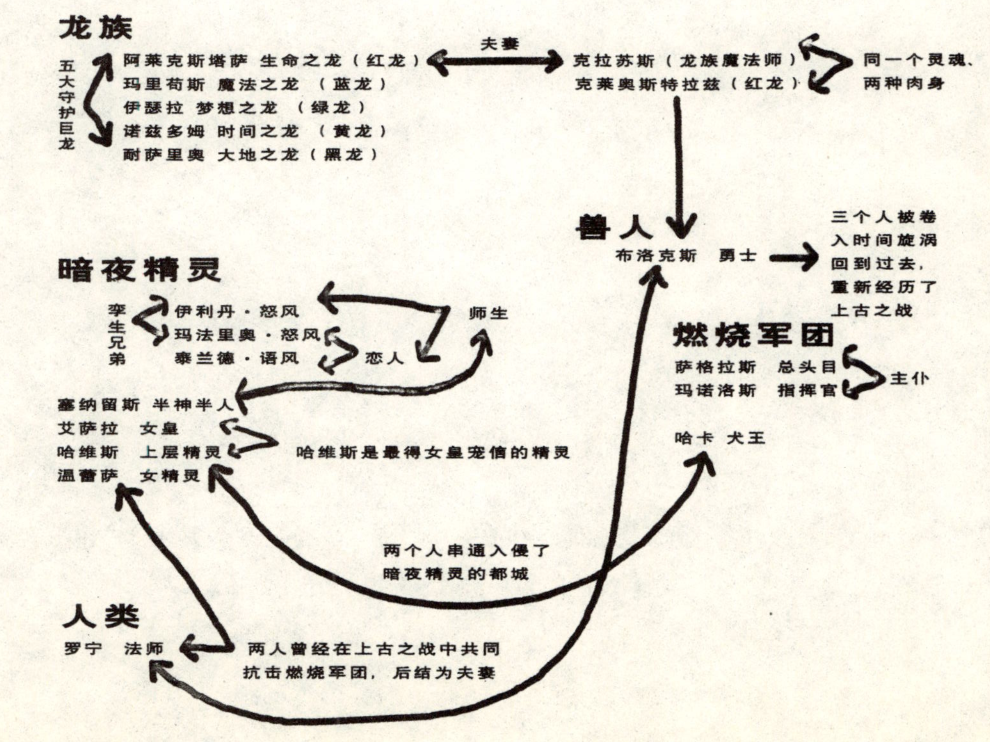

1

高大气派的宫殿就耸立在山边的悬崖峭壁上,俯视着山崖下一潭巨大的黑水。最初建造这个宫殿的时候,暗夜精灵使用魔法把石头和树木合为了一体。这简直就是一个奇迹,所见之人无不为之动容。宫殿的顶部全是树,并由岩石加固,它的塔尖突出,上面还开有窗户。墙壁是用火山石砌成的,巨大的葡萄藤紧紧缠绕在上面。百余棵参天的古树错综交结,这就形成了中间最早的主城:一个由石头和葡萄藤组成的圆形框架。

宫殿刚建成的时候,这样的奇迹打动了无数人的心,而今却令人生畏。在这个风雨交加的夜晚,一种神秘的气氛笼罩在它的周围,让人提不起勇气看上一眼。

当人们转而向水中望去,竟也看不到一丝平静。乌黑的湖水一反常态,汹涌澎湃,在远处掀起高如宫殿的巨大浪花,咆哮着互相拍打。闪电大作,在水面上闪出金色、绯红色,再渐变为绿色逐渐消逝在黑暗的夜空中。雷声隆隆,如千条巨龙从岸边奔腾而来。在这样一个风雨交加的夜晚,谁也不知道将要来怎样的一场暴风雨。

宫殿周围,卫士们披着绿色盔甲,小心翼翼环顾宫殿四周。他们不仅监视城外有无非法闯入者,倾听里面的动静……尤其是那座主塔,似乎他们已经感觉到了一股不可预测的神秘力量正在孕育之中。

高塔里有一间与外界隔绝的石头密室,瘦长的精灵身披织有繁琐六边形图案的绿松石珠光长袍,滚着大自然花纹的银色滚边,深奥的古体字散落在花纹中央，显得特别醒目。

暗夜精灵们默念着魔咒，银色的无瞳大眼在头巾下闪闪发亮。随着图案里魔法逐渐形成，汗水不断地从他们暗紫色的皮肤里渗出来。其中有一个精灵显得特别不耐烦，想尽快摆脱束缚。他的眼球很特别，并不是银色的，而是黑色的假眼，中间还横着一条条红宝石色的条纹。尽管是假眼，却似乎仍然可以洞悉每一个细节，察觉到周围精灵的一举一动。一张就算在精灵里也显得特殊的长而窄的脸上充满了渴望与期待。

另外此刻，还有一个精灵也关注着这一切，却一声不吭。她坐在一张奢华的真皮象牙椅上，银色浓发映衬得她更加美丽迷人。丝绸长袍泛出金光，一如眼睛般明亮。她看上去优雅而高贵贵，犹如至尊无比的女皇。她倚在椅子上，啜饮着高脚杯里的红酒。手每每挥动，手镯就叮当作响。每当暗夜精灵们所召唤的魔力能量出现的时候，她皇冠上的红宝石就熠熠闪亮。

她时不时打量那个急躁的假眼精灵，还撅起嘴，透出一丝怀疑。假眼精灵也偶尔瞥她一眼，似乎也察觉到她在看自己，每当这时，像变魔术一样，她脸上怀疑的表情倏地就变成了淡淡的微笑。

魔咒还在继续。

而乌黑的湖水也在继续狂躁地翻搅。

这里曾经发生过一场战争。如今，战争已经结束。

克拉苏斯知道，历史将最终记录下所发生的一切。但是，在战争中逝去的无数生命、被摧毁的土地、崩溃的整个精神世界却几乎要被活着的人淡忘了。连龙族的记忆也*转瞬即逝*。

这个脸色灰白、身穿长袍的魔法师不得不承认这个事实。他明白这一切。在很多人眼里，他只是一个满头银发、长得像鹰、右脸颊上划有三道长长伤疤的精灵。也许很多人都知道他是一个魔法师，但几乎没人知道，他也叫克莱奥斯特拉兹——只有一个真正的龙族才能配得上的名字。

克拉苏斯生而为红龙，是阿莱克斯塔萨最年轻的一个伴侣。他们彼此深爱，然而克拉苏斯还是离开了她，就为了探寻龙族未来的奥秘。

可是暗地里，克拉苏斯却在石屋里俯瞰着艾泽拉斯的芸芸众生。透过一丝翡翠水晶的微光，他就能看到任何土地，任何人。

所看之处，都是一副颓败的景象。

似乎就在几年前，绿皮兽人大举入侵，但很快就溃败了，残留下来的兽人都被囚禁了起来，这让克拉苏斯一度相信世界和平即将到来。然而好景不长，人类所领导的联盟因为互相争权而最终瓦解，他们曾经正是齐心合力抗击兽人的主力军。以前都说这是龙族的过错。尤其是死亡之翼，正是他引起了人类、矮人还有精灵的贪念和欲望。

但是，如果燃烧军团不来，那么历史就这样翻过去一页，没什么人会关心其中的细节。

今天，克拉苏斯眺望了远在海边的卡利姆多。直至今日，那个地方还像刚刚经历过一次火山爆发一样，没有任何生命的痕迹，更别说文明，这是这片土地上有史以来遭受的最大蹂躏。燃烧军团觉醒之后，除了死亡什么也没留下。

这些恶魔来自一个超越真实世界的地方。在那里，他们追求魔法，又吞灭魔法。亡灵天灾深处恐怖的爪牙到处肆虐，就是要把这个世界搞得一团糟。所以他们并不指望什么联盟……

而兽人曾经是燃烧军团的傀儡，现在却背叛了他们。兽人加入了人类、暗夜精灵、矮人和龙族的那个阵营中去消灭恶魔和恐怖的怪物，并把他们的尸骨扔进地狱，数千个魔鬼已经死去，其他的选择可能……

克拉苏斯长长地呻吟了一声：实际上，已经没有其他选择了。

克拉苏斯修长的手指在翡翠水晶前一挥，开始召唤兽人所在的画面。突然间，他的视线模糊了，眼前慢慢地浮现出一片岩石嶙峋的山地。地面上杂乱无序，但是充满了生机勃勃的景象，随时准备迎接客人的到来。

山地里已经造起了石头的建筑，这里是酋长和战争英雄萨尔的领地。这座高大的圆形建筑就是他们的大本营。如果按照其他任何族类的标准来看，真是简陋之极，但却合兽人的胃口。他们生来就四处漂泊，对他们来说，家简直太奢侈了。

有几个体型巨大的绿皮兽人在田间耕作。看着这些长相丑陋的农民，克拉苏斯不禁感到奇怪。当然，萨尔毕竟是个非同一般的兽人，他下定决心为自己的子民带来安定的生活。

整个世界迫切需要安定。克拉苏斯再一挥手，离开卡利姆多，去看他曾经引以为豪的达拉然城。肯瑞托统治着这个都城，这里曾经是燃烧军团之战的主战场，也是恶魔攻击的主要目标。

现在的达拉然城的尖塔塌陷了，宏伟的大图书馆被烧毁了，数不清的精神财富被毁灭了……无数生命丧生在此。议会也损失惨重。克拉苏斯的好几个朋友、同伴都被残忍地杀害了。克拉苏斯知道，在这个群龙无首的时刻，该他插手了。如果要保证盟军阵营的铁板一块，达拉然城必须只有一个声音。

尽管前路困难重重，但是龙族的希望还没有破灭。世界上没有不可战胜的困难。不再畏惧兽人，不再害怕魔鬼。艾泽拉斯大陆正在努力挣扎。而克拉苏斯相信它终将躲过劫难，还会兴旺发达。

看完翡翠水晶之后，他站了起来。而他亲爱的妻子——龙之皇后阿莱克斯塔萨会等着他。她其实很清楚，虽但克拉苏斯说要去拯救这个半死城市的愿望并不强烈。他只是想找回真我，先要和她告别——但他转念又会改变主意，所以要在后悔之前离开。

克拉苏斯之所以挑选这个密室不单单是因为很隐秘，而且还因为它很大。

他穿过一间小小的房间，走进了一个洞穴，里面非常高，足以驻扎一支军队。

这对一条龙来说大小正合适居住。

克拉苏斯伸出手臂，变得越来越长，修长的手指变成了爪子，背慢慢拱起，肩膀两旁同时迸裂出羽毛，很快就长出了一对翅膀。他的身体也渐渐拉长，变成了一只昆虫的样子。

渐渐地，克拉苏斯越变越大，四人份，五人份……到后来变成了十人份的大小。任何一个人，任何一个精灵在他面前都显得非常渺小。

巫师克拉苏斯就这样变成了一条龙——*克莱奥斯特拉兹*。

可就在他变身的过程中，一个突如其来的绝望声音萦绕在他的脑海里。

克拉苏斯迟疑了,回复到魔法师的原形,他眨了眨眼,接着开始环顾四周,想找出声音从哪儿来。

结果什么也没发现。他等了又等,那声音却再也没有出现。

他仍然满心狐疑,耸耸肩,再次开始变形……

绝望的声音又出现了,这次叫着他的名字:克莱奥斯特拉兹……

而这一次,他马上就回答了:*我听见你的声音了,你到底想要干什么?*

没有回答。但克拉苏斯可以感觉到周围那种绝望的气息。他希望和这个声音对话,他一定是需要他的帮助,只有他可以帮他。

我在这里!克拉苏斯大声叫道,告诉我究竟发生了什么事?

他可以感觉到轻轻的触摸,还有一种淡淡的悲伤。他全神贯注,生怕错过任何一点小小的线索,他希望……

巨龙具有一种强大的超乎寻常的力量,要比克拉苏斯强上千倍,这让他不知所措。可她却被禁锢在这样一个伟大的时代里,时间的魔咒紧紧环绕在周围。

哦,不是时间,不完全是——他就是时间之神。

时间之龙,诺兹多姆。

世界上只有四条巨龙,是克拉苏斯深爱的妻子——生命之龙阿莱克斯塔萨、疯狂的魔法之龙、飘忽不定的梦想之龙伊瑟拉和时间之龙诺兹多姆。

克拉苏斯露出痛苦的神色。实际上,以前一共有五条巨龙。第五条龙被称作大地守卫耐萨里奥。但在很久很久,久到克拉苏斯都忘记了具体时间之前,耐萨里奥背叛了其他四条龙,自立门户。

他就是毁灭者——黑龙死亡之翼。

一想到黑龙,让克拉苏斯暂时从他的惊疑中解脱出来。他下意识地摸摸脸上的疤痕。黑龙是否又重新出现,要来毁灭这个世界?这是不是让诺兹多姆痛苦的原因呢?

我听见你的声音了。克拉苏斯在心里呼唤他的名字,但一种恐惧感从心底涌上来。*我听见你的声音了!*——是你吗,黑龙?

但是他的面前却出现了很多奇怪的画面,他们自我燃烧着,火焰一直烧到了头上，这让克拉苏斯留下了难以磨灭的记忆。

不管有多大能耐，要和这些巨龙比起来，克拉苏斯就只能自叹不如了。巨龙的精神力量就轻易地把他甩向墙边，跌倒，他好不容易从地上爬了起来，但还是觉得头晕目眩。脑海里的思维碎片翻卷着向他涌来，侵袭着他的感觉，连勉强维持头脑清醒都很困难。

渐渐地，眼前的天地不转了，他又能正常地思考了，回忆起刚刚发生的一切。原来是时间之龙诺兹多姆在发出绝望的哭声，在召唤他的帮助。在勇气方面他越来越不像一条龙了。

除非威胁到艾泽拉斯大陆的生死存亡，其他没有任何事能让时间之龙如此痛苦绝望。那么为什么要找他这样一条红龙，却不找阿莱克斯塔萨和伊瑟拉呢？

他再次伸手去试图触摸巨大的龙，可是每当他这么做，便眼前就又开始天旋地转起来。他稳了稳自己，决定考虑下一步该怎么做，他脑子里不断闪现出卡利姆多地区白雪皑皑的画面。不论诺兹多姆到底要跟他说什么，一定跟那片与世隔绝的山区有关。

克拉苏斯拼命想找出其中的奥秘，但他需要一个能干的帮手。他一直以自己的能力为荣，可他的同族们总是顽固如石头，这些石头还挡在他的路上。他需要一个好的聆听者，当然也必须要反应迅速，还要帮他分析情况。不，在这种前途未卜的关键时刻，只有一个人能够帮他。

那就是罗宁——一个人类法师！

在卡利姆多这样一个偏远荒芜的国度里，满头银发的年迈兽人倚在一团篝火边上，火焰上正冒着烟。绿皮兽人喃喃自语，往火里扔了许多干燥的叶子，火头更猛了。浓烟滚滚，弥漫在破旧的小木屋里。

另一个年长的秃顶兽人，也靠在边上喘息。他褐色的眼里布满血丝，一副疲惫的样子，皮肤粗糙松弛，牙齿蜡黄不齐，还掉了颗大牙。如果没人帮忙，他连站起来都很困难，更不要说走路。

然而，就算是部落最勇猛的兽人都对他敬若神明。

兽人中的传统已经复活了。即使在最黑暗的部落时代，卡尔瑟的父亲都用这套传统教育他,而他的祖辈们也这样教育他的父亲。

而今,老朽的萨满真希望自己当时能了解得再多一些。

声音还在他的脑海里回荡。兽人推崇一种部落的精神。平时,他们一般讨论一些小事,一些生活琐事,而现在他们变得越来越不安,隐隐觉得有危险即将来临……

但是究竟有什么危险,他还不知道。

卡尔瑟把手伸进腰间的小袋子里,倒出几片干枯了的黑色叶子。其中大多数都是远古时代兽人从同一棵树上摘下来的。卡尔瑟曾被警告,不到万不得已千万不要用它们。他的父亲从来没有用过,他的爷爷也没有。

萨满把它们扔进了火焰。

顷刻间,火焰熊熊燃起,冒出蓝光。卡尔瑟立刻皱起了眉头,向前倾着身体,拼命地呼吸着新鲜空气。

眼里的世界改变了,老兽人也随之改变。他变成了一只展翅飞翔的大鸟。用力飞过大山,看着动物们越变越小,看到了地面上最遥远的河流。可当他的孩子们都超过他的时候,卡尔瑟并不高兴,而是奋起直追。如果就这么放弃了,他也许永远会做一只大鸟。

虽然脑子里在想这些,可卡尔瑟还是突然注意到了一些异常,可能跟远处传来的声音有关,地面上很多东西看上去都不大对劲。于是他朝声音的方向飞去,当他越靠近,就越感到不安。

就在大山的深处,他终于找到了不对劲的根源。

他这才知道,刚刚一切只是他的幻想,实际上并没什么东西。对卡尔瑟来说,这就好比一个漏斗,一端盛水另一端又不断溢出。而那些真正积淀下来的只有岁月,但岁月本身也会被漏斗吞噬。

他一直这么怀疑时间的本质,幸好他意识到的时候还不晚,否则这只时间漏斗也要把他吞噬进去。

忽然,卡尔瑟尽力释放自己。他用力紧绷肌肉拍打翅膀,灵魂飞出了他的肉体,他又想要灵肉合一,免得自己陷入昏沉。

可时间漏斗还是把他往里吸。卡尔瑟绝望地呼唤着精神向导,祈祷自己可以变得更加强壮专注。他知道他们会来的,可是有些晚了。时间漏斗挡住了他的视线，似乎做好准备要把他卷入。

突然之间，世界凝聚成了一团出现在他的周围。漏斗，山脉……一件一件慢慢显现。

卡尔瑟喘了一口气，终于醒了。

这么多年来劳心劳力，他很少这样冲在最前头。声音渐渐淡去。卡尔瑟坐在他的小木屋里，努力让自己明白过来，是的，他正生活在一个垂死挣扎的世界里。精神向导最后还是救了他们，尽管来得有一些晚。

但是他还是想到了梦境里的一幕幕，他明白其中的含义。“我必须告诉萨尔”，他喃喃自语道，“我一定要尽快告诉他，我们的家园，我们的部落在危险的边缘……”

2

罗宁感觉到了一种*不祥之兆*，绿色的眼睛紧紧盯住了预测仪。*任何一个法师都能辨认出来。*

“你确定吗?”温蕾萨的声音从另一个房间传来,“检查过咒语了吗?”

红发法师愁眉苦脸地点点头,他知道温蕾萨其实根本看不到他。

罗宁穿着镶有金色装饰的上衣和深蓝色裤子,看上去更像个政客,而不是一个法师。因为在过去的几年里,他施展魔法的同时还被迫耍一些圆滑的交际手腕。这并不容易,因为他生来就是一个喜欢控制一切的人。他有着浓密的头发和很短的胡子,长得像一头狮子,这正好符合他傲慢的性格。他的鼻梁骨很久以前不小心弄断了,后来经过矫正才又恢复正常,这就更给人一种热情而急躁的印象。

“罗宁……你有没有什么事瞒着我?”

他不能让她再等了。不管事情有多糟,她有权利知道真相。“温蕾萨,我来了。”

罗宁收起预测仪,深深地吸了一口气,向精灵走去,快到门口的时候,他突然停了下来,正好可以看到她的脸——一张漂亮精致的鹅蛋脸上长着一双清澈的蓝眼睛,鼻子小小的,微微上翘,嘴边一直洋溢着淡淡的微笑;还有那银白色的头发,站起来的时候,一直垂落到腰际。要不是她尖尖的耳朵,别人一定会误把她当做人类。

“什么事?”她问道。

“是……双胞胎。”

她的脸上顿时闪现喜悦的微笑，眼睛焕发出光彩。“双胞胎？真好！太棒了！”

她在木床上动了一动，纤细苗条的精灵骑士已经怀孕几个月了，所以没带护胸甲也没穿皮铠，只披着一件银色的睡衣，毫不掩饰自己圆润丰腴的身体。

关于她体型的变化，大家其实早看出来了，只是罗宁一直嘴硬不肯承认。要知道他们结婚才几个月，而历史上人类和精灵结合的婚姻本来就已经非常少见，还从来没有一个精灵生过孩子。

现在，他们要生的还是双胞胎。

“我想，温蕾萨，你可能不明白。双胞胎啊！人类和精灵所生的双胞胎！”

她的脸上还是洋溢着兴奋和惊喜：“很少有精灵会生孩子，生双胞胎的就更少了。亲爱的！我们的孩子将来注定是要干大事的。”

这时候，罗宁再也掩饰不住内心的苦涩：“我知道，可这也是让我担心的事情啊……”

温蕾萨和他曾经共同经历过很多磨难。在和部落的战争中，他们直捣兽人的大本营格瑞姆巴托。他们跟兽人交手，和龙族作战，还抗击巨人，等等。之后，他们又转战各国，几乎成了外交使节，游说盟军保持阵营完整的阵容。可他们并不想在战争中冒险，因为战后的和平到底能维持多久谁也不知道。

其后，燃烧军团也毫无预兆地不请自来了。

直到那时候，两个原本完全不契合的灵魂才联系到了一起，开始了合作。在和恶魔的残酷之战中，他们为自己的土地而战，也为彼此而战。有好几次，他们都以为对方已经死了，痛不欲生。

因为很多亲人都已经离他们而去，所以失去仅有的对方就变得更加痛苦。达拉然城和奎尔萨拉斯都城遭受过亡灵天灾的破坏。数以千计被巫妖王的手下所杀的亡魂反过来又为燃烧军团效忠。城里的人都死光了，更糟糕的是，那些被杀戮的魂灵纷纷复活而成了亡灵大军的一员。

罗宁的家人本就没有剩下几个，又都在战争中死去了。他的母亲很久以前就过世；他的父亲、哥哥还有两个堂弟，也都在安多哈尔沦陷的时候丢掉了性命。好在，那些无处逃生的绝望的护城士兵放了一把火，将城市顿时化为一片灰烬，连亡灵天灾也未能幸免。

他没有见到家人的最后一面——连他父亲的也没有——罗宁听到消息的时候心里一下子变得空荡荡的。就在那个瞬间，那些和亲人间的恩恩怨怨都一笔勾销了。家里只剩下他一个了，孑然一身。

直到他意识到，自己对精灵女骑士的感情是如此强烈之时，他终于不再感觉孤独。

战争结束以后，对他们两个来说，似乎只有结婚这条路可走了。尽管周围一片反对声，但罗宁和温蕾萨还是决定永不分开。他们订下婚约，尝试在这样一个战后凌乱的世界里，过上正常的生活。

现在面对即将降生的双胞胎，罗宁觉得有些苦涩和无奈，因为他知道，和平是不会长久的。

温蕾萨不等罗宁扶她，就自己站起身来。尽管快要临产，但她的身手还是很矫健。她鼓励地把手放在他的肩上，"你这人总是那么悲观！亲爱的，我希望可以健康地生下这两个小家伙，一对幸福的双胞胎。我们可以做到的。"

他知道她是认真的。情况再困难，也不会牺牲孩子。当时知道怀孕了以后，他们顾不得联盟了，径自在离达拉然城不远的一个宁静的地方安下了家。过着朴素而低调的生活，但是附近的人们都很尊重他们。

温蕾萨尽管失去了很多，但始终充满希望和勇气，这一点给罗宁留下了深刻的印象。家庭的变故给她心灵蒙上了巨大的阴影，而温蕾萨的内心深处有更大的创伤。奎尔萨拉斯城显然比达拉然城还要传奇，也更安全，可是现在，也是一片破壁残垣。几百年来屹立不倒的精灵族大本营，在几天内就毁于一旦。那些曾经引以为豪的精灵族与人类一样，死后加入了亡灵天灾的阵营，其中就包括温蕾萨同部落的精灵，还有几个她的家人。

听外公说，他绝望地亲手杀死了自己的亲生儿子，也就是她的叔叔。

外公还告诉她，弟弟被一群恶棍活活地撕裂了。而这些恶棍的头领正是她自己的大哥。后来她大哥也葬身火海。没人知道她父母的下落，但估计凶多吉少。

罗宁更是永远也不敢告诉她——关于她的一个妹妹希尔瓦娜斯是恶魔的谣言。

温蕾萨有一个姐姐叫艾蕾莉亚，在战争中作为将军的她领导军队打败了洛丹伦王子——叛徒阿尔萨斯，成了名副其实的英雄。阿尔萨斯王子曾是王国的希望，而现在却成了燃烧军团和亡灵天灾的仆人。他不但毁了自己的国家，甚至还带着亡灵天灾攻打精灵之都银月城。有一段时间，努力向姐姐看齐的希尔瓦娜斯信心满满地在每个要塞截击他，一副势必置他于死地的样子，然而每次都失败了，可亡灵天灾的魔法却起了作用，获得了最终的胜利。

官方的说法是，希尔瓦娜斯为了阻止阿尔萨斯屠杀银月城的精灵，英勇牺牲了。而精灵族的领导者、温蕾萨的祖父都说，希尔瓦娜斯是在那场毁城大火里化为灰烬的。当然，这一切都无法验证了。

对于温蕾萨来说，这就是故事的结局。然而，罗宁却从肯瑞托和奎尔萨拉斯那里听到了关于希尔瓦娜斯的消息，这让他胆战心惊。战争中有一个幸存者隐约记得，希尔瓦娜斯将军没有死，而是被俘虏了。她已经重伤，几乎不成人形。后来阿尔萨斯为了一时之乐就把她给杀了，还疯了一般把尸体挂在昏暗的庙里，玷污了她的灵魂和尸体。她就这样从一个英雄般的精灵变成了一个恶魔——一个常常出现的凄惨的女妖，穿梭在奎尔萨拉斯城的废墟里。

罗宁至今都无法确认这个谣言是真是假，说不定有这可能。所以他一直希望温蕾萨不要知道事情的真相。

发生了如此多的悲剧……所以当罗宁想到自己家庭未来的时候，他还是无法排遣那种不安定的感觉。

他叹了一口气，说："也许等他们出生了，我就会好些吧。我可能就是有点准爸爸的紧张。"

"怎样才算得上是好父母呢？这个我们可不拿手。"温蕾萨满足地回到床上，“好在杰丽娅帮了我很多忙。”

杰丽娅生过六个孩子，还帮忙接生过很多孩子。罗宁过去一直认为，人类在和精灵打交道的时候，总是存有戒心——更不要说是精灵嫁给一个人了——但是杰丽娅只看了温蕾萨一眼，就表现得像一个完美的母亲那样。罗宁给她的工钱不低，但还是始终怀疑，杰丽娅不是真心对妻子好。

“我想你是对的，”他开始说，“我刚去了——”

一个非常熟悉的声音突然在他的脑海里响起。

听起来不妙。

罗宁，我需要你。

“克拉苏斯?!”罗宁惊诧地叫道。

温蕾萨站起身的时候，声音消失了。“克拉苏斯？他怎么样了?”

他们夫妻都认识克拉苏斯。这个肯瑞托的成员为了让他俩在一起，花了不少心思和力气。可当时克拉苏斯并没有告诉他们所有的真相，尤其是他自己关心的问题。

后来在极度紧要的关头才发现，原来克拉苏斯还是一条龙——克莱奥斯特拉兹。

“是……克拉苏斯。”罗宁只能说这些。

罗宁……我需要你……

*我不会帮你的！*法师突然回答道，*我已经做了我应该做的事情了！你知道，我现在离不开她……*

“他到底要怎么样?”温蕾萨问道。她心里也明白，克拉苏斯是不会轻易来找罗宁的，除非真有什么大麻烦。

“没有关系！他会找别人的。”

*你先别拒绝我，给你看样东西……*声音再次传出，*让我给你们两个都看样东西。*

罗宁还来不及反对，脑海里就出现了一幅幅的画面，他仿佛看到了时间之龙，而时间之龙又呈现出那么绝望的样子。他震惊极了。克拉苏斯所经历过的一切，现在魔法师和他的妻子也都看到了。

最后，一座峻峭的大山出现在他们的面前。很多人认定它就是诺兹多姆的痛苦之源——卡利姆多。

画面虽然只持续了几秒时间，但罗宁已经精疲力竭了。他听到床上喘息的声音，于是转过头去，温蕾萨猛地从床上翻落下来。

他急忙走过去，可她摆摆手："我没事！只是……喘……喘不过气来。等一下……"

罗宁愿意为温蕾萨付出一切，直到永远。可换了一个人，他恐怕连一秒钟的时间也不愿意浪费。法师对克拉苏斯说，*找别人去吧！那些日子我已经受够了！现在我有更重要的事情要做！*

克拉苏斯一言不发，但是不是还要耍别的花招？罗宁很尊重克拉苏斯，甚至可以说是喜欢。可是他已经不再是法师罗宁了。现在，他只关心他的家庭。

让罗宁感到惊讶的是，原本他以为妻子也不希望他离开，但她竟然低声说："你现在就动身吧。"

他看着温蕾萨："我什么地方也不会去。"

可温蕾萨马上说："但是你必须去。你看到了，我也看到了。他不是让你去完成什么没意义的任务！克拉苏斯这么担心……他的担心让我也觉得害怕。"

"可是我现在不能离开你！"罗宁单膝跪下，把头靠在温蕾萨肚子上，"我现在不能离开你，也不能离开他们！"

温蕾萨眉头紧锁，每当要和罗宁分开的时候她都会这样。而且这一次，甚至根本不知道是为什么使他们分开。"虽然我最不愿意看到的就是你去冒险！我也不想孩子一生下来就没爸爸，但我更不想孩子一出生，就生活在这么危险的世界里。就因为这个原因，你要去！如果我没有怀孕，我一定会和你并肩作战，这你是知道的。"

"当然……当然我知道。"

"我一直告诉自己，克拉苏斯很强大，甚至比克莱奥斯特拉兹还要强大！我让你去就是希望你和他共同战斗，你心里也很清楚，如果你没这有这个能力，克拉苏斯根本不会找你帮忙。"

的确,龙族是不会轻易给别人以尊重的。不管是以克拉苏斯的名义还是以克莱奥斯特拉兹的名字,让罗宁帮忙,本身就已经很说明问题的严重了。而且如果他们一起搭档的话,罗宁将受到很好的保护。

罗宁点点头:"好吧,我去。杰丽娅来之前,你一个人没问题吧?"

"相信我,我在100尺开外就能射死一个兽人,我还跟恶魔战斗过,我走过的路比艾泽拉斯还要长。是的,亲爱的,我会处理好一切的。"

罗宁温柔地吻了下温蕾萨:"那么,最好现在就通知克拉苏斯我会去的。他可没什么耐心。"

"克拉苏斯把全世界的责任都揽到自己身上了。"

可罗宁并不同情他。龙只是想拯救世界,这样的成就感,要比当一个父亲大得多吧。

罗宁整装待发,在脑中默想:*好吧,克拉苏斯。我愿意帮助你。我们在哪里碰面呢?*

周围突然变得一片漆黑。远处他听见温蕾萨用微弱的声音喊他的名字,脑中一阵晕眩。

靴子走在硬石上嘭嘭作响,全身每块骨头都像要散架一样,他只能尽量让自己保持平衡,不要跌倒。

罗宁出现在一个天然的巨大山洞里,顶部是椭圆形的,墙壁很光滑。透过灰暗的灯光,他看到了待在里面等候他的人。

"那么……"罗宁最终还是开口了,"我想我们是在这里会面。"

克拉苏斯戴着手套,但还能依稀看出纤长的手指,他指指左边:"那儿有一包东西,里面有水还有粮食,你拿着,然后跟我来。"

"我甚至没来得及跟妻子道一声别……"罗宁拿起皮包,甩到肩膀上嘟囔了一句。

"我很同情你。"红龙魔法师说话间,已经走出很远,"我已经安排好了,有人会照顾她的。我们不在的时候,她也不会有事。"

才听克拉苏斯说了几秒钟,罗宁就回想起当年克拉苏斯不等自己决定就早早下了定论。克拉苏斯已经习惯于不加通知就帮罗宁打点好一切。

他跟着又高又瘦的克拉苏斯走到山洞口。与兽人之战后,克拉苏斯搬了家。这事情罗宁知道,至于具体地址就不清楚了。这个山洞俯瞰着一片山脉,风景秀丽,看起来环境不错,离他家也不远,丝毫不让人觉得阴森恐怖。

“原来我们做邻居了。”罗宁没好气地说。

“只是一个巧合罢了,否则怎么能找你来呢?如果我是在女皇的洞穴那附近找到你的,施魔法只会耗费更多的法力,可我又要千方百计保持魔力充足。”

克拉苏斯说话的语气让罗宁怨气全消,他从没有听到克拉苏斯这么关心一个人。“说到时间之龙诺兹多姆,你跟他还联系得上吗?”

“没有……所以我们必须要加倍小心。事实上,我们不用施魔法去那个地方,我们应该飞过去。”

“可如果不施魔法,怎么可能飞呢?”

只见克拉苏斯挥动起手臂——爪子慢慢伸出,手臂上长满了鳞片,他的身体开始不断膨大,越变越宽,还长出了一翅膀。瘦弱的身躯不断拉长,扭曲,最后变成了爬虫的模样。就这样,克拉苏斯变成了克莱奥斯特拉兹。

“当然是飞过去。”罗宁咕哝道,“看我多傻啊!”

这时巨龙克莱奥斯特拉兹看着他身边微小的人类同伴。

“爬上来,罗宁,我们得走了。”

法师不情愿地爬了上去,回想起过去坐在上面最舒服的姿势。他把脚放在红龙绯红色的鳞片下面,然后身体低低地趴在背上,手指扣在鳞片里。罗宁知道,克莱奥斯特拉兹会尽量不让他滑下来。可还是有些冒险,毕竟这么大一条龙,在天上会发生什么事,谁也不知道。

巨大的翅膀拍打了一次,两次,突然,红龙就拔地而起直直地向天空冲去。每拍一次,就飞出好远。克莱奥斯特拉兹飞得很轻松,但罗宁感觉得到他的血脉贲张。虽然大部分时间里,他都是以克拉苏斯出现,但是在空中,他也一样轻松翱翔、游刃有余。

冷风阵阵吹来,罗宁真想叫他停一下,自己好把长袍变成一件旅行大斗篷。他费力地把手伸向后方,把衣服往上拉——却发现后面有个风帽。

再往下一看，他已经穿上了一件藏青色的旅行斗篷。他之前只字未提，可克莱奥斯特拉兹早已想到这点，把衣服变成了舒适的款式。

戴上了帽子，罗宁不禁觉得前途悲观地渺茫起来。时间之龙到底为什么而痛苦呢？听上去像是一场灾难，马上要降临到这个世界上来，而且肯定超出了一个魔法师可以掌控的程度。

可，克莱奥斯特拉兹却找他这个魔法师帮忙……

罗宁希望，他可以做点什么有价值的事，这不仅仅为了红龙，更是为了他即将出生的孩子。

路上，罗宁竟然不可思议地睡着了。根本没有他想象中的会从龙身上滑下去，或者遇到什么高空危险事故，表面上红龙看起来飞得平静轻松，实际上他一直在掌握节奏和平衡。这样，罗宁才会感到如此舒适。

太阳就快下山了。罗宁正要问克莱奥斯特拉兹，是不是准备连夜赶路，红龙就已经开始下降了。渐渐往下飞，法师先是看到一潭水，逐渐扩大之后发现是一片大海。罗宁突然想起来，红龙好像不是两栖动物，难道他要像鸭子戏水那样在海面着陆吗？

没过多久，谜底揭晓了。远处出现了一块岩石，看上去似乎很诡异。不！不是一块岩石，那根本就是一个荒芜的小岛。一种恐惧感油然而生。这种感觉罗宁以前在过海去卡兹莫丹的时候也体验过。那时候他和矮人骑士一起飞越了一个叫托尔拜拉德的小岛，兽人曾经在那里念过魔咒。岛上的居民经历了大屠杀，个个家庭都家破人亡。法师分明可以感受到那些哀怨哭声里的复仇气息。

而现在，这样恐怖的哭声又出现了。

罗宁大喊一声。但不知是“风太大我听不见”，还是克莱奥斯特拉兹故意不想答复他。巨大的翅膀调整拍打的节奏，缓缓向下飞。他们停在一个海峡上，低头看得到很多阴沉而且损坏严重的建筑。对一个城市来说，这些建筑实在是太小了。罗宁想，这里以前可能是一个堡垒或者是一个类似城墙的地方。不管是什么，总弥漫着一种不祥的气氛，罗宁更加担心了。

“我们再过多久出发？”罗宁问克莱奥斯特拉兹，他还抱有一线希望只休息一会儿就能继续赶路。

“天亮以前吧。要去卡利姆多，必须要经过大漩涡，那样的话我们得保持充沛的精力，只有这个岛还能让我们休息一下。”

“这个岛叫什么名字?”

“我也不知道。”

克莱奥斯特拉兹蹲下来，好让罗宁从他背上下来。巨龙才走了没几步，还来不及看到城市的破壁残垣，天就黑了。

“这里一定发生过惨剧。”克莱奥斯特拉兹突然说。

“你也感觉到了?”

“嗯……不过我说不清。我们还是要小心，在这里我不想变身回来。”

克莱奥斯特拉兹这么说，多少让罗宁有了些安慰。他紧挨着红龙，虽然一直以鲁莽性格著称，但毕竟不是傻瓜，当然不想靠近那些哀怨气息浓厚的废墟。

克莱奥斯特拉兹很快就睡着了。罗宁仰望夜空，脑子里全都是温蕾萨的样子。双胞胎就快要生了，他真希望他们出生的时候他在身边。生育简直就像魔法一样神奇，他恐怕是永远也体会不到的。

想到家人，罗宁总算可以放松一点。想着想着，他也睡去了。孩子还不知道是男是女，可孩子和妻子都给了他坚持下去的动力。

温蕾萨的形象渐渐消失，只留下罗宁和两个孩子在一起。他们让爸爸过去。梦境里，罗宁在宁静的乡间不停奔跑，去追逐远在天边戏耍的孩子们。刚开始只是为了好玩儿，可到后来罗宁真的找不到他们了。之前快乐的叫声也变得越来越惊慌，孩子们需要他，可先得找到他们，要快!

“爸爸！爸爸!”传来孩子的喊声。

“你们在哪儿？你们在哪儿?”罗宁尽力拨开一堆乱树枝，可越用力，树枝就缠得越紧，最后罗宁只能折断树枝破开道路，于是看见一座高大的城堡。

孩子们站在高高的城堡顶上，又叫了起来。只见他们的身影渐渐远去。于是罗宁施了魔法让自己悬浮在空中。可他飞得多高，城堡也随即变成多高。

他只能加快施法。

“爸爸！爸爸！”孩子们的声音愈发模糊。

他走到塔楼窗户下面，两个孩子在那里等他，却不愿意靠近他。可实际上距离又是那么近……

突然，一个怪物袭来，把城堡摇回原地。罗宁和孩子们也被甩到地上，他要想尽办法去救孩子们，可突然一只魔鬼般的皮手一把抓走了他。

“醒醒，醒醒！”

罗宁的头就像炸开了一样疼，周围也跟着开始天旋地转起来。他手上软绵绵的一点儿力气也使不出，很快又沉入了梦境。

“不管你在哪里，醒醒罗宁。”

只见两个摇摇晃晃的影子紧紧抓住他，而孩子们又哭着闹着让他救命。

罗宁微笑着，孩子们也朝他笑，却露出一排锋利的尖牙。

就在这个时候，罗宁才真正醒了过来。

他躺在地上，看得到天上的星星，原来他在一栋没有屋顶的废弃房子里。此时飘来一股腐烂的味道，耳边又响起嘶嘶的声音。

他微微抬起头，朦胧的夜色中看到一张脸。

这张脸就像一具骷髅被浸泡在融化了的软蜡里，剩下的蜡一滴一滴流完。他的嘴里满是尖尖的牙齿，血红色的眼珠暗淡无光，贪婪地看着罗宁，实在是恐怖至极。

这个怪物向罗宁扭动着挪来，手臂瘦骨嶙峋，三根手指又长又弯戳在乱石中。他穿着活着时遗留下来的外套和裤子。罗宁以为他身上一点肉也没有，却看到肋骨上蒙着几乎透明的一层皮肤。

眼看怪物就要拉住罗宁的脚了，他赶紧往后爬好躲开。这时，怪物张开黏糊糊的嘴巴，却发出小孩子的清脆声音，和想象中的嘶哑完全不一样。

“爸爸！”

这声音和罗宁梦里的一样，这不禁让他不寒而栗。他不由一惊，是孩子在叫他。可，这不可能！

这时，屋子里响起了一阵震天巨吼，吓走了他所有的胆怯。罗宁指着怪兽，低声念出咒语。

法师周围突然升起一道火墙，怪兽尖叫着，高高地跳了起来，想跳过火焰。

“罗宁，”克莱奥斯特拉兹在外面叫道，“你在哪儿啊?”

“这里！我在这里！这个没有屋顶的地方。”

他回答的时候，怪物已经跳过了火墙。

火势蔓延开来，怪兽威胁地张开血盆大口逼近，一口就要把罗宁吞下去的样子。

正当法师要再发火球术的时候，一片巨大的影子从上面遮蔽了星光，怪兽被一个巨大的爪子猛地抓住了。又是一阵尖叫，怪兽浑身上下都烧了起来，身体也被撞向一面墙壁，摔得粉碎。

空气中弥散开一股恶臭，罗宁都快受不了了，急忙用袖子捂住了嘴巴和鼻子。这时，克莱奥斯特拉兹终于赶到了身边。

“什么……到底是什么东西?“罗宁尽力让自己喘过气来。即使在黑夜里，他也感觉得到怪兽的恶心。

“我想……我想这里以前是他们的家。”克莱奥斯特拉兹打量着四周。

罗宁顿时瞪大了眼睛：“这里以前是人类的家，这怎么可能?”

“燃烧军团之战的时候，你也看到了亡灵天灾所犯下的罪行，你不必问也知道。”

“这是他们干的?”

克莱奥斯特拉兹呼了一口气，很明显，他和罗宁一样都深受困扰。“不，这个要古老得多，而且比巫妖王还要罪孽深重。”

“克莱……克莱奥斯特拉兹，他进入了我的梦乡，干掉他们。”

“其他的也这样骚扰我。”

“其他的?”罗宁环顾四周，魔法咒语就在嘴边，时刻准备着，他肯定废墟里有他们的同类。

“我们很安全，至少是现在。剩下的已经分散在废墟的裂缝里了，我想地下一定有坟墓，他们没有攻击目标的时候，就在地下休眠。”

“我们不能再待在这儿了。”

“的确不能，”红龙应和道，“我们应该马上去卡利姆多。”

他蹲下来，罗宁爬了上去，顷刻间翅膀就扇动起来，这对人龙搭档又开始了空中飞行。

“等我们成功完成任务后，我一定回到这里来，解决一切的麻烦。”红龙说，而后他又轻轻地加了句，“这个世界上的麻烦已经太多了。”

罗宁没有回答，而是向下看了一眼。也许是幻觉，红龙起飞的时候，他看到了更多的食尸鬼，他们成群结队，正站在废墟里如饥似渴地看着他们。

他把眼睛移开，庆幸自己已经踏上了去卡利姆多的路。经历了这样一个可怕夜晚，等待这对搭档的不会再有更糟的情况了吧。毫无疑问……

3

那天晚上，克莱奥斯特拉兹一口气飞到了卡利姆多。其间他停下来和罗宁一起吃了点东西，一吃完他们又启程飞越下一座大山。离目的地越近，克莱奥斯特拉兹就飞得越快。他还没告诉罗宁，他其实是想联系上诺兹多姆的，而且实际上他已经试过，但是失败了。可是没有关系，很快他们就会知道时间之龙痛苦的真正原因了。

“那座山峰！”罗宁尖叫道。尽管他刚刚又睡下了，可他总睡不安稳。那个有关邪恶岛屿的噩梦充斥着他的梦境。“我认得出那座山峰。”

克莱奥斯特拉兹点点头。这是到达目的地前的最后一个地标，可就算没有看到，他也能感觉到周围环境的异样，麻烦真的要来了。

他很肯定，但还是调整了一下飞行的节奏。事实上，他也别无选择。不管前方等待他们的是什么，只有依靠他自己和身上的法师了。

当他们两个真的看到目的地的时候，却没注意有很多双眼睛也在看着他们。

“一条红色的龙，”一个兽人说，“上面还骑着一个人。”

“是我们的同伴吗，布洛克斯？”另一个兽人问，“是一个兽人吗？”

布洛克斯哼了一声。另一个兽人非常年轻，一定没有见识过燃烧军团之战，所以不会知道什么时候龙肯让生物骑在自己身上了，而且是兽人并非人类，加斯科只听到过一些传说而已。“加斯科，你这个傻瓜，现在想要让一头龙带着一个兽人到处飞,只可能是装在胃里!”布洛克斯说道。

加斯科耸耸肩,一副满不在乎的样子。他看上去就是那种骄傲的兽人勇士——高高大大,肌肉发达,皮肤粗糙还泛着绿莹莹的光,露出两颗巨大的牙齿:他鼻子扁扁的,眉毛浓密,是典型的那种兽人的眉毛,乌黑的头发披在肩上:一只肌肉强健的手紧握着一把巨大的战斧,另外一手拿着山羊皮做的绳子。他穿着兽皮裙和拖鞋,外面套件厚皮风衣来保暖,简直跟布洛克斯一样。虽然兽人的生存能力很强,可在这么高海拔的山里,穿得暖点也是需要的。

布洛克斯也是一个勇士,他不惧怕任何敌人,只有岁月能让他衰老。可能因为有点驼背的关系,他看上去比加斯科矮一点,头发也不多,已经开始发白了,脸上爬满了伤疤和皱纹。他的眼神里,早就没有了年轻同伴的那种渴望,而全都是怀疑和不信任。

布洛克斯拿起久经沙场的战斧,在雪地里蹒跚前行。“他们跟我们去的是同一个地方。”

“你怎么知道?”

“除了那儿,还能去哪儿呢?”

加斯科觉得没有什么好争辩的,于是就不说话了,安静下来,好让布洛克斯好好想想两个人究竟是为什么要去那个荒凉之地。

老萨满到萨尔这里找听众的时候加斯科还不在,可是他听说过其中一些小道消息。萨尔是那么尊重传统,又把卡尔瑟当成神一样。如果卡尔瑟要即刻见他,一定是有要紧的事情。

即使不重要的事情,他也会第一时间出现。

在萨尔两个卫兵的搀扶下,卡尔瑟进门坐在了酋长面前。为表示尊敬,萨尔坐在了地上,盘起腿,让双眼可以平视他。酋长交叉的腿前放着方头的命运之锤,象征着敢与部落为敌的一切都终将被毁灭。

兽人的新任酋长身材非常魁梧,萨尔在历代酋长里算是很年轻的了,但是没有人怀疑他的领导能力。他把兽人们从收留所接回来,帮他们重新找回了荣耀和骄傲。他又和人类签订了条约,人类将给兽人带去新生的机会。因此,他的子民早已对他歌功颂德,并将流芳百世。

前任兽人酋长也颇具传奇色彩,萨尔身上就穿着传承自他的镶有黄色青铜的厚重盔甲。现在这个部落最伟大的勇士低下头,谦卑地问:"您能来到这里我很荣幸,能帮您什么呢?"

"听我说就可以了。"卡尔瑟回答,"用心听。"

酋长往前靠了靠,蓝色的眼睛里充满了疑惑——他想到了自己的子民。这一路走来,从努力变成角斗士到最终成为一名领导者,萨尔感同身受,甚至还找到了一些其中的窍门。他非常了解卡尔瑟为什么这么说,为什么这么做。

随即卡尔瑟告诉萨尔,他看见了一只漏斗,时间是如何在其中流淌的。他说自己听到那些声音,那些警告,那些不同寻常的感觉。

如果不查明事态,他担心会出现不可预知的灾难。

卡尔瑟说完,酋长就退了回去。他脖子上戴着一枚刻着金色斧锤的大勋章,威武又神气,眼里闪着智慧的光彩,感觉上就有一种领袖气概。他走路的时候,也不像是个粗野的兽人,而是步伐优雅稳重,看上去更像一个人类或者精灵。

"这听起来像是和魔法有关,"他低声说,"大魔法。也许是……巫师的魔法。"

"他们可能已经知道了,"卡尔瑟回答说,"但是我们没时间等待,伟大的酋长。"

萨尔明白了:"你想让我派人到你觉得有问题的地方去,对吗?"

"这是最保险的做法。这样至少我们能搞清楚,到底面临的是什么危险。"

萨尔摸摸下巴。"我想我知道该找谁了,一位优秀的勇士。"他转向士兵,"布洛克斯!叫布洛克斯来!"

布洛克斯就这样被召来,接下了任务。萨尔非常尊敬布洛克斯,因为上次打仗的时候,布洛克斯是个大英雄,也是恶魔之战中,冲锋队里唯一的幸存者,当最后一个战友的身体被劈成两半而增援还迟迟不来的时候,他依然挥舞着战锤奋力厮杀,最后浑身冒血孤独地站在敌人的血泊当中。就这样,他的名字差不多和萨尔一样令人尊敬。

可萨尔选他,不仅仅因为他名声在外、经验丰富,更重要的是,萨尔知道布洛克斯会效忠于他。萨尔不可能向山区派兵,他需要一两个心腹随时向他汇报。

加斯科被选中跟随布洛克斯,因为他身手敏捷,又绝对服从。年轻一辈的兽人相比其他种族来说,成长于一个相对和平的环境。布洛克斯也很希望有个如此年轻善战的兽人跟在他身边。

他们准备了详细的路线图,轻车熟路翻过山岭时比预定时间提早了很多。布洛克斯说,他们的目的地就在下一个山脊——也就是红龙克莱奥斯特拉兹和魔法师罗宁消失的地方。

布洛克斯把斧子握得更紧了。兽人崇尚和平,但是如果有战斗的需要,加斯科和他都不会吝惜自己的生命和勇气。

想到后来,他不禁强忍微笑。是的,他愿意战斗而死。萨尔可能不知道,布洛克斯还忍受着深深的负罪感,这罪恶感几乎吞噬了他的灵魂。

战友们都死了,只剩下布洛克斯一个。他不明白,同时感到很内疚,为什么自己没有和战友们一起英勇牺牲呢?对他来说,活着反倒是一种遗憾,甚至是一种失败。从那个时候起,他就一直等待机会赎罪。赎自己还活着的罪,不惜去死。

现在,命运终于给了他这个机会。

"行动吧!"他命令加斯科,"他们到达以前,我们可以追上他们。"他咧开嘴大笑。年轻的同伴知道,他的热情又燃烧起来了,这是典型的兽人的性格。"如果他们想找麻烦,我们就给他们点颜色看看,我们部落可不是好欺负的。"

之前那个岛屿有一些阴森可怕,而他们刚刚翻上的这座山又总让人觉得有那么点不对劲。罗宁找不到更好的词来形容此时的感觉。不管他们找到的是什么——都不应该存在,现实世界似乎发生了严重的错误。

罗宁一个人经历了太多的梦魇,所以情绪始终紧张,甚至想让红龙放弃。但是他什么也没说,只是不断地回想起那些岛上的噩梦。也许克莱奥斯特拉兹早后悔找他来帮忙了。

只剩最后一段路程了。这时红龙拢起翅膀，要找地方降落，巨大的爪子陷入了雪地里好减慢速度。

罗宁紧紧地抓住红龙的脖子，他可以感觉到红龙的每次呼吸和脉搏，这是生命的感觉，真希望就这样握着不要放开。

最终，克莱奥斯特拉兹停下来，从背上放下魔法师，问道：“你还好吗？”

罗宁喘了一口气，说：“还行。”

他从前也这样飞过，可这么长时间飞行是第一次。克莱奥斯特拉兹知道，罗宁和他自己，经过长途跋涉之后都万分疲倦，需要好好地休息一下。“我们在这里呆几个小时吧，恢复一下力气。我想周围应该很安全，我们也得再储备点儿体力，这样比较好。”

“听你的。”罗宁回答道。

风呼呼地吹，罗宁躲在悬崖下，施了魔法让自己暖和起来，他设法赶走自己心里那些狂乱的念头。就在这时候，克莱奥斯特拉兹跨着大步，开始侦查周围，很快就消失在蜿蜒曲折的路上。

罗宁包着一块头巾，终于入睡了。这一次，他的脑子里全是美好的画面：真切的温蕾萨，还有即将出生的孩子们。想着他将来回家的幸福时刻，他笑了。

这时，一阵脚步声把罗宁给吵醒了。可回来的并不是红龙克莱奥斯特拉兹，而是戴着头巾的克拉苏斯。

面对他惊讶张大的眼睛，魔法师解释说，“附近有几块地凹凸不平，这样反倒不容易跌倒。只要有需要，我随时都可以再变身回去的。”

“有什么发现吗？”

克拉苏斯皱了皱眉头：“我可以感觉到时间之龙的存在，可他时隐时现，我受到他的干扰。”

“那么我应该开始……”

罗宁话音未落，山间传来一阵可怕的吼声。这声音让罗宁每一根神经都绷紧了，连克拉苏斯也心神不宁起来。

“是什么声音?”罗宁问。

“我也不知道。”克拉苏斯站起来,“我们得行动了,目标就在附近。”

“难道我们不飞着去吗?”

“感觉上我们要找的东西就在不远的前方,也许就在隔着几座山的山洞里,那里根本容不下龙,只容得下两个小小的冒险勇者。”

克拉苏斯带头,两人一起向东北方向出发,他似乎一点都不觉得冷,可罗宁多念了一个魔咒还是觉得浑身发凉。

不久,他们就到了之前说到的那个山涧,罗宁这才明白了克拉苏斯刚才的意思。山涧里只有一条很狭窄的通道,六个人能肩并肩走进去,可是红龙想要把头伸进去都很困难,更不要说容纳下庞大的身体了。他的身体遮住了大部分的光线,罗宁不禁想,一路上是不是需要找些东西来照明。

克拉苏斯毫不犹豫,他下定决心要走这条路,步子越来越快。

通道里的风越刮越猛,罗宁只得跟在后面加紧脚步。

“我们快到了吗?”罗宁终于忍不住发问。

“快到了。就在——”克拉苏斯忽然闭上了嘴。

“什么?”

克拉苏斯仔细一看,不由得皱起了眉头:“它,它不在原来的地方了。”

“它走了?”

“这只是我的感觉。”

“你确信吗?”法师看了看前方黑漆漆的路,发话了。

“我想你是误会了,罗宁。我很清楚我们会得到什么,我比你清楚。”

可罗宁还是不满了:“那你说我们现在怎么办?”

克拉苏斯知道他会这么问,于是眼神又燃烧起来:“继续向前,我们没有选择。”

可就在不远处,他们碰到了又一个障碍——这是克拉苏斯在天上飞行的时候不会遇到的情况——通道突然间一分为二,形成了两条岔路,也许在远处还要合拢,但这也是他们一厢情愿。

克拉苏斯看着脚下的两条路："这两条路都通向我们的目的地，可不知道究竟哪条更近些，我们都得试试。"

"那我们分开行动吗？"

"我是不想分开，可现在也没办法了。我们分头走五百步，然后再走回来在这里会合。希望到时候就可以知道，究竟该走哪条路了。"

罗宁按克拉苏斯的指示，走了左边的通道。当他数的步数越多，就越意识到这条路可能是正确的选择。路不但越走越宽，他对周围环境的感觉也好了不少。尽管在这方面他的感觉比克拉苏斯要迟钝得多，可即使是一个初学者也能感觉到，周围充满了不对劲的感觉。

罗宁深信自己做了一个正确的选择。可到现在，他还没掉转身走回头路，却觉得越来越奇怪。要知道再走几步就——

他再也不敢轻易向前走一步。只要感觉到任何新东西，任何干扰的东西，他都会停下来，搞清楚究竟是什么东西那么反常。

他焦虑，但不仅仅是因为他孤立无援。

什么东西在朝他快速地扑来。

在看到它之前，他已经感觉到了，时间就像被挤压过，延伸，再被挤压的感觉。在其中，罗宁感到衰老，还有生命中每个瞬间。这种异常的感觉充斥其中，他犹豫了。

突然，眼前的黑暗变成无数闪烁的色彩，有些颜色罗宁还从没有见过。烟火不断喷发，直冲云霄。他以为是一朵朵火花开放，凋谢，再次开放……每一次的开放都愈发绚丽。

这些花朵越靠越近，罗宁才回过神来。感觉到突然的天旋地转，他掉头跑了起来。背后的声音紧追不放。说话声、乐声、打雷声、鸟叫声、流水潺潺的声音……世界上一切的声音。

他很怕被赶上，但那些东西还是跟在后面无法摆脱。他拼命地奔跑，生怕遭到围攻。

克拉苏斯感觉到一定发生了问题，他必须抓紧时间回去跟罗宁会合，一起找出那条路——

一阵恐怖的叫声传来。

一只巨大的八脚怪突然挡在面前。

如果罗宁不是一个魔法师,今天估计他就死定了——成了这只怪物的盘中餐。它长得像一匹狼,军刀般锋锐的犬齿,还有八只挥舞的利爪,绿色的眼睛在黑暗中若隐若现。它轻易地把罗宁放倒,好在衣服上施展了护甲术,让那怪物不能轻易得手,本以为能轻易撕开斗篷享用美食,指甲却被撞掉了下来。

八脚怪没法下嘴,只得站在旁边狂吼泄愤。这时,罗宁又瞬间使出一个强光术,这个魔法以前也救过他的命。

只见八脚怪的眼前,闪出一道剧烈而刺眼的炫光。它向后躲避,使劲伸爪拍打面前的光线。

罗宁勉强让身体悬浮起来。要飞起来是不可能了,只有在红龙的身上才能飞,而且他的法力也在下降,他快要撑不住了。

在岛上的时候,火很有用,可是怎么在这里完全没有用呢?他又念起了咒语——

不料,情况更糟了,起了反作用,罗宁发现自己回到了怪兽的爪子下。

时间竟然倒流了——可是怎么会这样呢?

克拉苏斯在另一条通道上,情况也不妙。

罗宁脑子里充斥着扭曲的画面:参战的骑士、婚礼的场面、海上的暴风雨、唱赞美诗的兽人、搏斗的奇怪生灵。

突然间,他又能动了,于是拼命挣脱了八脚怪,脸朝地地摔了出去。这一次,他没有犹豫,再次吟唱了火焰冲击的魔法咒语。

火焰像一只手一样向前燃烧,快要接近怪物的时候,却慢了下来,接着干脆熄灭了,在这一刻时间就像被冻结了。

罗宁又吟唱了一个烈焰风暴的咒语,结果仍然一样。

八脚怪在凝结的火焰周围跳来跳去,发出了一声吼叫。

罗宁不放弃地继续吟唱。

这时,突然从泥土里喷发出一片灰尘,高高升起,仿佛有生命一般把八脚怪遮得个严严实实。它又惨叫一声。虽然被打得毫无还手之力,但它还是奋力向法师扑去。

怪物的脚上和身体上被尘土固化出一层壳，嘴巴紧紧闭起，被坚固的岩石塞得满满的。最终，怪物在咫尺之外凝固住，一动不动了。看起来，它更像一个雕塑，而不是一头怪物。

这时候，罗宁脑子里响起克拉苏斯的声音。

*终于找到了！*魔法师喊道，*罗宁，干扰越来越厉害了！几乎超过你的精神力控制！*

因为被八脚怪分了心，罗宁没注意到之前反常的情况。可他转身一看，眼睛顿时张得老大——

身后的东西有八脚怪十倍大小，个头太大，坚硬的岩石对它来说都算不上什么，但就这么一闪而过，快得好像从来没有存在过。周围的风景也随之改变了，岩石被曝晒，其他东西似乎也刚刚经历了新生的痛苦。燃烧的彩色火花开放之处，发生了最可怕的变化。

罗宁不敢想象，如果这个东西碰到他的话会怎么样。

他又开始往回跑了起来。

*他移动得越来越快，我不明白是什么原因。*克拉苏斯继续说，*我怕我来不及赶上你了，得施个魔法阻止他！*

“可我的魔法并不是每次都起作用。”罗宁回答道，“它被这个东西干扰了！”

我们的精神力还连在一起！那样会帮你施展魔法！我会引着你朝我的方向过来！我们再试一次！

罗宁并不介意去探寻那些从未去过的地方，但怕自己最终被包围在山的怀抱里走投无路，但现在克拉苏斯和他在一起，事情就好办多了。

他盯住了魔法师看，咒语就要开始显灵了，他发现周围的世界在不停变换着。

熊熊燃烧的花朵突然间涨得很大，充满了视线。

罗宁这才明白是怎么回事，可惜太晚了，他的魔法有反作用。他想停止吟唱，但是已经来不及了。

克拉苏斯，松开！松开，否则你也要——

周围异样的环境吞噬了他。

罗宁?

可罗宁回答不了。现在的他如同陷在龙卷风里的一片树叶,被吹得晕头转向,身不由己地越飞越快。那些声音和画面再次袭来,他看到了过去、现在和未来。他瞥了眼经过的被吓坏了的野兽,钻进了时间的漩涡中。

大大小小的东西也开始飞过来,甚至生灵。有一艘船,帆破了,船头也已经断裂开来,呼啸着从他身边掠过,消失在漩涡里。还有一棵停歇着无数鸟儿的大树紧随其后。

远处传来克拉苏斯微弱的声音。*罗宁……*

他答应着,可没人听见。眼看时间漩涡就要把他一点一点吸进去了,在生命的最后时刻,他脑子里想的是温蕾萨和他未出生的孩子们。

4

他感到树叶、树枝、树根都在缓缓生长。他从中感觉到那种大自然超越时间的永恒智慧。每棵大树都是独一无二的，每棵都活生生地存在于面前。

他们是森林的卫士，老师说，他们的灵魂和我一样。他们就是森林。他停了停，现在，回来吧。

玛法里奥恭恭敬敬，召回了巨树中的灵魂，这棵树是这片土地上最古老的。他后退的时候，周围的环境刚开始有些模糊，后来也一点点变得清晰起来。他眨了两次眼睛，终于重新看清了周围。他喘着粗气，心跳得很快很急。他从来没有到过这么遥远的地方！

“你学得不错，年轻的暗夜精灵，”一个低沉的声音说道，“比我想象的要好多了……”

玛法里奥紫色的脸上布满了汗水。他的导师坚持要在人类精神最松懈的时间行动。其实如果在晚上，玛法里奥的表现肯定会更为出众。可塞纳留斯一遍遍地叮嘱，也让他实在没办法。老师教他的并不是暗夜精灵的巫术，而是恰恰相反。

实际上，玛法里奥早已走上和他的同类完全不同的道路。就拿穿衣服来说，暗夜精灵无不喜欢华丽的装扮，但玛法里奥却偏爱朴素低调。一件风衣里面穿着简单款式的皮衣皮裤，还有高筒靴。他的父母要不是因为前几年的一场事故而过世的话，如今肯定也会因此抑郁而死。

墨绿色的头发披散在他瘦削的脸旁,看起来像匹狼。玛法里奥在同族中简直是个异类,甚至成了被大家遗弃的对象。他总是怀疑传统,认为传统的未必是最好的。他甚至大胆指出艾萨拉女皇行事的错误。因此少了许多同伴,而朋友就更少了。

在他的内心深处,只有三个真正的朋友。第一个也是最重要的,无疑是他的孪生弟弟伊利丹。伊利丹对于传统不屑一顾,又蔑视暗夜精灵的巫术,更不要说那些顽固元老把持的议会了。

“你看见什么了?”他弟弟伊利丹坐在草地上,急切地问。他长着深蓝的头发和琥珀色的眼睛,除此之外,简直跟玛法里奥长得一模一样。作为月亮之子,几乎所有暗夜精灵的眼睛都是银色的。所以那些生来长着琥珀色眼睛的精灵,注定会成为伟大的精灵。

当然,要成为一个伟大的精灵,先得克制住坏脾气,变得再耐心一些。他以前和哥哥一起学习新魔法——他们的老师把这种魔法叫做“德鲁伊”,老师本以为他一定会学得很快,可事实上恰恰相反,他常常犯错,精神又不能完全集中。而且他还觉得,如果只是精通那些传统的巫术,并没有什么了不起,想学“德鲁伊”,也仅仅是为了证明自己与众不同而已。他从小就听惯了类似的赞美之词。

“我看见的东西怎么跟弟弟解释呢?”玛法里奥皱紧了眉头,“我看到了树的心和灵魂。这还不够,看到了整个森林的灵魂!”

“太棒了!”他身边响起一个女人的声音。

玛法里奥尽量不让自己脸颊充血发黑,让他很尴尬。可是他觉得自己越发地不自然。他忍不住要想,她离自己这么近。

泰兰德是和弟弟一起来的,他们三个是从小一直玩到大的朋友。他们一起长大,青梅竹马。去年,泰兰德担任了月神殿新任的祭祀。在那里,她按照神的旨意,运用祭祀被赐予的天赋来传播教义。当初,玛法里奥从传统巫术转向更实用的能力的时候,泰兰德一直在身边鼓励着他。在泰兰德看来,德鲁伊的法力和艾露恩的教义是一体的,所以很容易就能学会。

泰兰德已经不再是过去那个瘦小苍白、只有跑步打猎比朋友们好的小丫头了。她已经出落成一个婀娜窈窕的女人，自从她到神殿去了之后，皮肤越发变得光滑和细致，还透出淡淡的美丽紫色；漆黑的头发上挑出几丝银色；瘦削的脸庞也变得更生动，更有女人味，更迷人了。

也许，是太迷人了。

"嗯！"伊利丹说，"就只看见这些吗？"

"这是个好的开头，"他们的老师低声说。只见一个巨大的影子遮蔽住这三个精灵，伊利丹的呼吸变得急促起来。

虽然他们每一个都有七尺高，可对于十尺高的塞纳留斯来说还是显得非常渺小。他的上半身跟玛法里奥一样，但是肩膀更宽，肌肉也更发达，黝黑的皮肤上闪出翡翠绿的光泽。可再往上看，他的脸就跟玛法里奥的完全不一样了。塞纳留斯绝不是普通的暗夜精灵。

塞纳留斯是半神半人。

他的身世是个谜，公开的说法是，他是这个大森林里的一分子。当第一个暗夜精灵诞生的时候，他就早已经存在于这个世界上了。他一直说，自己跟精灵有血缘关系，但从没细说那是什么样的血缘关系。

很多精灵慕名而来听从他的指导，一些人离开的时候觉得非常感动，有着更加虔诚的心，另外一些甚至留了下来。他们深受塞纳留斯的影响，也加入到保卫森林的行列当中去。他们不再是精灵，而成了永远的森林护卫。

塞纳留斯头上滑下一撮绿色的头发，遮住了他金色的眼眸，他轻轻拍了下玛法里奥的肩，手指立刻就变成了粗糙的可以撕碎一切的利爪——他往后退了一步，强健的四条腿撑住地面。

塞纳留斯的上半身可能有点像精灵，可下半身就像一头强壮的雄鹿，轻松迈步的时候异常矫健。他敏捷而强壮，像充盈在这片土地上的生命力一样。他的力量来源于这片土地，又返还给这片土地，因为他造就了一切。

不但长相像鹿，他也确实有鹿角——巨大而漂亮的鹿角多少冲淡了一些他严肃的表情。只有他浓密的长胡子还能跟暗夜精灵沾点亲，不过那也应该是很久以前的事情了。

“你们都干得不错。”他厚重的声音在头顶响起，抖动着长出树叶甚至细枝的胡子，“去吧。回到你们的同伴当中去，这对你们有好处。”

三人都站起来，可玛法里奥迟疑了下。他看了看另外两个，说：“你们先走，我们在路口会合，我有点事和塞纳留斯说。”

“我们可以等你。”泰兰德回答。

“不用了，不会很久的。”

“那……好吧。”伊利丹很快答道，抓起泰兰德的手臂，“让他去吧。来，我们走，泰兰德。”

她仔细地看着玛法里奥，玛法里奥想掩饰自己的情绪于是就转过头去，等两人离开，才转向老师。

他单腿跪地，直直地看着地上。“我的老师，”他开始说——“塞纳留斯”在古语里的意思就是“尊敬的老师”——“请原谅我问个问题……”

“在我面前不需要掩饰什么啊，孩子。起来吧。”

玛法里奥不情愿地站了起来，还是死死盯着地面。塞纳留斯轻声地笑了，小鸟的鸣叫也加了进来使得笑声变响了。无论何时，只要老师做出反应，大自然总是用音乐来应和他。

“你尊敬我，比那些阳奉阴违的人要好得多；可是你的弟弟并不真心服从我；泰兰德也只在意她的艾露恩教义。”

“你愿意教导我……我们。”玛法里奥回答。

“有什么东西，是暗夜精灵从来没学过的吗？”他又回忆起那天碰到神木时候的情形。关于塞纳留斯的传说太多了，玛法里奥只是想知道真相。可他明白从老师这里是得不到答案的。

他也没有想到，塞纳留斯会答应做他的老师。他弄不明白，老师为什么会做这么世俗的决定。但不管怎样，现在他们是在一起的，他们不仅是神明和暗夜精灵的关系，也不仅仅是师生关系，他们更是朋友。

“只有你是真心希望跟我学东西的。”塞纳留斯回答道，“即使有一些开始起步了，可没有人真正按照我指定的路走。你是第一个有能力、有决心而且真正理解如何运用大自然的内在力量的学生。所以那次当我说‘你’,孩子,就是指你一个人。”

玛法里奥留下来并不是要跟他讨论这些。老师的这番话让他很诧异:“可……还有泰兰德和伊利丹呢?”

塞纳留斯摇摇头:“泰兰德我说过了,她已经把全部的精力都奉献给了艾露恩,而我是绝不会涉足月亮女神的领地的!至于你的弟弟,我只能说,大家对他有很高的期待,但是我想那些希望是在别的地方。”

“我……我不知道该说什么好了。”的确,玛法里奥真的不知道。突然他意识到弟弟和自己必然是要走上不同道路的,这样说来,伊利丹似乎还浪费了这两年的时光。双胞胎兄弟却不能分享同样的成功,这还是第一次。“不!伊利丹会好好学的!他只是太顽固了!他并不是压力大!他的眼睛——”

“他的眼睛里有一种征服世界的野心。但是他跟着我,是达不到那样的成就的。”塞纳留斯淡然一笑,“但你会教他的,不是吗?也许我做不到的事情,你却可以做到。”

玛法里奥一下子脸黑了,塞纳留斯很清楚这到底是什么意思。的确,玛法里奥过去常逼着弟弟学习些他不情愿的事,可是要知道,从老师这里学是一回事,从自己这里学又是另外一回事。至少伊利丹学到的并不是第一手的内容。

“现在——”说着,一只红色小鸟停在塞纳留斯的鹿角上,而另外一只则飞到他的手臂上。这样和谐的情景在塞纳留斯看来再平常不过,可玛法里奥却觉得很奇妙。“你不是有话跟我说吗?”

“是的,伟大的塞纳留斯,我最近老做一个噩梦,已经好多次了。”

“就一个梦,怎么会那么困扰你呢?”

玛法里奥脸色很难看。他刚才就痛恨自己,竟然说出这么无关紧要的小事让老师分心。做个梦能有什么大不了,就算不断重复那又怎么样呢?每个人都会做梦的嘛。“是的,自从我开始向您学习之后,每次入睡都会做这个梦。”

他以为老师会嘲笑他,可塞纳留斯却开始仔细地打量他。老师的金色眼球摄人心魄,仿佛可以穿透他的心,从内到外。

最后，塞纳留斯身体往后靠了靠。他点点头，很认真地说："我想，你准备好了。"

"准备好什么？"

塞纳留斯的眼睛顿时闪出一阵光芒："告诉我你的梦吧。"

玛法里奥深深地吸了一口气，开始诉说他的梦。梦的开头是在永恒之井上的。起初，水面很平静，不久水中央就形成了一个大漩涡。漩涡的深处突然出现很多生灵，有好有坏，但大多数都没意识到自己来自异时空，然后他们一哄而散。

再后来，漩涡消失了，而玛法里奥站在了卡利姆多的中间——一个到处是死尸的卡利姆多。这个城市被屠城了，鸡犬不留。曾经辉煌一时的城市，现在一无所有。

更可怕的是，那些精灵们的尸骨，烧焦了的，破裂了的，到处都是。尸臭弥漫在城市的上空，无人幸免。

一阵阵热浪袭来，玛法里奥转身看到远处着了火，一直烧到天际。这大火毁灭了一切，甚至烧到了天空的云。这还没让暗夜精灵吓出一身冷汗，可他已经感觉到恐怖的气息：这场大火可能是不祥之兆。

火焰熊熊燃烧，很明显将带来巨大的恐慌。火焰欢腾，有恃无恐。

等玛法里奥说完，塞纳留斯脸上已经失去了笑容。他凝望着他无比热爱的森林和众生灵，问道："每天睡觉都要做这梦吗？"

"是的，每天晚上，从不间断。"

"恐怕这是一个预兆吧。就像我第一次见到你的时候，就觉得你很有天赋。"

"可是，这梦究竟是什么意思呢？"玛法里奥追问下去，"如果这真是一种预兆，那我应该知道到底是什么预兆呀。"

"我们会弄明白的。就像我刚说的，你已经准备好。"

"准备好做什么呢？"

塞纳留斯弯起手臂，语气也变得沉重了："准备好去经历翡翠梦境。"

他从来没听说过翡翠梦境，老师以前也没有讲过。但看到老师严肃的表情，玛法里奥意识到下一步一定很重要。"翡翠梦境是什么？"

“翡翠梦境是超越现实世界的。它是的精神世界，也是沉睡者的世界。世界是意识层面的，只要加以练习，就可以让你的意识看到任何东西，去到任何地方，你的身体会陷入睡眠，而梦会带你去任何你想去的地方。”

“这听起来有些——”

“危险？是的，小玛法里奥。即使那些老手，也很可能在翡翠梦境里迷失方向。我之所以叫它翡翠梦境，是因为梦境的主人伊瑟拉的颜色就是翡翠色的。这是她的王国，所以她守护它，很少人能进得去。我这里的森林卫士有的时候也运用翡翠梦境，但用得很小心。”

“可我从来没有听说过。”

“也许是因为，从前没有一个暗夜精灵经历过吧。也许只有当他们不再是精灵的时候，才能体验到。如果你真的想知道，你有机会成为第一个尝试的精灵。”

老师这么一说，玛法里奥才放松了下来，他甚至兴奋地跃跃欲试。这可能就是他下一步学习的方向。说不定这也能解脱持续不断的噩梦。

“到底……到底会发生什么呢？”

“如果不专心的话，即使那些老手，也可能在回程途中迷路。”塞纳留斯回答道，“我也是一样。你必须心无旁骛全神贯注，否则……否则你的身体就将永远沉睡下去。”

玛法里奥总觉得，老师还有些话没说。也许塞纳留斯是希望他从亲身体验中学习。

他知道要靠自己。“怎么开始呢？”

老师轻摸他的头：“你确定你愿意吗？

“是的，非常确定。”

“好，那么就像平时上课一样坐好吧。”玛法里奥坐好，塞纳留斯却站着。“一开始我会指导你，接下来就都靠你自己了。认真看着我，孩子。”

老师的金眸紧紧地盯住玛法里奥。这样使玛法里奥不能够移开自己的视线。他感觉自己被引入了塞纳留斯的灵魂，引入了一个一切皆有可能的世界。

此时,玛法里奥看到一丝亮光。

你感觉到石头之歌,风之舞动,流水之奔腾了吗?

起初,玛法里奥没有任何感觉,渐渐地,他听到缓缓的土地摩擦声,后来又听见岩石的声音,它们响彻整个世界。

随后,其他的声音也都开始清晰起来。大自然的每一个部分都有它独特的声音。云朵开心的时候会迈着快乐的舞步旋转,而心情低沉的时候就恰恰相反;树木摇动它们的树冠;河鱼产卵的时候,愤怒的河水就低声发笑。

可是有一种背景声音——玛法里奥感觉到远处有一些不协调的声音。他竭力想听清楚,但还是飘渺若无。

你还没有进入翡翠梦境。首先,你要脱去皮囊。有一个声音在他耳边萦绕,等你睡着了之后,从你的心脏和灵魂开始,它们会把你引向最终的目的地。明白了吗?

玛法里奥想了想,手放在心脏上,它就像一扇门一样打开了。同时,精神也一片空白。当然这样一来并不好受。

让潜意识来控制你。它知道梦的国度究竟在哪里,它也会把你带去。

玛法里奥一一按要求做好,连最后一道障碍也克服了。他感觉自己获得了新生,这让他高兴万分。

可老师警告他要集中注意力,所以得尽量压抑这种陶醉的感觉。

现在——*飘起来*。

玛法里奥推了一把,可是他肉体没有反应。只有在梦里他才可能挣脱一切束缚,飘起来。只要他想,他可以飞到任何一个星球上去。

可是翡翠梦境在另外一个方向。老师说,*必须接受潜意识的指引。*

等玛法里奥再次回到潜意识控制的状态,周围的世界又变了。一切都被烟雾笼罩着,朦朦胧胧的、层叠着混杂的形象。可只要注意看,玛法里奥就能一一分辨。他听到耳语声,原来这是发自沉睡者心灵的声音。

从这里开始,接下来的路你要自己走了。

玛法里奥感觉老师的声音渐渐消逝。为了让他集中注意力,塞纳留斯不得不先回去了。然而他一直在玛法里奥的身边,准备随时加以帮助。

塞纳留斯

玛法里奥不断前行,世界变成了一团宝石绿,也变得愈发朦胧,耳语声更加清晰起来。

他已经身处翡翠梦境了。

玛法里奥凭着本能,飞向飘忽不定的梦境。就像老师说过的,在梦境里,是没有暗夜精灵和其他生灵存在的。

翡翠梦境一片平静祥和,让人想永远待在那儿。可玛法里奥不愿意,他必须要搞清楚噩梦的真相。

起初他并不知道,潜意识将把他带去何方。但他坚信,潜意识一定会帮他找到想要的答案。玛法里奥飞在空中,看到的一切都让他惊奇。

可是飞着飞着,他越来越觉得不对劲,那种模糊的不和谐声音越来越清楚。他试着不去管它,可声音就象老鼠一样不断骚扰着他。最后他的精神还是被引向那里。

突然,在他面前出现了一面巨大的黑湖。玛法里奥皱了皱眉头,他很肯定这就是平时噩梦里的那个湖。黑色的波浪拍打着岸边,光线从湖中央辐射开来。

永恒之井。

可是如果这就是永恒之井的话,那么城市在哪里呢?他看着井水,确定这里应该还有座城市。他到这里来是为寻求一个答案的,而且这个答案一定和这座城市有关。永恒之井的确很神奇,可它也不过是力量的源泉。而之前所感觉到的不和谐之音,一定还有别的来路。

他向四周看,希望能发现点什么。

一无所获,而他的梦就在暗夜精灵的主城艾萨琳展开了。按老话来说,艾萨琳的意思就是“艾萨拉的荣耀”。主城自女皇即位以来,就一直很繁荣。当时,人们坚持要用女皇的名字来重新命名主城。

想到女皇,玛法里奥看了看宫殿。这是一幢守卫森严的宏伟建筑,也是女皇的官邸。尽管他不止一次指出女皇的错误,可实际上,他却比很多人想象的要更尊敬女皇。毕竟,她为子民奉献了很多。和其他很多精灵一样,他怀疑,问题的根子是出在上层精灵身上,是他们假借女王的名义在祸乱这个国家。

玛法里奥越往下靠近宫殿，主城就看得愈发清楚了，永恒之井也是一样。黑水混杂着湖底彩色的水疯狂地翻卷不已，强大而恐怖的魔法源源不断进入了高塔。

湖水翻得像开了锅一样。塔里的人越是祈祷永恒之井的宽恕，它就越是变本加厉。暴雨如注，雷电齐鸣。那些靠近永恒之井的房子眼看就要被湖水冲走了。

*他们到底在干吗？*玛法里奥不禁感到奇怪，甚至把他自己的问题给忘了。为什么在一天里最暗的时候他们还要这么做呢？

可是天空已经看不见了。薄暮的天色却像夜一样，不！是更加漆黑。这真的很反常，而且肯定有危险。宫殿里的人在干什么呢？

他飞过高墙，卫兵们一脸漠然，根本看不见他。他飘到宫殿旁，正想进去，原本以为能轻松通过，却被堵住了。

有人已经在宫殿里施了非常复杂的魔法咒符，让他没办法穿透，可这障碍却让玛法里奥更加好奇，也更加坚定。他在宫殿旁边乱撞，希望能进去。他必须要知道里面究竟是什么样子的。

他把一只手伸到保护的魔法符咒里，想找到那一个结点，这一点可以链接魔法，也可以解除它们。

突然间，他感受到意想不到的一丝疼痛，疼得他连叫都叫不出来。艾萨琳宫殿的形象就这样消失了。他发现自己已经身处在一个翡翠般纯净的世界。似乎有一种力量要撕碎梦中的他。

就在这可怕的混乱中，他突然听到了一个熟悉的声音。

玛法里奥——我的孩子——回来吧——玛法里奥——你必须要回来了——

他隐约听到塞纳留斯的召唤。这个声音让他非常依赖，就像救命稻草一样。他感觉到，老师正在指引他去到正确的方向。

他的痛苦缓解了些，但已经筋疲力尽。身体和灵魂仿佛已经分裂成两半，一半要留下，一半要离开。这样下去他会没命。所以他必须撑住。

老师的呼唤随着痛苦的减轻而越发清晰，玛法里奥感觉自己的灵魂重新归体。他急匆匆地穿过翡翠梦境……

一阵急喘,他醒了。

他被慢慢扶起,有水喂进嘴里,睁开眼睛就看到了一脸关切的塞纳留斯。

“你已经很了不起了,前所未有。”老师轻声说,“可这么做,你差一点就永远回不来了。到底发生了什么,玛法里奥?我几乎失去了你。”

“我……我感觉到了,很恐怖的气氛。”

“就是你做噩梦的原因吗?”

玛法里奥摇摇头:“不……我不知道……我发现自己掉进了艾萨琳……”他尝试着描述所见所闻,可那已经不是语言能够描述的了。塞纳留斯看上去比玛法里奥还要心神不安,他很担心:“这不是个好兆头。不!你很肯定就是那座宫殿吗?肯定就是艾萨拉和她的上层精灵吗?”

“我不知道是一个还是两个,但是我感觉到女皇也在其中。艾萨拉是很强硬的,我想……连哈维斯也控制不了她。”女皇的参事是一个不可思议的人物,别人并不信任他。

“孩子,你得为你说的话负责。你就认定她,至尊的精灵女皇,一定跟魔咒有关吗?你这么说,不但对你,对全世界都是一种威胁。你明白这意味着什么吗?”

艾萨琳的画面和后来的惨景交织在一起,玛法里奥发现两者是相通的。虽然没有直接的联系,但一定有一些共通的地方。可是到底有什么共通的地方呢?他还不知道。

“我至少知道一件事。”玛法里奥回想起女皇美丽的脸庞说,“我必须要找出真相,即使牺牲生命。”

一个身影又拿出了那个神秘的金球,摊在手掌上,将它激活。球体里面的光线并不能使周围明亮起来。球里面出现了一个影子。每个人的身份都是一个谜,有一个古老的魔法在保护他,而且魔力很强。

“永恒之井还处在恐怖的混乱当中。”第一个身影开口。

“已经有一段时间了吧。”另外一个说,尾巴轻轻地在身后拍打着,“暗夜精灵在运用一种他们控制不了的力量。”

“你有什么想法吗?”

球体里黑色的头摇晃了一下:“到目前为止,没什么特别,可是他们又能怎样?这样短命的种族已经不是第一次这么做了,相信也不会是最后一次。”

第一个点点头:“所以对我们来说,对其他人来说——”

“所有其他人吗?”第二个发出嘘嘘的声音,语气里首次带着怀疑。

“不,他们有自己的计划。和往常一样,在晚上的时候,比耐萨里奥要好一些。”

“没关系。那么,我们继续看看暗夜精灵还有什么样愚蠢的行动。他们这样做就是找死。如果真能走得更远,我们也只有收到玛里苟斯的命令,才能行动。”

“规定还是不能变通的。”第一个回答道,“只有接受了阿莱克斯塔萨殿下的命令,我们才能行动。”

“那么,就这样吧。”随即,球体变黑,大家中止了对话。

第一个身影站起来,抛开了水晶球。他摇摇头,精灵总是妄自尊大地乱伸手,这真是一种宿命。自作自受也算了,可如果全世界都要跟着他们遭罪,那么龙族就不能袖手旁观了。

“真傻,真傻,暗夜精灵……”

世界一片混乱。无数双眼睛虎视眈眈,艾萨拉的上层精灵也对此觊觎已久。

在某个地方——有人发现正什么人在某处寻求力量。在那里,有人错误地认为只有他们自己知道魔法,并知道如何运用他们,可是在哪里呢?

他几乎找到了源头,可还是错过了。虽然已经很近了。

他愿意等下去,和其他人一样密切关注。如果再待久一会儿,就能发现究竟是谁在操控这些魔法,他可以感觉到迫切的野心。用不了多久他就会搞清楚的……这对大家都有好处。

5

一想到他们的任务,布洛克斯就头大。

“他们在哪里?”他抱怨道,“他们到底在哪里?”

兽人想知道,一个人怎么藏起一条龙?路上的痕迹很明显,可他和加斯科却只找到了一个人的脚印,也可能是两个人的。当时距离这么近,如果有龙飞上天,他一定可以看见——可他们确实什么都没看见——那么只剩下一种可能,就是这头庞然大物就在附近。

“也许是那个方向。”年轻的勇士眉头紧锁,建议道,“那条路。”

“太窄了。”布洛克斯咆哮道,他闻了闻,鼻子里全是龙的味道,可更多的是人类的味道。龙和魔法师。

布洛克斯跪下去仔细地研究着一下脚印。他承认还是加斯科的提议最有用。两种脚印都延伸向同一条小路,可突然龙的脚印就消失了,但是如果兽人遇到另外那个入侵者的话,龙自然也就会出现的。

他并不多说,自顾自站起身来,说:“我们走。”

他们准备好武器,飞快地走上了小路。布洛克斯四下打量了一下,哼了一声。这条路肯定太窄了,不要说巨龙,就连幼龙也容纳不下。到底藏在哪里呢?

还没走多久,就听到前方传来龙的叫声。两只兽人面面相觑,却加快了脚步。一个真正的勇士,是不会在面临危险的时候回头的。

他们又走了一段。四周阴影作祟,黑暗中似乎一直潜伏着什么东西。为了追上加斯科快速的步伐，布洛克斯喘息着，几乎拿不动手上的斧子。

尖叫——人的尖叫——从前面不远的地方传来。

"布洛克斯——"年轻的兽人叫道。

就在这个时候，他们眼前出现了前所未有的恐怖场面。

这"东西"弥漫着整个小路，甚至还波及岩石。似乎没有生命，可又有意识地移动着。声音——杂乱无序的声音——充斥了兽人的耳朵。每当布洛克斯专心去听的时候，就好像听见了世界末日。

兽人生来什么都不怕，可这恐怖的景象却让他们惊呆了。布洛克斯和加斯科呆呆地站在那里，一动不动。

布洛克斯一直渴望像英雄一样死去，但肯定不是眼下这种。这样的死渺小得可笑，那个恐怖的怪物可以易如反掌地一口把他吞了。

所以他喊道："加斯科，跑！"

可是连他自己也不听使唤了。他转身就跑，却笨拙地滑倒在雪地里，硕大的身躯跌倒在地，撞到了头，武器也飞出好远。

加斯科都来不及注意同伴的情形，急急冲向旁边，却只看到一堵墙，他立刻钻了进去，好歹有坚固岩石的保护。

布洛克斯眼看不对，跳起来大喊道："别去那儿！出来！"

加斯科似乎听不见。恐怖的气氛在一点一点逼近。布洛克斯只能眼睁睁地看着加斯科陷入了那个"东西"当中。

加斯科一会儿变老一会儿又变年轻。他的眼睛膨胀突起，身体像水一样泛出涟漪，拉长又收缩……

年轻的兽人最后只能哭着，身体从内部枯竭，越缩越小……直至最后消失。

布洛克斯站在那里直喘气。他站在加斯科站过的地方，茫然地希望年轻的同伴奇迹般地再次出现，但这是不可能的。

很快，他也会被这个怪物吞噬掉。

所以布洛克斯转过身，抓起斧子本能地开跑。他不觉得这有什么丢脸，因为没有一个兽人是这个怪物的对手，加斯科的死就是个明证。

但是不管他跑得有多快，那个怪物还是追了上来。周围的声音不绝于耳，让布洛克斯几乎失聪。他咬紧牙关，他知道自己战胜不了这个怪物，可他在尽力……

他只跑了两步，就被一口吞下去了。

克拉苏斯全身每个部分都在疼痛。也就是因为这个，红龙才能够从昏迷的深渊里解脱出来。

发生了什么，他还不是很清楚。一分钟前，他差点儿追上了罗宁。可实际距离应该远得多。他觉得不对劲。

脑中闪回过那些景象：风景，生灵，人造的东西。他一瞬间就见识到了时间的极致。

龙族？这个词让他想到另一个令人生畏的场面。好在他已经忘记了。在混乱时间的漩涡中，他的心和希望都已经破碎了。

在那里，他看到了诺兹多姆，伟大的时间之龙——就像一张网里的苍蝇。

诺兹多姆的肉体并不是最强的，却象征着精神上的永恒。他睁开大大的闪烁的眼睛，但却没看到克拉苏斯模糊的身影。这条巨龙被战斗之后的痛苦折磨着。

诺兹多姆既是一个受害者，也是一个救世主。他陷入时间的圈套里，还要努力不让时间分离。可要不是龙族，现实世界早不知道什么时候已分崩离析了，而克拉苏斯所认知的世界，也早就灰飞烟灭了。

但是，痛苦再次袭来，让他短暂地失去意识。然而，哭着哭着他也意识到自己还活着。正是这种力量让他恢复知觉，回归战斗。

他睁开眼睛。

眼前是树，高大繁茂的树像个巨大的天篷一样遮天蔽日。森林里的万物生气勃勃，小鸟歌唱，树影婆娑，阳光柔和，白云飘浮。

好一幅安详的画面，克拉苏斯甚至怀疑自己是死后到了天堂。这时候，一个不和谐的声音引起了他的注意，他顺着声音看去。

罗宁揉着后脑勺站起来。他刚刚脸朝下降落在离克拉苏斯不远的地方。他拍着身上的草叶和灰尘，也正看向克拉苏斯。

“什么——？”

克拉苏斯想说，可声音嘶哑到无法出声。他吞了口唾沫，再试了一回。

“我……不知道……不管怎样，你受伤没有？”

罗宁试着伸展四肢，愁眉苦脸地说：“到处都疼，不过……不过好像没有地方骨折。”

克拉苏斯自己试了试，确定也没受伤。他们两个都感到很惊讶，竟然摔到了原来的地方。接着克拉苏斯回忆起，也许是诺兹多姆的魔法起作用了。时间之龙注意到时空乱流中的他们，于是就出手相救。

可如果是这样的话……

罗宁问：“我们现在在哪儿？”

“我说不上来。我觉得自己知道，可是——”克拉苏斯突然觉得一阵头晕。他又躺到地上，闭上眼睛。

“克拉苏斯，怎么了？”

“没事，真的，我只是还没恢复过来。过会儿就好。”他看罗宁似乎好了很多，还站起来活动筋骨。为什么经历了这样的异常，自己恢复得却比一个脆弱的人类还要慢呢？

克拉苏斯决心要站起来。他硬生生地压下了再次袭来的头晕，环顾四周，尽力让自己不去在意那些麻烦。周围的环境是那么熟悉，好像他还来过这个地方，可是什么时候来的呢？

什么时候呢？

就这么一个简单的问题。*什么时候呢*……

诺兹多姆被困在永恒之井，所有的时间都脱离了正常的轨道……

因为没有阳光，所以要辨别道路几乎是不可能的。他们只能寄希望于风的力量，短途飞行一段时间应该没什么问题。这似乎是个没有人类活动的地方。

“罗宁，你待在这里。我飞上去看看，很快就回来。”

“非得去吗？”

“我想是的。”克拉苏斯没有多说什么，就张开手臂准备变身了。

或者更准确地说，是努力变身。这让他很痛苦，完全暴露了他的虚弱，克拉苏斯失去了平衡，打着转儿掉了下来。

罗宁及时地接住他，小心翼翼地把他扶在地上。

“你没事吧？看上去——”

克拉苏斯打断了他：“罗宁，我变不了身了，我变不了身了……”

罗宁皱起了眉头：“克拉苏斯，你的身体还很虚弱。那次飞行——”

“但是，那次飞行之后你的情况应该比我更糟，可现在你能站起来。”

罗宁点点头：“我想，可能是因为当时你在全力救我吧。”

“实话实说吧，我一进来就失去了所有能力，更别说救你了。要不是诺兹多姆——”

“诺兹多姆？”罗宁睁大了眼睛，“我们活下来跟他有什么关系？”

“你没看见他吗？”

“没有。”

于是，克拉苏斯一五一十把事情经过讲了出来。而罗宁的表情却变得愈发狰狞。

“不可能！”他终于忍不住了。

“很难接受。”克拉苏斯纠正他，“现在我要告诉你诺兹多姆确实救了我们，但他没有让我们原路返回，甚至这不是原来的时间。”

“你觉得，你觉得我们在不同的时间里？”

“是的。可是究竟在哪一段时间，我说不好。我也不知道我们怎么才能回去。”

罗宁一屁股坐在地上，仰望星空：“温蕾萨……”

“不要丧气啊！我刚才说不知道怎么回去，并不代表我们就不能找出办法啊！而且首先得解决食宿问题，还要了解一下地形。如果我们知道自己在哪儿的话，也好想办法寻求帮助啊。好了，现在拉我一把。”

罗宁搀着克拉苏斯站了起来。跌跌撞撞走了几步以后，他就基本上可以自己走了。他俩讨论了一下，决定向北面的山地进发。那边有星星点点的灯光，或许有村子。

他俩辛苦跋涉了一个小时，太阳就下山了，可仍然得继续走。好在罗宁腰袋里还有些酸梅可以充充饥，而且克拉苏斯的精灵之身也不像人一样那么需要食物。可是，如果第二天还是这样，他们估计就得饿死。

夜幕降临，他们飞行时穿着的厚衣服帮上了忙。这些衣服很保暖，而且克拉苏斯的身高也让他们避开了沿途的坑坑洼洼。可是他们走得很慢，愈发地觉得口渴。

后来，西边传来潺潺流水的声音，把他们引向了一条小溪。

“谢天谢地。”克拉苏斯一边喝水一边说。罗宁点着头，根本顾不上说话，一个劲地喝水，似乎要把小溪都喝干似的。

喝完水以后，他们坐了下来。克拉苏斯还想赶路，可是两人都再也没有力气了。必须休息一晚，，明天天一亮，继续前行。

克拉苏斯提了一个让罗宁无法拒绝的主意，他说：“我虽然没力气走路了，不过只要你需要，生堆火还是没问题的。”

虽然罗宁确实很想生火，不过他还是觉得不妥：“现在穿着厚衣服，我们都很暖和了。我想还是提高点警惕比较好。”

“有道理，我们有可能是部落攻击的第一对象。”

要注意安全，对克拉苏斯来说简直是天方夜谭。不过如今几百年过去了，新的危险层出不穷。所幸，他们现在所处的位置非常保密，大部分经过的生灵都不会注意到他们，而且小山坡就是一道天然的保护屏障。

他们累坏了，很快就在原地入睡。克拉苏斯睡不好，又开始做梦了。

他再一次看到诺兹多姆在挣扎。他看到时间交错在一起，混乱无比。并且只要异常现象存在，时间就变得越发不稳定。

克拉苏斯还看到了其他东西。一双火红的眼睛贪婪地凝视着他。他在梦里也皱起了眉头，潜意识在想，为什么这双眼睛这么熟悉呢……

就在他快要想出究竟是谁的时候，一阵金属的叮当声，吵醒了他，梦也就戛然而止了。

罗宁把手死死地捂在了他嘴上不让他动弹。在龙族的生命里，这简直是种莫大的侮辱。要是以前，他早就会给罗宁两下子了。可如今，克拉苏斯比年轻时候更耐心，而且学会了信任自己的朋友。

他们都听见了，确实有金属的叮当声。虽然很轻，可他俩的耳朵都曾接受过训练,对他们来说响得像打雷一样。

罗宁向上指了指。克拉苏斯点点头,于是他俩谨慎地站起来,想到山坡上看个究竟。他们确实已经睡了几个小时了,周围除了几声虫鸣之外异常安静。

接着两个庞然大物出现在山坡上,样子非常恐怖。刚开始无法辨认,后来克拉苏斯才发现不是两个,实际上有四个。

两个人骑在两只强壮的夜刃豹上。

他们都长得很高,很精瘦,显然都是勇士。还穿着黑色盔甲,头戴鸡冠头盔。克拉苏斯看不清他们的脸,不过从走路的姿势看来,不太像是人类。两个勇士和他们的坐骑,显然非常适应在黑夜赶路,这让罗宁和克拉苏斯在心里警惕起来。

“他们会先一步看到我们的。”克拉苏斯耳语道,“他们是什么,我不知道,可是他们不是人类。”

“不止两个!”罗宁回答。尽管他没有克拉苏斯望得远,但他凝神看向右边,又发现了另外两个。

四个勇士悄然无声地前进。只有轻微的坐骑鼻息和金属碰撞的声音,他们看上去是来打猎的。

但克拉苏斯却绝望地认为,他们是来找罗宁和自己的。

走在最前面的勇士勒住缰绳,停了下来,接着举起手来。一抹蓝光照亮了他周围的地方,他的手里握着一颗小水晶,这是用来照明的。过了一会儿,另一只手拿住水晶,射出光芒。

这颗魔法水晶并不让克拉苏斯担心,可是勇士那愤怒的紫脸庞让他的心沉了下去。

“暗夜精灵。”他轻声说道。

勇士立刻朝克拉苏斯的方向看来。

“他们看见我们了。”罗宁说。

克拉苏斯觉得自己像个傻瓜,他把罗宁一把拉下来:“到树林里面去,这是我们唯一的希望。”

为首的打了个呼哨,勇士们立刻散开进了树林。他们动作敏捷,走路时悄无声息。他们的眼睛是银色的,而且闪闪发光,即使在黑夜里也能看清前路的方向。坐骑吼叫起来,每头都跃跃欲试准备扑食。

罗宁和克拉苏斯滑下山谷,掉进一个繁茂的灌木丛。一个勇士没赶上,另外一个掉转头来继续追捕。在他们的身后,十几个勇士分散到整个区域,切断了他们的退路。

他们两个往树林深处钻去,可那个领头的勇士几乎就在他们头顶上。罗宁不小心回头看见,又尖叫了起来。

勇士们下定决心要抓住他们。尽管在树林里不好前进,勇士们还是都骑上了坐骑。克拉苏斯往东扫了一眼,看见所有人都已经守好,准备拦截他俩。

罗宁本能地吟唱了一个火焰魔法。本来只要他嘴里念一个咒语,追捕者面前就会产生一道燃烧火墙。可是现在,只有几小撮火堆零星地燃烧,毫无防护作用。这些火堆只分散了一小部分精灵的注意力,大部分的暗夜精灵都没把这当回事。

更糟的是,克拉苏斯的头又晕起来,比刚才还厉害。

罗宁又救了他一次。他反复吟唱着咒语。克拉苏斯的痛苦没有减轻,但魔法忽然灵验了,精灵们面前的树林砰然爆炸,让他们阵营大乱。

对于自己魔力的恢复罗宁也感到很奇怪。他来到克拉苏斯的身边,拉着他一起跑。

"他们会——"克拉苏斯急促地喘着气,说,"他们迟早会找到我们的!因为他们熟悉这里的地形!"

"你叫他们什么?"

"他们是暗夜精灵,罗宁。你还记得他们吗?"

罗宁和克拉苏斯曾在达拉然城抵抗燃烧军团。他们听过以讹传讹的暗夜精灵故事。这种传说中的种族是温蕾萨的后裔。如今灾难迫在眉睫,精灵们又来了。一点不夸张地说,联盟缺了他们,结果一定完全不同。

"如果他们是暗夜精灵的话,我们难道不应该是盟友嘛?

"你别忘了,我们不一定在原来的时间里。实际上,在他们再次出现以前,连龙族都认为他们已经绝种了。"克拉苏斯声音很低沉,他也不确定自己的解释是不是合理。

附近响起了一阵尖叫，三名勇士手持利剑逼近他们。领头的一个手上拿着照明用的蓝色水晶。罗宁的火焰照亮了他的脸，他长着一张典型精灵的脸，很俊朗，但是左脸上从眼睛到嘴唇，有一道又深又长的疤痕。

克拉苏斯想再施一个魔法，可是无能为力。于是罗宁让他坐下，此时他们正面和敌人对峙。

“托纳斯·齐拉克！”他尖叫道。

精灵旁边的树枝突然聚集到一起，形成了网状的屏障。其中一个跳下坐骑，另外一个拉住缰绳，停了下来。

领头者拿起剑砍着树枝，叶子哗哗落地，留下一道红光。

“罗宁！”克拉苏斯大声喊道，“走！快走！”

作为克拉苏斯曾经的学生，罗宁本该服从老师的命令。可在这种情况下，他却不能这么做。他伸到腰袋里去，拿出一根发亮的水银。这根水银很快变成一把亮闪闪的刀。这是战争结束的时候，一位精灵首领送给罗宁的礼物。

看到了罗宁手上的这把刀，精灵领头者明显露出了吃惊的神色。然而，他们还是扑上去打斗在一起。

只见绯红色和银色撞击下泛起了火花。罗宁摇摇晃晃稳不住身体。而精灵差一点掉下来，坐骑锐利的爪子也抓不着罗宁，于是大吼了一声。

双方继续交战。罗宁虽然只是一个法师，但曾经接受过妻子的近战训练。所以即使在很老练的勇士面前，他也还能自保。现在手中又有了银色的利刃，胜算就更大了。

不过以一敌多肯定不行。打斗之间，又来了三个精灵，其中两个拿着一面网。克拉苏斯听到后面传来的声音，转身一看又来了三个，也拿着巨大的网。

尽管他拼命地努力，但却失去了所有力量。他，作为一条龙，绝望了。

罗宁看到了网，向后退去。他紧紧握住剑生怕精灵们让他落入陷阱。领头的精灵又向前移动，罗宁丝毫不敢怠慢。

“注意身后！”克拉苏斯叫道，他又开始头晕。“还有一个——”

一个穿靴子的精灵一脚踢在克拉苏斯头上。他还清醒，不过已经无法集中注意力。

他的视线变得愈发模糊，看到罗宁挡开了几刀，最后还是掉进后面的网兜。

罗宁成功地割断了第一个网，可第二个网马上又罩到他的身上，把他彻底缠住。罗宁张开嘴，领头的精灵站起来一拳打在他的下颚上。

人类法师罗宁也落网了。

克拉苏斯愤怒极了，怒气让他清醒了一点，指着领头者破口大骂。

这一次，他的魔咒起作用了。可是似乎劈错了方向，那道金光没有击中目标，而是击中了一棵树。三根树枝从树上掉下来，砸在一个精灵的身上，把他和坐骑都压得粉碎。

为首精灵的愤怒地看着克拉苏斯，魔法师尽力招架着殴打，但是他还是被打趴下了，彻底晕了过去。

精灵头领看着自己的部下大半是靠运气打败了敌人。过了很久，等确信他们真的失去知觉后，他纵容勇士们朝着不会反抗的身体拳打脚踢。夜刃豹都发出嘘嘘的声音，嗅着血腥的味道。等他觉得差不多，再打下去要出人命的时候，才下令停手。

“哈维斯要捉活的。”那个脸上有疤的精灵说，“我们不能抗命，不是吗？”

其他精灵直直地站在那里，眼神里立刻充满了恐惧。他们很清楚，如果万一做错事，哈维斯绝对会处死他们，而且是那种求生不得、求死不能的痛苦死法。

通常，哈维斯都会让瓦罗森来负责处理死刑。

“我们很小心，瓦罗森队长。”一位士兵坚持道，“他们不会死在路上的。”

他点点头。他至今仍然觉得奇怪，哈维斯是怎么知道，这两个生物会在这里呢？他只是说，最近有些异常，要他把附近可疑的人都带回去。瓦罗森一向目光锐利，他注意到了哈维斯深锁的眉头，所以事情估计要比他说的复杂。他也领会了哈维斯的意图。

瓦罗森紧盯着两个囚犯。他们都被吊在坐骑上。不管哈维斯预计到了怎样的情形,他肯定没想到抓住的会是这样的组合。弱小的那一个会施魔法,除了皮肤有点苍白之外,就像一个暗夜精灵;另外一个,明显更擅长于魔咒——他不知道怎么来形容,他不像是一个暗夜精灵,肯定不是。他的样子,别的精灵和老兵从没看到过。

“没关系。哈维斯会分辨的。”瓦罗森自言自语道,“不管是五马分尸,还是活剥了他们,他总有办法知道真相的……”

不管哈维斯想干什么,忠诚的瓦罗森都会助他一臂之力。

6

痛苦的玛法里奥回到家,他家就在暗夜精灵居住地——苏拉玛城的一个瀑布附近。这里环境宁静,自然风景又一直保持了原有风貌。除了塞纳留斯的小树林,恐怕在别的地方根本感受不到这样的平静祥和。

用树枝和泥土建造的房子低矮,呈简单的圆形。这和其他精灵的家很不一样。玛法里奥不喜欢那些俗气而杂乱的颜色,好像要通过房子来炫耀自己的身份一样。他选了那些泥土和生命的颜色——森林绿、棕色,希望自己的房子和周围自然环境可以完美地融合。

可是今天晚上,他在家里也待不下去。翡翠梦境里的情景还历历在目。他多想忘记那些,可是没有用。

"你在翡翠梦境看到的画面,其实有很多意思。"塞纳留斯坚持认为,"不管看着多像是真的,甚至完全是和真的一样——比如你看到的艾萨琳——其实也未必是真的,这可能只是这个梦幻之地的一个把戏罢了。"

玛法里奥知道,老师是在安慰自己。而他自己看到的确实存在。其实,老师和他一样关心艾萨拉的宫殿。

上层精灵所召唤的力量,到底是为了什么呢?他们难道没有感觉到永恒之井周围的世界已经险恶重重了吗?他到现在还不明白,女皇为什么会容许这样的失误。但是他还确信女皇并没有参与这一切。艾萨拉决不简单,她是一个真正的领导者,连傲慢的上层精灵也对她俯首称臣。

玛法里奥尽力想和平时一样生活,试着忘记那些麻烦。他走进平时最喜欢的一个房间。到了晚上,月光照射进来,可以看见瀑布,还能听到哗哗的水声。他常常坐在房间中央,喝一杯花蜜酒,想想他的工作,回忆回忆老师的教导。有的时候,就干脆在象牙桌子边和泰兰德还有伊利丹一起吃饭。

可今晚,泰兰德和伊利丹都不在。泰兰德已经回到她的月神殿继续工作,而弟弟现在则更喜欢城市的繁华。

玛法里奥向后靠了靠,让脸沐浴在月光里,随后闭上眼睛,放松一下神经。

刚一闭上眼睛,一个巨大的黑影就遮住了月光。

他赶忙睁开眼睛,瞥见一个身影,于是马上跳过去猛地把门推开。

可是门外什么都没有,只有瀑布还在飞流直下。

他走出房间,四下查看。那么大的家伙怎么会移动得那么快?牛头人他们都长得虎背熊腰,玛法里奥也都认识。可他们都不是以身手敏捷而著称。风吹着树叶沙沙作响,夜莺在远处歌唱,可就是没有一点入侵者的迹象。

*是你神经太紧张了吧。*他怨恨自己,*是你的心乱了。*

他回到房里又坐了下来。他并不清楚入侵者到底是谁,但是却很清楚有关宫殿和永恒之井的问题。那些不是幻觉也不是多疑。他想要知道更多,翡翠梦境告诉他的还远远不够。

而且要快。

兽人就快落网了。他像个婴儿一样踉踉跄跄、摇摇晃晃地跌进了别人的老窝。这样一来,再好的功夫也没有用武之地了。

如果真的被抓住,布洛克斯倒并不担心能否自保。可现在决不是放下手头的任务去英勇搏斗的时候,前面还有很长的路在等待着他。而且眼前这个高高的家伙,显然跟他不是一个重量级的。虽然他长得很高,但实在太瘦太弱了。跟人类交手,才更有意思也更值得。

头又开始痛了,这已经不知道是第几次了。布洛克斯把手按在太阳穴上,压一压会好些,脑袋总觉得晕晕乎乎的。过去的几个小时里,到底发生了什么事,他自己也说不清楚。他并没有像加斯科那样被撕成碎片。但事情太复杂了,这不是兽人勇士能理解的范畴。布洛克斯只记得他曾飞过一团混乱的漩涡,里面有无尽的声音围绕着他,让他几乎快要聋了。

最后,布洛克斯两眼一黑,以为自己就会这样长眠不醒。

当然他还是醒过来了,却已经不是平平安安地待在山区,也不是已经成了阶下囚。他发现自己身处一个风景如画的乡野山间。太阳已经下山,四周非常安静,只听得见鸟叫的声音。

布洛克斯无力地瘫在地上。这个时候就算把他送上战场,他也有心无力了。过了一个多小时,他才慢慢恢复过来。勉强地从地上爬起来,可他的腿却软得走不动。在布洛克斯焦急等待恢复的时候,看见了本来以为已经失落的战斧奇迹般地就在离他不远的地上。他的脚还不能动弹,所以只好趴在地上拖着腿爬到斧子的旁边。虽然还没力气举起来战斗,但握住武器就让他安心不少。

布洛克斯一旦感觉自己能动,就立即抓紧时间离开。此地不宜久留。根据他的经验,在陌生的环境里,即使感觉上非常宁静,也不能掉以轻心。

他真的想搞明白,到底发生了什么事。以前他听说过,法师可以施展魔咒进行时空转换。但是如果真有这样的咒语,这个法师一定是疯了,要不然就是咒语弄错了。

布洛克斯现在是独自一人,又迷了路,他的潜能就全被激发出来。不管发生什么,他希望去了解这个地方的原住民,他们的目的到底是什么。如果他们真的有意无意地,用魔法去干扰兽人新家园的话,那可不妙。他就算是拼了命也要保护自己的族人。

至少现在,他已经大致知道,什么种族住在这里。在与燃烧军团大战以前,布洛克斯从没有听说过暗夜精灵,但那奇特的长相是过目难忘的。天知道他竟然来到由精灵统治的土地上,但不管怎样还有希望,打探到消息以后就可以回去了。在卡利姆多的时候,暗夜精灵曾和兽人并肩作战,布洛克斯也因此了解到了以前他不知道的大陆情况。经过一番观察,他很肯定自己可以找到回家的路。

他没想过去找个精灵向导。或许现在的精灵就是当年和兽人、还有人类结盟的精灵。可对于这样一个闯入者,他们是不是会抱着友好的态度,还很难说。布洛克斯也想再多了解点情况,所以就小心谨慎,尽量不让精灵发现他。

一路上他没有遇到什么精灵,但他注意到远处有光亮,好像是从一个更大的村落发出来的。他想了一想,就拿起武器冲了过去。

他刚想有所行动,两道身影就从旁边逼近过来。他躲在树边看到原来是两个骑兵,他诧异地眯起眼,骑兵竟然不是骑马,而是骑在强壮的夜刃豹上。他咬紧牙关,准备一旦被发现了就迎战。

可骑兵们似乎在赶路,匆匆经过他的身旁。在微弱的光线下,他们仍然快速行进。布洛克斯突然想起来,暗夜精灵的夜视能力非常地好。

这可不好。兽人晚上的视力也不错,但肯定不如暗夜精灵。

他操起战斧,纵然没有视力的优势,可布洛克斯却依然能信心十足地和这些精灵打个平手。不管白天还是黑夜,只要有武器在手,兽人勇士就一定能克敌制胜。精灵身上那些轻巧的盔甲可抵挡不住他锐利的战斧。

骑兵们渐渐淡出了他的视线。布洛克斯继续赶路。想要了解更多关于精灵的情况,唯一的方法就是监视他们的村子。这样,说不定能找到回家的线索,那么他就可以回去了。萨尔知道该如何来对付这些涉足了危险魔法的暗夜精灵。

事情发生得很简单。

他只是眨了下眼,前面就出现了个身穿银色长袍的精灵。

她看上去惊讶极了,布洛克斯也是,谁知她一张开嘴,就哭了出来。

布洛克斯正想让她别哭了——还没等他做点什么,暗夜精灵就从四面涌了出来。

他顿时陷入两难当中:一方面,他想像个英雄一样留在原地英勇战斗;另一方面,他又想要效忠萨尔,别让任务失败,辜负了族人的信任。

所以他急忙就掉头,往回逃。

然而，树根旁、土堆边，精灵源源不断地涌出来——每一个都带着挑衅的眼神看着强壮的兽人。

号角吹响了。布洛克斯知道这声音预示着什么。过了没一会儿，耳边就传来咆哮声和喊叫声。

他扭头一瞥，追赶者已经靠近了。跟之前躲过的两个骑兵不同，这次的精灵大多数都只穿着长袍，戴着胸甲，但这并不是轻视他们的理由。不仅每一个都全副武装，他们的坐骑看上去更加恐怖。它们只要用一只爪子就能把兽人的身体撕开，而利齿一咬就能吞下他一整个脑袋。

布洛克斯本想拿着战斧，大杀大砍，冲散他们的骑兵队伍，留下些血迹断臂了事。但萨尔一直教导他不要随意使用暴力。布洛克斯便咆哮一声，挥起斧子对准第一个骑兵，他避开夜刃豹锐利的爪子，转身又抓住第二个骑兵的腿，把他扔到第一个骑兵身上，再把两个一起甩向天空。

这时只见头上乱刀飞舞，布洛克斯拿起硕大的战斧，不费吹灰之力就把那些刀一一劈成碎片。暗夜精灵稍稍撤退了一些，手上还紧紧握住武器。

他们往后一退，就和布洛克斯拉开了些距离。

正当布洛克斯觉得有机会逃走的时候，面前出现了另外一个暗夜精灵，他穿着胸口配有金红色滚边的闪亮绿色长袍，头巾遮住了大半张瘦瘦长长的脸，毫无畏惧地看着面前的勇猛兽人。

布洛克斯挥起战斧，大叫一声，想要吓跑暗夜精灵。

可是暗夜精灵却举起手来，竖起食指和中指，指向天空。

兽人知道他在施魔法，但是已经太晚了。

此时，一轮圆月从天而降，像一条柔软的地毯似的把布洛克斯包裹住。他感觉手臂越来越沉，脚也顿时没了力气，眼皮耷拉下来，眼睛几乎睁不开。

战斧也滑落下来，布洛克斯终于倒在了地上。

他觉得非常愤怒，这股怒气支撑着他没有晕倒。他挣扎着勉强坐了起来，他不想就这样结束生命！暗夜精灵以为他就这样束手就擒了，但他偏偏不让他们如愿。

僵硬的手指再次抓住战斧。他很高兴地看到，精灵们对他还能反抗都很吃惊。

可正当布洛克斯想要举起战斧的时候，一块银色的面纱把他围住，刚刚好不容易攒起来的力气又没有了。战斧再次掉到了地上，他知道这次再要拿回来，是不可能了。

兽人开始摇摇晃晃，又倒下了。即使这样，他还在地上挣扎，不想让暗夜精灵如此轻易取胜。

第三块面纱笼罩住他，布洛克斯眼前一黑，还是倒下了。

三天了，三天，可似乎还没什么进展。

哈维斯很不高兴。

三个上层精灵的巫师从后面走上来继续施咒工作。被替换下去的巫师稍微休息之后会继续轮班。哈维斯黑色的假眼转而看看三个即将卸任的巫师。其中一个巫师刚和他的目光相遇，就立刻移开了视线。上层精灵可能是女皇最宠幸的下属了。其中，哈维斯又是最举足轻重的人物——虽然他也常常处在危险边缘。

“明天晚上……明天晚上我要加强十倍的能量。”他命令道，眼里闪出光芒。

之前那个巫师不敢正视哈维斯，但另一个却敢说：“敬爱的哈维斯，这太冒险了！加强额外的能量，会影响我们已经取得的成果。”

“什么，佩罗森？”在咒语的光线下，哈维斯的影子会自己移动。“我们取得了些什么成果呢？”

“因为我们的魔力比以前任何暗夜精灵都要大！”

哈维斯点点头，又皱起了眉头：“有了魔力，我们可以用山峰大小的锤子轻而易举把昆虫锤碎。佩罗森，你这个傻瓜就只能看到这点吗？能够担负这个责任，应该是你的荣幸才对。”

佩罗森顿时无语，感激地低下了头。

哈维斯不屑地看看手下这些上层精灵们，说：“我们要追求什么？我们要最大限度地利用永恒之井的能量。我们要能够在昆虫毫无意识的情况下，把它们杀得精光，我们必须认清这一点，才能实现最终的目标！我们——”

“再说一遍，亲爱的哈维斯！”

这个甜美的声音让无数上层精灵为之倾倒，甚至愿意为了她的一笑去死。可长着红色玛瑙眼睛的哈维斯却并不是这么想。他随意地做了个手势，原本已经疲惫不堪的那些巫师们，现在终于可以解散了。

她微笑着进来，美得让人惊讶。哈维斯的眼睛也睁得老大。她是暗夜精灵的荣耀，每当她呼吸的时候，众人就屏息静气，听从差遣。当她触摸心爱勇士的脸颊的时候，他们马上就心甘情愿地出去跟龙甚至更厉害的对手决战，虽然明知会受伤而归，也在所不惜。

女皇身材高挑，比很多雄性暗夜精灵还要高，只有哈维斯胜她一筹。虽然她如此高大，但走起路来却轻盈而敏捷，同时也自信满满。而且不发出任何的声音，比猫的脚步还要安静。

她深紫色的皮肤如丝绸般光滑，银色的长头发散落在肩头，发梢微卷。而她穿的衣服正好和眼睛的颜色一样，是那种雍容华贵的银色。

哈维斯私底下也很想得到她，但他的野心大于色心。哈维斯可以利用女皇，反过来女皇也一样。说得不好听，他们为了同一个目标而互相利用。只是到最后想获得的东西不同而已。

当目标最终达成的时候，他会证明给艾萨拉看，究竟谁是真正的领导者。

“亲爱的女皇，”哈维斯毕恭毕敬地说，“我祈祷您的纯洁无瑕和美丽动人。我正在给手下布置任务，因为对您的爱，所以他们不希望失败……”

“恐怕他们会让你失望的，我亲爱的参事。”女皇身后，站着两个仆人，拎着半透明的裙摆。女皇坐在一张特殊的椅子上，这样可以很舒服就看到上层精灵的一举一动，而仆人们就把裙摆放到一边。“我想，他们畏惧我更甚于爱我。”

“不是这样的，我的女皇。”

女皇换了个姿势，紧紧盯住疲于解释的巫师，长袍凸显出她完美的曲线。

哈维斯并没有被女皇的冷水泼到。他知道如果实现了自己伟大的目标,不要说是女皇了,所有的一切都是他的。

突然,一道强光闪过,女皇和哈维斯同时转向了正在做法的巫师们。巫师们在中间设了一个圆圈,一个充沛的能量球在上方盘旋,而且正在不断地自我复制。这种能量具有催眠的效果,似乎开启了一扇到达*别的地方*的大门。

看到这样的情形,参事皱了皱眉头,他看了一眼,感觉到球体里无尽的深度。有那么一瞬间,他可以发誓看到了——

"我想,你没在听我说话,我亲爱的参事!"

他尽力缓过神来:"当然有,我的月亮女神,不过刚才我有点走神,所以没有完全明白。您前面又说到了——"

女皇笑了,声音沙哑,但她没有反驳他的意思:"要明白什么? 我只是重复了一遍,我们得尽快取得胜利! 很快,我们就将有能力清除掉自己的土地上那些不完善的种族,创造一个完美的天堂。"

"这一天会来的……会来的,我的女皇。我们才刚刚开创了一个黄金般的时代,而您的王国将变得十全十美,并享有永恒的荣耀。"哈维斯微笑着说,"只要那些低劣种族存在,就不可能实现这一个梦想。但他们早晚会被淘汰的。"

听了他的话,女皇会心一笑:"亲爱的参事,我很高兴你这么说。现在有很多人担心永恒之井周围会发生危险,都来向我寻求指导。我让他们如果有什么疑问,都来找你。"

"您做得对。为了这次珍贵的任务,我会劝慰那些长久以来一直杞人忧天的民众。等任务成功完成了以后,您就可以很自豪地宣称这些都是为民造福了。"

"这样他们就会更加地敬爱我。"艾萨拉自言自语道,还眯起眼睛,似乎已经看到那些感激的民众。

"他们一定比现在还要敬重和热爱您,我的女皇。"

艾萨拉接受了赞美,细长的眼睛朝下看了一下,随后以无可模仿的优雅气质站起身来，身后的仆人马上提起她的裙摆，生怕影响了走动。“我很快就会宣布这个激动人心的消息，亲爱的哈维斯。”女皇说着，转过身去，“在我宣布以前，得保证一切就绪。”

“我不会放松的。”哈维斯回答道，鞠了一躬，“即使做梦也会想着。”

但女皇和仆人们一离开，他冷冷的脸马上就显出一丝忧虑，冲着门口值班的守卫说道：“女皇下次圣驾光临的时候，如果我还是不能事先知道，小心你的人头，明白吗？”

“明白，阁下。”守卫回答道，没有任何表情。

“还要记得，女皇在的时候，如果瓦罗森队长来了，也要通报一声。决不能让他的任务惊扰了女皇。只要队长来了，不管他带了谁一起，都让他直接来见我。”

“是。”

哈维斯让守卫退下，继续监督上层精灵的巫师研习魔法。

飞舞的魔法能量把可怕的球体全都遮盖起来，继续自我复制。当哈维斯过去看的时候，球体的内部折叠了起来，似乎要把自身给吞噬掉。

“太棒了。”他小声说。离球体越近，就越能感觉到强烈的能量不断溢出。哈维斯当时就怀疑，永恒之井只被挖掘了表层的部分能量。其实永恒之井这个名字真是太确切了，越了解它，就越能体会它无尽的能量。永恒之井非常迷惑人。实际上它同时存在于数千个维度，数千个地方。

上层精灵则尽力全方位地吸收它的能量。

能量的巨大潜力让哈维斯也不禁摇摇晃晃。

别人看不到的能量以及色彩，他都能尽收眼底。这样的能量具有极大的吸引力，把他往里面吸。

但是在深处，在现实世界之上，他觉得有东西盯着他。

这一次，暗夜精灵知道自己没搞错。在很远的地方，哈维斯感觉到有什么东西存在。但实在是太远了，他也没有把握。

他想把自己拉回去，但已经太晚了。永恒之井的能量把他紧紧地抓住，他的灵魂突然就超越了现实，超越了永恒，直到……

我找你找了很久……声音传来。是生命、死亡、创造、毁灭……还有

无尽的能量。

如果他可以选择，当时就不会目不转睛地盯住那个球体，这样也就不会陷入无底深渊了。很多双眼睛注视着他，还有他的新主人。

现在你到我的身边来了……

湖水咕噜咕噜地冒着气泡，开锅一样沸腾着。巨浪滔天，不时拍打着湖岸。天空划过一道闪电，永恒之井上电闪雷鸣。

此时，传来一阵窃窃私语。

当初，第一个发现永恒之井的暗夜精灵只听到风吹的声音，而且很快就忘记了它的存在。他们似乎更关心自己的家园。

而另一些则对永恒之井很敏感。他们深知其中的能量，也感受到了它发出的声音。但这声音究竟是什么，他们也说不清楚，只是感到恐惧。

他们不想让别人知道自己的恐惧，唯恐被视为异类，所以就忽略了真正的警告和危险。

声音里除了渴望还是渴望。他们渴望一切。生命、能量、灵魂……他们想去真正的世界，而唯一的办法就是找暗夜精灵们帮忙。

就在那儿，他们将吞噬它……

7

当瓦罗森一队人马开始变得惴惴不安的时候,罗宁知道机会来了。

这和他们刚刚进入一片新的森林有关系。罗宁觉得这片森林和他们之前经过的不同。在这里,暗夜精灵已经对周围全然陌生了,他们也成了不受欢迎的入侵者。

天很快就亮了。克拉苏斯到现在还神志不清,因为他们被捆在夜刃豹的背上,每走一步都像要把肋骨挤断一样。可罗宁硬是不发出声音,不让暗夜精灵知道自己已经苏醒了。

可是,如果他们知道了又能怎样呢?罗宁试着吟唱,可每次到头来只是一阵头痛欲裂。他脖子上挂着一块小小的翡翠符牌,让他一集中注意力就头疼欲裂。克拉苏斯也戴了一个。暗夜精灵们看得很严,因为这样就可以高枕无忧了。罗宁注意到,他每次念咒语的时候克拉苏斯都会帮他,尽管他现在的法力比罗宁还差。

"我们走错路了。"瓦罗森大吼道,"不是这条!"

"可是我们一直沿着大道走,队长。"有一个精灵回答,"我们并没有偏离方向。"

"难道这里看上去像主城吗?"瓦罗森打断他,"除了看见这些鬼树以外,还有什么?卡尔萨利亚斯……还有一些我不怎么喜欢的东西!不管怎么样,已经走错了。"

"那该往回走老路吗?"

罗宁看不见队长的脸,但是想得出他有多衰。

“不！不！还没到时候。”

瓦罗森还没决定,是否要走新路。罗宁更加担心起自己来。现在,越深入森林,他就越感觉到有一种什么东西存在着,这是以前从来没经历过的。某种意义上来说,当时克拉苏斯来找他帮忙的时候,也就是类似的感觉。而这一次,感觉更强烈……强烈得多。

那究竟是什么呢?

“太阳就要出来了。”另一个士兵抱怨道。

据罗宁观察,暗夜精灵虽然在白天也能活动,可是却孱弱得多。他们是有魔法的生灵——而且是暗夜精灵。如果可以趁此时机除掉咒符,那他和克拉苏斯就有胜算了。

趁人不注意,罗宁偷偷地甩着头,翡翠咒符动了动,却没掉下来,最后他甚至不得不铤而走险,使劲把头往上伸,想要摆脱掉那个咒符。

就在黎明快要来临的时候,罗宁发现附近有人在树叶里盯着他看。

不,这张脸是长在树上的吧？有鼻有眼,树叶和嫩枝像是浓密的胡子,树皮的色彩斑驳构成一张调皮的嘴。

这张脸出现没多久就迅速消失在树林里。罗宁不禁奇怪,是不是自己的幻觉呢？还是光线造成的？不可能,怎么会这么清楚呢?

可是——

只见暗夜精灵的武器纷纷出鞘。他们本能地开始准备迎战,却并不知道危险从哪里来。连他们的坐骑夜刃豹也龇牙咧嘴地绷紧了肌肉。

瓦罗森突然指向右方:“那条路！就那条路！快!”

转瞬间,森林里开始奔腾起来。

巨大的树叶飘落下来,几乎挡住了精灵们的视线。旁边的灌木突然间变成矮小的绿色小精灵跳起来,欢笑着乱跑。森林的地面绊住了夜刃豹的脚步,暗夜精灵纷纷落地。他们大叫起来,想稳住队伍,场面反而更加混乱。

附近传来一阵低低的呻吟声。罗宁惊鸿一瞥中看见两个精灵被捆在了树上。

瓦罗森试图在一片混乱中重新下命令,而精灵们不是在忙着挣脱捆缚自己的树枝,就是在安抚自己受了惊吓的坐骑。他们情愿走回老路也不愿意像现在这样糟糕。

瓦罗森大叫一声,紫色坚硬的触角强横地伸展到森林里的好几个地方。其中一根缠住了一个灌木林精,顷刻间就送他下了地狱,但林精还是保持着猛冲的势头留下了一串烧焦的痕迹。

仿佛被战斗影响了,火焰熄灭的同时狂风大作,卷起断枝残叶不停地飞舞,漫天尘土迷住了精灵的眼。

"保持队形!"瓦罗森咆哮道,"保持队形,往后退! 赶快!"

这时,一只满是树叶的手捂住了罗宁的嘴。吓了他一跳,而身后,又觉得有手正在抓他的脚。

轻轻一推,他就解放了。

夜刃豹看到这个情形马上大吼起来。但是越来越多的灌木林精包围着它们,实在让它们痛苦异常。瓦罗森立刻收回触角看看发生了什么事。发现自己的囚犯不见的同时,他也被树枝捆住了身体。

灌木林精刚好在罗宁陷入危险的时候救了他。他们悄无声息地快速地把他解救出来。此时的罗宁真希望克拉苏斯也能获救。但除了眼前的这些灌木林精之外,别的什么都看不见。尽管他们长得矮小,却很有力量。

令人惊讶的是,一个精灵骑着夜刃豹冲出一条路,单枪匹马杀出重围。罗宁认得出他——卡尔萨利亚斯,他的眼睛里流露出绝望的神色,似乎罗宁的逃走是最大的噩耗。不过他也只能认识到这点。

二话没说,卡尔萨利亚斯就命令精灵们继续前进。罗宁知道,暗夜精灵,特别是他亲爱的妻子温蕾萨是非常尊重大自然的。而像卡尔萨利亚斯这类,却根本不在乎这个。他挥舞着刀子,泄愤地砍着灌木。

这时候,很多巨大的黑鸟突然从周围袭来,把精灵们团团围住。卡尔萨利亚斯发疯似的四处乱砍,却连根鸟毛都没有打下来。

精灵们已经疲于奔命,根本没注意到地面上又有新的危险了。他们要经过的树突然长高了两尺,仿佛根部被拉长了一样。

卡尔萨利亚斯被鸟搞得团团转,也注意不到这边。

坐骑开始绊了一下,到后来爪子被缠得越来越紧,发出阵阵惨叫声。骑在他身上的暗夜精灵想帮它摆脱,无奈情况只是更糟。

坐骑卷成一团,卡尔萨利亚斯从上面摔下来,被压得粉碎,坐骑发出了撕心裂肺的吼声。

灌木林精若无其事地带着罗宁继续向前,过了不久,罗宁又听到暗夜精灵打斗的声音:可是不一会儿声音就消失了。瓦罗森似乎带着一帮手下败将逃跑了。

后面的灌木林精终于追上了罗宁,还带来了克拉苏斯。罗宁开始觉得有些担心——这些救了他们的灌木林精到底是何居心。难道好不容易从暗夜精灵手中逃脱,却要面临更恐怖的命运吗?

灌木林精放慢了脚步,最终停在一块空地上。天已经亮了。小鸟欢唱,万花盛开,缤纷灿烂。似乎一切都在欢迎新来的客人。

罗宁看见了一张树叶般的脸。令他惊奇的是,笑容里竟然蕴含着一朵白色的花。

一股花粉喷射出来,弥漫于人们的鼻子和嘴巴里。

罗宁闻到了味道,咳嗽了一下,觉得飘飘欲仙起来。他觉得周围人又在动了,把他带到了阳光里。

但是还没等光线照射到脸上,他就晕了过去。

跟罗宁想得不一样,克拉苏斯并不是一直都昏迷着。没错,他是很虚弱,奄奄一息,但他却从身体上心理上调整自己。虽不能说是成功,至少还是活下来了。

克拉苏斯也注意到了森林里的那些神秘的生灵,而且很快就知道,那些是森林的护卫。他比罗宁要敏感和警惕一些,他知道暗夜精灵是被故意引到这里来的。他们实际上要对付的是暗夜精灵,而罗宁和自己却成了意想不到的收获。

克拉苏斯很清楚整个情况,所以在混乱当中没受任何伤害。在灌木林精袭击暗夜精灵以及在他们眼皮底下救他和罗宁的时候,他忍住什么都不做。感觉上，灌木林精救他们并没有什么恶意，但这并不等于说，之后他们就不会再有危险。所以一路上都格外小心，希望这次不要像上回那样。

而今到了这个阳光普照的地方，他却失算了。一不留神就吸入了花粉，所以也和罗宁一样昏了过去。

和罗宁不同，他只昏睡了一会。

醒过来。有一只小鸟停留在他的膝盖上，让他吃惊不已。他一甩手，小鸟又飞上了枝头。

克拉苏斯警惕地环顾四周。很明显，他和罗宁正躺在一块神秘的林中空地上，而这块空地被赋予了古老的魔法。阳光普照，草地、花朵还有小鸟一起分享着这片宁静。克拉苏斯是应该知道这里的——可是现在，却怎么也想不起来。

问题是，他并没有跟罗宁说实话。他觉得自己的记忆混乱。以前他认得出暗夜精灵到底是什么样的，但关于其他的——大部分世俗事情的记忆——都彻底消失了。当他想方设法集中精神的时候，脑子却一片空白，精神和身体一样脆弱不堪。

可是为什么？为什么他要承受的比罗宁多得多呢？罗宁是一个具有超凡的能力的人，但是精神上却很脆弱。经历了一次如此艰难的飞行，他们都没有被打倒，这在一般人是做不到的。

一想到这个问题，克拉苏斯就觉得心存愧疚。有好几次，罗宁都差点儿为他牺牲。

忍着浑身的疼痛，克拉苏斯还是撑着虚弱的身体勉强站了起来，可那些灌木林精已经不见了。可能他们又变回了森林的一部分，等到下一次接到任务、需要行动的时候再出现。这种方法真是守护森林的绝佳办法，在他们面前，暗夜精灵简直就是微不足道的。

可是，森林统治者究竟要两个毫无威胁的流浪汉干吗呢？

罗宁还在昏睡着。看来一时半会醒不了。克拉苏斯看周围没什么危险，就把罗宁留下，独自出去探路了。

鲜花就像栅栏一样，在草地边厚厚地铺了一道。克拉苏斯靠近它们,小心翼翼地看着花。

当他走近这些花,只相距一尺的时候,所有的花都面向他,灿烂盛放。

而一后退,站到原地的时候,花又回复原样。这是一道简单而又柔软的屏障。现在的罗宁和克拉苏斯都是安全的,他们不会受到外来的袭击,但他们也休想给森林添什么乱子。

目前这种情况下,克拉苏斯甚至连跳过花的念头也没有。估计这么做又会碰到什么防护机关,说不定就没花那么温顺了。

只剩下最后一条路了。要保持体力,恢复元气,最好的办法就是席地而坐,盘起腿,然后深呼吸。克拉苏斯以前研究过这样的林中空地……

于是对空气说:"我想跟你谈话。"

他的话在风中飘荡,一遍遍在林中回响。鸟儿不唱歌了,草地也不动了。

又刮过一阵风。

有一个声音回答:"谈什么呢?"

克拉苏斯等了一下,他听见远处牛羊嬉戏的声音,似乎动物们也赶上了这个关键时刻。嬉戏吵闹声越来越近,他皱起了眉头,树林里出现了一个影子。

"我认识你。"克拉苏斯先开了口,"我认识你。"

可是名字却无论如何想不起来了。他甚至怀疑自己是不是真的见过眼前这个神秘人物。

"我也听过你的故事。"这个高大的神秘人物上半身像精灵而下半身像鹿。"可是我还想了解更多。"

只见森林之王四肢一跃就跨过了花朵的阻隔。花朵们就像猎犬一样,给主人让开了一条道。有一些花草甚至还轻轻地蹭着他的腿。

"我是塞纳留斯。"他对面前这个小个子说,"这是我的领地。"

塞纳留斯……塞纳留斯……这个名字听起来非常具有传奇色彩。克拉苏斯记忆里有模糊的印象,可还是想不起来。塞纳留斯,这个常常被暗夜精灵还有森林居民提起的名字。在他的领地里,权力之大,可与伟大的龙族相媲美。

肯定不止这些,可是再怎么想也想不起来。

塞纳留斯看到克拉苏斯流露出焦急的神色,严肃的表情也缓和下来,他说:“你的身体还没恢复过来,也许还要多休息一下。”

“不。”克拉苏斯勉强让自己在半神半人面前站得笔直,“不!就现在说。”

“随你吧。”只见半神半人转过头来,好好打量他眼前的克拉苏斯,“你不像是看上去这么简单。我从暗夜精灵身上受到了启发,还不止这些,你几乎让我想起了——可是好像又不像。”他还提到了罗宁,“他跟我领地内外的生灵都不一样。”

“我们不远万里来到这里。现在迷路了,都不知道自己究竟在哪儿。”

谁知塞纳留斯竟一阵大笑。他一笑,更多的花朵开放了,鸟儿又在枝头唱歌了。一缕清风拂过克拉苏斯的脸,就像是亲密爱人温柔地抚摸。

“你来自远方!我的朋友,你还可能在哪儿?除了卡利姆多,你还可能在哪儿?”

卡利姆多。至少听起来,确实差不多。还有哪个地方,会像卡利姆多一样聚居着这么多的暗夜精灵呢?“可是我怀疑,但是——”

“我感知到世界的动荡。”塞纳留斯打断他,“风暴正在酝酿中。我自己也在找寻它的源头,但是找不到的部分,就留给你们两个。”他走向克拉苏斯,看了看还在沉睡的罗宁。“两个不知来路的过客。两个迷失的灵魂。对我来说,你们简直就是两个谜。真希望你们没有出现。”

“但是……是你救了我们啊。”

森林之王哼了一声:“暗夜精灵的气焰越来越嚣张了。他们拿走了本不应属于他们的东西,还要践踏自己看不起的东西。简直自以为是,以为什么东西都要在他们的掌控之下。虽然还没侵犯到我的领地,可是我就是要让他们误走这条路,好教训一下他们。”他狡黠一笑,“不过他们倒也算帮了我一个忙,把我要的人都带来了,真是得来全不费工夫。”

克拉苏斯突然觉得双腿发软,站也站不住了,可他硬撑着,说:“似乎他们也知道我们要来。”

“艾萨琳确实拥有自己的能力。她毕竟凌驾整个永恒之井。”

克拉苏斯有如五雷轰顶,但这一次却不是因为身体虚弱造成的,是塞纳留斯说的话吓到了他。

“艾……艾萨琳?”

“是的。就是暗夜精灵的主城,就在永恒之井的旁边!你连这个也不知道吗?”

这时,克拉苏斯一下子倒在地上,痛苦地接受这个现实。即使让塞纳留斯看出自己的疲惫也无所谓了。

艾萨琳。

永恒之井。

尽管克拉苏斯现在的记忆已变得千疮百孔,可两个史诗般神奇的地方,是怎样也忘不了的。

艾萨琳和永恒之井。前一个是暗夜精灵统治着的魔法王国。他真傻,怎么当时被俘虏的时候都没意识到呢?它几百年来一直就是世界的焦点。

而永恒之井,本身就是一个魔法之地。几个世纪以来,它强大而神秘的无尽力量一直被法师所津津乐道。它又一直是暗夜精灵魔法力量的源泉。

可这都是历史了。现在不论是艾萨琳还是邪恶的永恒之井都已经不复存在。它们都在很久很久之前的一场灾难中,毁于一旦……

克拉苏斯苦苦思考着。

“你还没恢复过来。”塞纳留斯关切地说,“我应该让你休息的。”

克拉苏斯还是尽力回忆着,回答道:“我会好的……等我朋友醒了以后就会好的。我们……我们会尽快离开,免得给你添麻烦。”

塞纳留斯皱了皱眉头:“年轻人,你误会了。你们两个都是我的客人。我也很想了解你的情况。既然我留下了一个,那一定就会留下另外一个。”他转过身,向花的方向走去,“我给你们送点吃的来。先休息一下吧。”

他没征求克拉苏斯的意见，而克拉苏斯似乎也不争辩什么。因为他明白，一个像塞纳留斯这样的森林之王坚持要他们留下，那也就别无选择。只要塞纳留斯愿意，他们就是他的朋友。

克拉苏斯并不担心这个，他担心的是自己的命。

艾萨琳和永恒之井都已经在一场恐怖的灾难里毁于一旦了。魔法师克拉苏斯一想到这个，他就感觉又一场灾难就要降临了。

“我告诉你，亲爱的参事先生，我喜欢惊喜。但是这次我的要求特别高。”

哈维斯笑笑，把女皇领入室内。对待女皇，他真是极尽亲切之能事，恳求女皇来看他的魔法。他知道，艾萨拉期待发生奇迹，而他是不会让她失望的，即使心里并不这么想。

见他们进来，所有的士兵都跪下。他们和哈维斯一样，保持着平常的表情。房间里的每一个人都知道事情的真相，除了艾萨拉。

她看了看漩涡，失望地说：“没什么两样啊。”

“您应该走近点看，这可是千月之光啊。”

艾萨拉皱了皱眉头。哈维斯请求她不要带侍从一起来，但现在她也许有些后悔了。可是，艾萨拉毕竟是女皇，即使一个人的时候，也有必要表现出主宰者的样子。

艾萨拉优雅地走到旁边。她先是看着上层精灵表演的魔法，然后又目不转睛地看着里面的黑暗漩涡。

“看起来还是没有什么变化。亲爱的哈维斯，我想要更多的——”

她喘了一口气，尽管哈维斯看不清楚她的表情，但已经知道她听见了。

这种声音他已经听到过，神的声音，所有人都听到过。

我来了……

8

仪式结束以后，泰兰德终于可以清闲一些了。作为月神殿的祭司，她需要全身心地投入。可她并不希望是每时每刻都如此。月亮女神的仁慈博爱，是泰兰德进入月神殿供职的首要原因。从此，泰兰德也找回了一些内心的平静。

可有一件事却困扰了她很久。随着岁月的流逝，玛法里奥、伊利丹和她之间的关系已经变了。他们已经不再是童年时的玩伴。童年世界里的简单和快乐也已不再，取而代之的是成人世界里复杂的关系。

对于玛法里奥和伊利丹，她的感觉也已经变了。她知道，他们两个也不仅仅当她是童年玩伴。兄弟俩一直友好地竞争着，可越到后来就越激烈，她不喜欢这样。到现在，几乎已经演变成了彼此的战争，像抢什么东西一样。

泰兰德比他们还清楚——他们抢的正是她。

她简直受宠若惊，但又不想伤害任何人。可是到头来，总有一个要受伤害。她心里早就明白，在寻找另一半的时候，肯定是从他俩中挑一个，不是伊利丹就是玛法里奥。

泰兰德穿着银色连帽长袍，沉默而匆匆地穿过神殿里宏伟的大理石厅。抬起头来，可以看见一幅壁画，勾画出天堂的样子，巧夺天工。不仔细看还会以为这个神殿真的没有屋顶。而举办仪式的大殿是露天的，在那里，月光普照下来，温柔得像母亲的触摸。

泰兰德经过前辈祭司们化身成神后的石雕——最后跨过门廊，这里的地面用精细的马赛克铺就了神的肖像和世界的构成。以月亮女神居中。众神的脸上几乎无一例外都模糊一片。只有半神半人、孩子和侍从才有清晰的面容。其中有一个就是塞纳留斯，很多人称他是月亮之子和太阳之子。他自己没有对此发表过评论，可泰兰德却一直愿意这么想。

室外，夜里的凉风让她觉得舒服些。泰兰德走下雪白光滑的台阶，来到人群中。众人纷纷低头迎接她，并且给她让出一条路来。这可能是当月神殿祭司的好处吧。可是此时此刻，泰兰德真想回归到平静简单的生活中去。

苏拉玛城并没有艾萨琳那么辉煌，但她也有自己独特的地方。泰兰德走入主广场的时候，眼前一片亮丽的的颜色。小贩们摆出琳琅满目的商品；达官贵人穿着镶钻的亮红色长袍；旁边，社会地位稍逊一筹的精灵们穿着各色花衣服。集市里的每个人都把自己打扮得像过节一样。

房子也是当地居民展示的一部分。泰兰德看到很多五彩缤纷的房子，连商店也被漆成各种颜色。火炬的灯光照亮了它们，仿佛流动的火焰。

在泰兰德有限的阅历中，并没有碰到多少暗夜精灵之外的族群，可他们却嘲笑她的种族品位低俗，甚至当面说，他们简直是色盲。实际上她自己的口味是偏于保守的，尽管没有玛法里奥那么朴素。但她觉得暗夜精灵只是更喜欢缤纷的色彩而已。

在广场中央聚着一群精灵。他们大都指指点点，冷嘲热讽。泰兰德很好奇，想去看个究竟。

起先，旁观人群并没注意到她。看来他们围观的东西一定很稀奇。后来她轻轻地拍了拍身边精灵的肩，认出来女祭司之后，精灵让开了一条道。这样，她才走进了人群。

中间有一只半人多高的笼子，用很结实的铁棒做成，看来里面关着一头野兽。因为它挺有力气，弄得笼子咯咯响，还不时传出动物般的咆哮声。围观的精灵议论纷纷。

她前面的精灵怎么拍也不动身，她抑制不住自己的好奇心，只能从夹缝里看进去。

她喘了口粗气。

"这是什么?"泰兰德脱口而出。

"天知道。"一个穿着长袍胸甲的值班哨兵在旁边说。"月亮守卫用了三次魔法才把他弄到这儿来的。"

泰兰德本能地环顾四周,想找一个穿绿色连帽长袍的法师,可是却没找到。很有可能是他们给笼子念了咒语,然后把这个野兽留给了看守,自己去讨论到底要怎么处置他了。

笼子里到底是什么呢?

肯定不是矮人,虽然她刚开始这么想过。因为就算他站直,也要比暗夜精灵矮一头,却壮两圈。显然,这头野兽强壮无比,是泰兰德前所未见的。真是奇怪,笼子的魔法竟然让这头野兽乖乖地待在里面。

突然一个围观者用棍子猛戳毫不动弹的野兽,又引起一阵骚动。但这根棍子从此就留在了野兽粗壮的大手里。野兽生气地扭曲了脸庞,要不是头颈手足都被锁链束缚,他早就把栅栏给折断了。这些锁链限制了他的行动,而且即便他有力气,也拿栅栏没办法。

泰兰德忽然顿生怜悯之心。无论是艾露恩还是塞纳留斯都教导她要尊重生命。虽然这头野兽乍一看像个魔鬼,可绿皮怪兽还有衣服蔽体——这至少说明了他是智慧生物。而现在,却这样像动物一样被耍着玩,实在不是一件好事。

野兽的面前有两个棕色的空碗,他应该已经吃过一些东西了。可是那么一个大个子,泰兰德想他肯定没饱。她转过身跟哨兵说:"再给些水和吃的。"

"这他们可没说。"哨兵回答道,眼睛却还注视着人群。

"这难道还需要他们说?"

哨兵耸耸肩,说:"他们还没决定怎么处置他呢。他们也许觉得不用再给他食物和水了。"

哨兵拒绝了她,但是她不忍放弃心中的正义。

"那我要给他吃的也不行?"

这时哨兵看上去有些为难了:"请你真的不要这么做。那野兽也许会把你的手当成食物吞下去。你还是走吧。”

“我要试一试。”

还没等他开口劝她,泰兰德就已经转身离去了。她径直走到最近的一家食品摊,买了一壶水还有一碗汤。笼子里的野兽看上去是吃肉的,所以还特地买了点新鲜的肉给他。小贩不肯收她的钱,泰兰德就替他祈福,谢过他之后回到广场上来。

看什么久了都无聊,等泰兰德回到广场的时候,人已经走了大半。她很容易地接近了笼子,野兽瞥了她一眼,以为又来了一个看客。直到他看到泰兰德手上拿着的东西,才开始有了兴趣。

他尽力坐起来,浓密眉毛下深陷的眼睛紧紧盯住她。泰兰德猜他有五十多岁了,因为头发已经花白,粗糙的脸上也早就布满了生活的沧桑。

泰兰德快靠近到他一伸手就能拿到食物的距离了,这时她犹豫了。万一他有什么不轨行为,那哨兵一定会当场杀了他。如果真的发生这样的事,那真是莫大的讽刺。她要救他,到头来却把他送上绝路。

泰兰德小心翼翼地靠近笼子,跪在地上,问:“你听得懂我说什么吗?”

野兽发出咕噜咕噜的声音,然后点点头。

“我给你带了些吃的。”她先把汤端了出来。

他警惕地盯着这碗汤。泰兰德可以看出其中的怀疑。他朝士兵的方向瞥了一眼,一松一紧地活动着右手。

他缓缓伸出手,泰兰德这才看清这双有自己两只手厚度的大手,吓得她差点就把手缩回去了。

而野兽竟然温柔地从泰兰德这儿拿过碗轻轻地放在自己跟前,满眼期待地看着她。

泰兰德会心一笑,但是野兽面无表情。接着,她就放松多了,把肉和水都递了过去。

野兽把三样东西摆齐,才开始吃起来。他一口喝下碗里的汤,汤水从下颚流下来。接着大口撕扯着生肉,可泰兰德并不介意他这副狼吞虎咽的吃相。如果她自己处在这样的情况下,估计比他也好不了多少。

周围又围上一些看热闹的,可泰兰德根本不在意。她在旁边耐心等待野兽吃饱。他把肉啃完以后还把骨头咬开,连脊髓也吸得干干净净。受不了这副恐怖吃相的人开始纷纷离开。

最后一个围观者也走了。他突然哈哈大笑,把那些骨头残渣扔了一地,开始喝水。同时目不转睛地盯着泰兰德。

水一饮而尽,他用手擦了擦嘴,说:"好。"

他竟然会说话,这着实让泰兰德一惊,虽然之前她也知道他听得懂自己的话。她又笑了笑,身体靠到了笼子旁边。

士兵大叫道:"别靠近!他会冲出来的。"

"他不会的。"泰兰德向士兵保证,随后看看这头野兽,说,"你会吗?"

他摇摇头,手放回到胸上,表示不会这么做。士兵这才向后退了几步,不过还是密切注意着这边的动静。

泰兰德问道:"还想吃什么东西吗?"

"不用了。"

她顿了顿,说:"我叫泰兰德,是月神殿的祭司。"

野兽似乎不愿意开口。可是泰兰德却一直等着他的回答,于是他才说:"布洛克斯……布洛克斯,我是酋长萨尔的仆人,萨尔是兽人的统治者。"

泰兰德想了想。从长相来说,这头野兽很明显是个勇士。他是萨尔的仆人。这也是个奇怪的名字,某种程度上比布洛克斯这个名字还要奇怪。

这个萨尔就是兽人的领导者。她在月神殿里接受了很全面的教育,但却从来没有听说过兽人。如果每个兽人都长成这样,那暗夜精灵肯定会过目不忘。

她想问得再细一些:"你从哪里来,布洛克斯?你怎么到这里来的?"

很快泰兰德就意识到自己错了。兽人眯起眼睛,闭紧了嘴巴。真傻,她怎么不想想月亮卫士肯定早就盘问过他了,当然没有自己这么和颜悦色。但现在兽人一定以为,之前来硬的不行,现在派她来用软的了。

布洛克斯再也不想继续说话了。他拿起碗递给泰兰德,一脸的不信任。

就在此时，一束魔法能量毫无征兆地穿进笼子，打在兽人手上。

布洛克斯一声惨叫，紧紧握住烧伤的手指。他仇恨地看着泰兰德，不禁向后仰去。士兵们的长矛也一根根对准布洛克斯，逼着他往后退。

这时有一个很熟悉的声音焦急地问："你没事吧，泰兰德？这个野兽没伤到你吧？"

"他根本没打算伤害我！"泰兰德生气地转过头去，她就知道是他，"伊利丹，你怎么可以这么做？"

伊利丹皱了皱眉，金眸黯淡下来。"我只是怕你出事！这野兽会——"

泰兰德打断他："在笼子里，他能怎么样？而且他不是野兽！"

"不是野兽？"伊利丹斜着身子看看布洛克斯，布洛克斯龇牙咧嘴，却没有反抗。伊利丹轻蔑地哼了哼："对我来说跟野兽没什么两样。"

"他只是想把碗还回来。如果有什么危险，士兵们会救我的。"

伊利丹的眉头又皱了皱，说："对不起，可能我反应有点大。可你也必须承认，今天这样太冒险了！你可能不知道，他们说这野兽自由的时候，差点掐死了一个月亮卫士。"

泰兰德这才看看周围的士兵，他们表情僵硬，不情愿地点点头。伊利丹之前没告诉过她，布洛克斯已经被虐待了，现在她决定要帮帮他。

"谢谢你的关心。伊利丹，不过我再说一次，我没事。"她看看兽人的伤势。布洛克斯的手指都发黑了，眼睛上的伤也很明显，可他却一声不吭。

泰兰德不顾伊利丹的反对，又跪到了笼子旁边。毫不犹豫地把手伸了进去。

伊利丹立刻抓住了她的手："泰兰德！"

"你们！都往后站！"她转而轻声地对布洛克斯说，"我知道你不想伤害我。我可以帮你治疗，把手伸过来吧。"

布洛克斯咆哮了一声。可在泰兰德看来这并不是生气，而是在做决定罢了。伊利丹就站在泰兰德的身边，准备随时制止有可能的危险。

"伊利丹，我想求你往后站。"

"为什么，泰兰德？"

“为了我好吗？伊利丹。”

她知道他挺生气的，但伊利丹还是听了泰兰德的话，转过身去背对着笼子。

泰兰德又看看布洛克斯。他却看看伊利丹，有那么一瞬间，还露出了满意的神情。然后才转回来伸出受伤的手。

她摊开他的手检查了一下伤势，两只手指上的肉都烧光了。还有一只手肿起来还化了脓。

“你刚才对他做了什么？”她问伊利丹。

“最近刚学的。”他说。

没错，这肯定不是从塞纳留斯那里学的，而是一种高级的精灵魔法，伊利丹刚刚运用的时候都没怎么专注。可见，伊利丹是遇强则强的。看起来他自己对此也很是得意。

可泰兰德却不怎么喜欢这种魔法。

“月亮女神，请听我的恳求……”泰兰德拿起布洛克斯的手指温柔地亲了又亲，周围的士兵看得目瞪口呆。她向女神祈祷，赐予她力量来缓解布洛克斯的痛苦，来化解伊利丹一时冲动犯下的罪过。

“把手伸出来，尽力伸。”泰兰德命令布洛克斯。

布洛克斯看了看身边的士兵，向前挪动了一步，尽力伸出肿了的手。泰兰德本以为笼子的魔法会阻拦他，但是却没有。也许是感觉到布洛克斯不想逃跑，所以魔法没有发动。

泰兰德仰望夜空高悬的一轮明月，她念道：“月亮女神，用你的纯洁、你的优雅和你的爱赐予我力量吧，让我治好这……”

她一遍遍地恳求着。周围的士兵唏嘘一片。伊利丹想走过去劝她，可想想还是算了，因为很明显这么做会触怒泰兰德。

一抹银光——那是月亮女神的光芒围绕着她。泰兰德自己俨然就是女神，她的身体散发着月亮女神的光辉。

布洛克斯被眼前的这幕惊呆了。他信赖地让她握着自己的手。

当月光照射到他的手指上时，肿胀烧伤的伤口愈合了，骨裂的地方也好了，就像没受过任何伤一样。

这仅仅用了几秒钟时间。兽人站着不动，瞠目结舌。

“谢谢您，月亮女神。”泰兰德轻声说道，放下了布洛克斯的手。

士兵们纷纷单腿跪地，向他们的祭司致敬。布洛克斯握紧自己的手，每个手指看过来，时不时还甩甩，这真是让人惊讶啊。他刚开始还小心翼翼地抚摸皮肤，到后来不觉得痛就使劲地碰。

突然布洛克斯在笼子里扭动了一下。泰兰德担心他还有什么不适，但这时，他安静了下来。

“祭司，我万分感激。”布洛克斯说着，五体投地地趴下来，“我欠你一个人情。”

看到这样的感激，泰兰德不免有些尴尬，向后退了几步。

伊利丹立刻撑住她的手臂：“你没事吧？”

“我……我……这……”真的很难形容，得到月亮女神的恩泽，是怎样的一种感受。“月光女神显灵了。”说完后，她就再也说不了什么了。

这时候士兵才全体起立，他们对泰兰德更加尊敬了。站在前面的一个士兵走上前来说：“祭司，可以请你赐给我祈福吗？”

“当然！”月亮女神可以任意地给予祈福。她触摸过越多的人，就有越多人可以理解爱和团结，并把这种精神散播给其他人。

泰兰德打开手掌，摸了摸每一个士兵的胸口，然后摸了摸他们的前额。这象征着灵魂和精神的统一。每一个士兵都为此感激不已。

伊利丹又拉住她的手臂说：“你得歇一会儿，泰兰德。来！我知道一个地方。”

而笼子里却传出布洛克斯的声音。“祭司，我这个低贱的兽人可以接受你的祈福吗？”

伊利丹忍不住说：“你已经为他做得够多了。看你都快站不住了！来——”

可是泰兰德却拒绝不了兽人，她毫不犹豫就伸出手摸了摸他覆盖着深棕色粗糙毛发的头。

“愿月亮女神保佑你和你的族人……”她轻轻说道。

“愿你的手臂永远强壮。”布洛克斯回答道。

听到这样的回答，泰兰德不由皱起了眉头。不过她马上就理解了布洛克斯的意思。他对她的祝福，是从自己的角度出发的，一种对生命和健康的渴望。

“谢谢你。”她笑着回答。

泰兰德起身的时候，伊利丹又发话了：“现在我们可以——”

突然之间，泰兰德觉得累坏了。但是作为一个祭司，她所做的一切都值得，而现在，她的威信也得到空前的提高。不过身体提醒她已经一天多没合眼了，是该回去休息。

“请原谅，伊利丹。”她轻声说，“我觉得很累，想回月神殿去。你理解的，对吗？”

伊利丹一下丧了气，不过很快就平静下来：“是的，我理解。可能那样比较好。要我送你回去吗？”

“不必了，我想一个人走回去。”

伊利丹什么也没说，点点头，尊重她的决定。

临走的时候，泰兰德又朝布洛克斯笑了笑。兽人点点头。尽管她已经筋疲力尽，但精神上却像新生了一样。可能的话，她会跟主祭司报告布洛克斯的情况。对于这个无家可归的兽人，月神殿方面不会无动于衷的。

泰兰德走在月光下。她觉得今晚的经历将永远改变她的一生，尤其是艾露恩赐予了她和布洛克斯之间的相互感知。

她迫不及待想要告诉主祭司今天所发生的一切。

伊利丹目送泰兰德离开，而后者甚至没有回头看他一眼。他很了解泰兰德，她一定还沉浸在刚才的情景里，所以顾不上别的事，包括他。

“泰兰德……”他多希望可以向她告白，但没机会了。他已经在神殿的旁边等了好几个小时。可如果泰兰德刚走出来的时候就叫住她，似乎不太好，他只有在暗地里等，想装出邂逅的样子。

不料泰兰德特发现了被月亮卫士抓住的兽人，他如此精密的计划也就泡了汤。现在，他不但失去了机会，而且还尴尬得要命，看起来就像个傻瓜。

在他还没有控制住之前，咒语已经出口，右手阴狠地紧握。

笼子那里传来一阵大叫，他飞快地看了一眼。

笼子被照得通亮，却并不是月亮女神银色的光线。一缕红色的电光射出来，似乎要吞噬一切。

布洛克斯发出阵阵痛苦的惨叫，而卫兵们则同时间四处散开。

伊利丹迅速念了几句咒语。

一会儿，电光消失了。布洛克斯也安静了下来。

趁没人注意，伊利丹迅速离开了现场。他的愤怒终于有了发泄的机会。真庆幸谁也没察觉到是他干的。

他也很感谢那些月亮守卫，他们在笼子四周施下了魔法。多亏了这魔法才让笼子里的兽人没有一下子被杀掉。

9

他们在他周围垂死挣扎。

布洛克斯所见之处，伙伴们都已经快不行了。加诺从小跟他一起长大，感情就像亲兄弟那么好，也倒下了，身体被砍成了几块。刽子手正是一个青面獠牙、高大凶猛的恶魔。但不一会儿，恶魔就被布洛克斯解决了。他嚎叫着扑到恶魔身上。恶魔穿着盔甲，但还是被他一斧子劈成了两半。

燃烧军团源源不断地涌来，兽人人数正在不断锐减。只有一小部分还在顽强抗敌，可每分钟都有牺牲。

之前，萨尔其实部署了防御的计划，燃烧军团是不可能攻得进来的。但援助到来需要时间。他们需要布洛克斯和他的兄弟们阻击敌人。

兽人还是越来越少。敦尔突然倒下了，头颅落在地上的血泊里；费泽也早就牺牲了，尸体根本无法辨认，他葬身于一团绿色的火焰里，可他不是被活活烧死的，而是被绿色的火焰彻底溶解了身体。

布洛克斯在恐怖的敌人面前挥动着坚毅的战斧，可这对大局无济于事。他奋勇冲杀，可只要向前看就看到更多的兽人倒下。

越来越多……

现在，只剩下他孤军作战了。成千上万尖叫连连的怪物向他涌来，似乎要撕毁一切。

当他们即将碰到这个最后的英雄的时候，*布洛克斯醒了。*

他不冷，却在笼子里发抖。无数次，他以为自己早已习惯这种渗入骨髓里的恐惧。可是每次噩梦来袭，还是让他增添了新的紧张和痛苦。

还有新的负罪感。

那个时候，布洛克斯应该死去。他应该和战友们一起牺牲。他们都为部落奉献出了生命，可他自己却苟活了下来。这是不对的。

*我是一个懦夫。*他又一次这么想，*如果我再勇敢点，我应该跟他们一起牺牲的。*

他曾经对萨尔这么说，可酋长总是摇摇头说："没有人需要更努力了，老朋友。伤疤已经留在那儿了，侦察兵也看到你在奋勇抗敌。你的所作所为和那些牺牲的兽人一样让人尊重。"

布洛克斯那时接受了萨尔的赞赏，可还是不能原谅自己。

而现在他被像一头待宰的猪一样关在这里。那些精灵目不转睛地看着他，仿佛他长了两个头。只有泰兰德给了他尊重和爱护。

布洛克斯在她的身上感受到了一种神秘力量，那就是兽人们所说的一种古老的魔法。她向月亮女神祈祷，之后他如此严重的伤口就愈合了。她的确有天赋，布洛克斯感激她能为自己祈福。

不过一切马上就要结束了，估计精灵们很快就将决定如何处置他。布洛克斯没开口，这让他们一无所获。他根本不肯招认任何关于兽人的线索，尤其是他们的新家园。的确，他连回家的路都找不到，可他要假装自己知道实情，却又只给精灵们一点点的提示。这些精灵并没有和兽人结盟，所以对外来者有种天生的藐视——这对兽人来说，无疑是个威胁。

布洛克斯在笼子里翻来覆去，也许明天他就会死。可是，却不是以他自己希望的方式。将没有荣耀的战争、没有史诗来纪念他。

"神啊！"他喃喃自语道，"听见我的声音吧，给我最后一个战斗的机会，让我死的有价值吧。"

布洛克斯仰望着天空，默默地祈祷。但他不是泰兰德，他只是一个无名小卒，没有神明会听到他的祈祷的。

他的命运掌握在暗夜精灵的手里。

玛法里奥是自己都说不清楚为什么要进城。连续三天晚上他都待在家里,体会着老师塞纳留斯说过的话,也回想着在翡翠梦境里亲眼看到的一切。已经三天了,可还是没有答案。他确信艾萨琳的咒语将会继续,如果放着不管的话,情况会越变越糟。

可是,其他人都还一*无所知*。

也许,他到苏拉玛城来,是寻求一些不一样的声音的,或者可以找人聊聊内心的困境。这个人,一定是泰兰德,而不是他的孪生弟弟。她的想法更周密,而伊利丹却总是很莽撞。

是的,泰兰德是最合适的人选。

然而,在去月神殿的路上,玛法里奥看到一大队的骑兵正在前进。他马上站到街边,只见穿着灰绿色盔甲的士兵坐在神气的坐骑上匆匆而过。在骑兵方阵的前方,有一面方形的紫色旗帜,中间画着一只黑色的乌鸦。

这是拉芬克雷斯特的旗帜。

精灵的领导者骑在最前面,他的坐骑膘肥体壮皮毛光鲜,在一队骑兵中一看就是领头的。拉芬克雷斯特自己又高又瘦,颇具帝王的威严。似乎没有人能够阻挡他的目标,不管这个目标是什么。他的金色长袍垂到地上,名字被刻在高高的鸡冠头盔上。

他确实长得像一只鸟,高而瘦,鼻子钩起来,和乌鸦也有些像。而他浓密的胡子和严厉的眼神,让他看起来像个智者。除了上层精灵之外,拉芬克雷斯特被认为是女皇面前最有影响力的人物。女皇过去一直听他的。

玛法里奥看见他,才后悔自己之前怎么没想过找拉芬克雷斯特。不过现在似乎不是谈话的好时机。拉芬克雷斯特和他的精锐部队,似乎要去完成一个很紧急的任务。这不禁立刻让玛法里奥毛骨悚然。难道他的噩梦真的要实现了?可是如果真是这样的话,城市里根本就不会像现在这么平静。卫兵们应该早就做好预警,消息估计也早应该传到苏拉玛城了。

骑兵们消失在视线里,玛法里奥则继续往前走。人实在太多了。他在森林里呆了那么长一段时间,已经变得有些自闭,所以很不习惯。他尽力忍住自己的不适,好在马上就能见到泰兰德了。他急切地想要见到她,只要想着她就能心灵平静,比其他什么方法都管用。

他知道也得见见自己的弟弟,可是今晚就算了。他想见的是泰兰德,也想和她多待一会儿。伊利丹反正一直都在,晚些也没关系。

这时候,玛法里奥隐隐约约看到广场上挤满了人。可他太渴望和泰兰德的相见,所以根本没在意。他希望到了那儿,就可以不费周折直接见到她。而且今天,玛法里奥似乎要比往常更加急切,这和他对艾萨琳的担心没什么关系。每次他来到城市就觉得不习惯,不舒服。

他走进神殿的时候,两个守卫打量着他,她们并没有穿长袍,而是银闪闪的胸甲和褶裙,胸甲中间装饰有新月的图案。月神殿里都是女性的祭司,她们大都能骑善射,精通战术。泰兰德本身就是一个优秀的射手,水平比玛法里奥和伊利丹都要高。月亮女神总是教导她们崇尚和平,但也教会了她们防身之术。

"有什么我们能帮你的吗,兄弟?"前面一个守卫客气地问。她们都警惕地站着,手上的长矛早已做好准备对准了他。

"我是来见你们新任祭司泰兰德的。她跟我是好朋友。我的名字叫——"

"玛法里奥。"第二个守卫接过他的话来,她看上去和玛法里奥差不多年纪,笑着说,"泰兰德曾经跟我同寝,我看到你们在一起过。"

"现在可以跟她说话吗?"

"如果她做完了冥想,这个时候就应该有空了。我会叫人去通报一声。你可以在月亮神室等一下。"

许多伟大的仪式都在月亮神室举行。如果祭司不用的时候,那么每个人都能进去,让自己的心灵得到短暂的平静。

一走进去,玛法里奥就感觉到了月光温柔。长方形的室内,四周种满了夜来香,中间矗立着一块大石碑,专供祭司演说之用。通往石碑的环形石路上雕刻着繁复的花样,都是月亮盈缺的图案。玛法里奥来过这里几次,他发现不管月亮在天空上的什么位置,温柔的月光总能充满整个房间。

他走到中间,坐在一个供祭司用的石凳上,周围的环境让他觉得安心多了。可是,等了一会他有些不耐烦起来。他甚至担心自己太冒昧了,泰兰德会不高兴的。以前,他们见面之前都会先约好。这次他来得确实太突然。

“玛法里奥。”

一瞬间,他所有的担忧都消除了。他抬起头,看见泰兰德正走进月光。她银色的长袍发出神秘的夜光,眼睛里满是荣光,秀发披肩,秀脸在夜里的光线下更加楚楚动人。而她的笑容让整个房间都明亮了起来。

泰兰德走向他,玛法里奥愣在那里,根本来不及上前迎接她。他知道自己肯定脸红了,可没办法,只能希望泰兰德别注意到。

“你还好吗?”泰兰德关切地问,“发生什么事了?”

“我没事,希望没打扰你。”

泰兰德笑了笑,说:“你从来不曾打扰我。实际上,你来了我很高兴。我也想见你。”

如果泰兰德之前没有看到玛法里奥脸黑,那现在一定看到了。但是,玛法里奥继续说:“我们可以去外面走走吗?”

“如果你想的话,那好啊。”

他们走出月亮神室的时候,玛法里奥说:“你还记得,我跟你提过关于我一直做的梦吗?”

“我记得。”

“那天伊利丹和你走了以后,我跟塞纳留斯说了这个梦。我们想了很多办法想要弄明白,到底噩梦为什么一直在重复。”

泰兰德关切地问:“发现了什么吗?”

玛法里奥点点头。经过门口的两个守卫的时候他顿了一顿,直到他俩走下台阶才继续说下去。

“泰兰德,我已经进了一步了。可能你跟伊利丹都无法想象。塞纳留斯帮我领了路,可以到达灵魂本身的路——翡翠梦境,老师是这么叫它的。不仅如此,我还看到了以前从来没有看到过的真实世界。”

泰兰德的视线移向了广场上的一小撮人群:“你看见什么了?”

他让泰兰德看着自己,希望她真的可以理解他的发现,他说:“我看见了艾萨琳……和永恒之井。”

他一五一十地把所见所闻都告诉了泰兰德,还有他了解真相的愿望,以及当他看到上层精灵和暗夜精灵女皇真面目的时候,是何等沮丧。

泰兰德顿时无语。目瞪口呆地看着他,就跟玛法里奥当初知道真相时一样。她问:“女皇?艾萨拉?你肯定吗?”

“不完全。因为我没看到更多。不过我很难想象如果没有她的应允,事情怎会混乱到那种地步。没错,哈维斯掌握了很多,可是她也不会袖手旁观的。我想女皇一定知道后果,可是我想他们都没意识到问题的严重性!泰兰德,如果你跟我一样经历过翡翠梦境的话,你也会跟我一样害怕的。”

她把手放在他的手臂上,安慰他说:“我没怀疑你,玛法里奥。但我们应该再多了解点情况!要说艾萨拉自己让她的城市陷入危险……必须很慎重。”

“我想跟拉芬克雷斯特谈谈这件事。他对女皇也有不小的影响。”

“是个好主意。”她的视线再一次转向广场中央。

玛法里奥跟随着她的眼神,不由好奇,到底她在看什么东西?人群终于散去了,他也终于看清了,之前他根本没注意那些。

那里有一只笼子,里面关着的并不是暗夜精灵。

“那是什么?”玛法里奥皱了皱眉头问。

“这正是我想跟你说的,玛法里奥。他的名字叫布洛克斯,之前我没听过也没看过他这样的生灵。我知道你的事情很重要,可现在我想去见他,帮我个忙吧。”

泰兰德带玛法里奥一起过去。他注意到卫兵们突然警惕起来。他们看看泰兰德,过了没一会儿,突然之间竟全体下跪,玛法里奥惊呆了。

“欢迎回来,祭司。”一个士兵说,“你能来我们觉得很荣幸。”

受到这样的礼遇,泰兰德尴尬不已:“起来吧!起来!”等他们都站起来以后,她问:“他怎么样了?”

“拉芬克雷斯特说要处理这里的情况。”另一个士兵说，“他现在正在外面勘察捕捉地点，找更多的证据和可能的线索。等他回来，他说想亲自传讯这个犯人。这意味着，明天之前，这个兽人很有可能被转移到黑鸦堡的密室里。”黑鸦堡，是拉芬克雷斯特的要塞。

士兵这么有问必答实在是让玛法里奥吃惊不已。士兵们对泰兰德都充满了一种敬畏之情。的确，她是月神殿的祭司，可之前一定发生过什么使她的威望有这么高。

泰兰德一听说这个消息，就开始心绪不安起来：“传讯……会问些什么呢？”

士兵再也不敢正视她：“拉芬克雷斯特想怎么问就怎么问了。”

泰兰德没有再追问下去，她握紧了搭在玛法里奥肩上的手。

“我们可以跟他谈谈吗？”

“只能一会儿，而且说话的声音要让我们都听得见，我想你可以理解。”

“我懂。”泰兰德把玛法里奥带向笼子，他们都跪了下来向里张望。

玛法里奥大吃一惊，笼子里的东西实在让他太惊讶了。他从老师塞纳留斯那儿学习到千奇百怪的生灵，可从没有见过这一种。

“祭司——”布洛克斯发出一阵低低的声音，异常痛苦。

泰兰德再靠近了他一些，关切地问：“布洛克斯，你是不是病了？”

“不不，祭司，只是想起……”他没有再说下去。

“布洛克斯，我带了一个朋友来。我想让你见见他。他叫玛法里奥。”

“如果他是你的朋友，祭司，那我觉得很荣幸。”

玛法里奥在旁边挤出一个微笑：“你好，布洛克斯。”

“布洛克斯是一个兽人，玛法里奥。”

他点点头说：“我以前从没听说有兽人。”

“我知道暗夜精灵，你们曾经帮我们共同抗击燃烧军团。不过在和平年代，联盟就分崩离析了。”

他的话前言不搭后语，可玛法里奥却觉得非常不安，他问：“你……

你怎么会到这里来的，布洛克斯·希加？”

“祭司可以叫我布洛克斯·希加。而你，只能叫我布洛克斯。”然后他看着泰兰德：“你上次也问过我这个问题，我没回答。这是我欠你的。现在我告诉你，我告诉过这些——”他向周围的士兵做了一个粗鲁的手势，“和他们主人的内容。不过，你也不会相信我说的话。”

布洛克斯编了个没有漏洞的故事。他很小心，尽量避免说到他的族人和他们住在哪里。只提到，在酋长的指挥下，他和另外一个兽人到山里去调查一个传闻。在那里，他们发现了世界的黑洞——一个吞噬一切的黑洞，而它本身还在无情地运动着。

它吞噬了布洛克斯，把他的同伴也一劈为二。

玛法里奥听着听着，又开始恐慌起来。兽人说的每一个细节都让他想起永恒之井，以及上层精灵从中获取的能量。永恒之井的魔力当然会制造出这样恐怖的漩涡。

*但也可能不是！*玛法里奥心存侥幸地想，*当然，这可能和艾萨琳一点关系都没有！他们没有那么疯狂！*

是吗？

布洛克斯越说越多，那些可怕的细节听起来越来越相像了，玛法里奥根本难以否认这两者之间的联系。更糟的是，兽人的表情是他熟悉的，就是在永恒之井和宫殿之上感觉到的。

“这是个错误。”布洛克斯说。

“不应该发生的事情。”他又补充道。他的描述如同利剑一般刺痛了玛法里奥。

他根本没意识到布洛克斯的故事讲完了。他已经完全沉浸在关于真相的想象当中。泰兰德捏了捏他的手臂，好让他注意到自己。

“你没事吧，玛法里奥。你看上去好像很冷？”

“我……我没事。”他又问布洛克斯，“你把这些都……都告诉拉芬克雷斯特了？”

兽人未置可否，而旁边的士兵则回答：“是的，他就是这么说的，基本上一字不差！”说着说着，士兵就大笑了起来，说：“拉芬克雷斯特跟你一样不相信。明天他自己会把真相全挖出来。如果附近有他的同伙在,他们会知道惹上我们没什么好结果。”

拉芬克雷斯特居然会认为,兽人要入侵他的领地,这让玛法里奥很失望。他开始怀疑,拉芬克雷斯特能不能想到他的梦和布洛克斯之间的联系。他越想,越觉得自己不会被采信。他竟然准备告诉拉芬克雷斯特,敬爱的女皇可能卷入了魔法圈套,很有可能毁灭她自己的人民。如果换作别人告诉他,他自己也不愿意相信。

如果再有些证据就好了。

士兵开始焦急地走动,他说:“祭司,我想请你和你的朋友离开。我们的队长马上就要来了。我不应该让你们——”

“没问题。我理解。”

他们起身的时候,布洛克斯到笼子前,伸出一只手,说:“祭司,最后一次祈福,可以吗?”

“当然。”

泰兰德又跪了下去,玛法里奥烦恼着下一步怎么办。最好的办法是把所有的怀疑和猜测都告诉拉芬克雷斯特,可那样有用吗?

如果他能和塞纳留斯谈谈就好了,就怕到时兽人已经——

塞纳留斯……

玛法里奥瞥了一眼泰兰德和布洛克斯,做出了一个大胆的决定。

和布洛克斯告别以后,泰兰德站了起来。玛法里奥握住她的手臂,谢过了士兵。泰兰德还是心烦意乱,可玛法里奥却一言不发,酝酿着他的计划。

“我们得做点儿什么。”她好久之后才开口。

“什么意思?”

“明天他们会把布洛克斯带到黑鸦堡。一到那里,他就——”泰兰德迟疑了一下,说,“我非常尊敬拉芬克雷斯特,但是——”

“我跟主祭司说过这件事。她说她除了祈祷之外无能为力。她很高兴我有同情心,但却让我不要管太多,让事情顺其自然吧。”

“顺其自然……”玛法里奥喃喃自语道,凝视着前方,紧紧咬住牙齿。

即使他心里很害怕，但是已经没有退路了。“这里转弯。”他突然说，带泰兰德走进一条小路，“我们去见伊利丹。”

“伊利丹？为什么？”

玛法里奥深呼吸了一下，想到了兽人还有永恒之井，他回答说：“因为我们应该让事情顺其自然，在我们的引导下，就是这样。”

哈维斯站在熊熊燃烧的球体前，全神贯注地看着中间的裂缝。球体的深处，神的眼睛也看着他。交流开始了。

*我听见了你的恳求。*他对哈维斯说，*而且知道了你的梦……世界上的不纯净和不完美应该被消除。我会给予你渴望的东西，你是我忠诚的……*

哈维斯跪在地上，目不转睛。其他的上层精灵继续施展魔法，要把他们已经取得的成果继续扩大。

“你会来吗？”暗夜精灵期待地问，“你会来到我们的世界完成它吗？”

入口还没有开启……需要被加强……因为它要足够大，让我能够进入……

哈维斯点头表示理解。如此一个庞然大物，暗夜精灵的大门确实容不下他，只要他往那儿一站，估计大门就四分五裂了。确实要把门加大加宽，使之永久敞开。

“我该怎么做呢？”他问道。“我们竭尽所能，已经达到了技术和水平的极限。”哈维斯总结道。

我会派一个人来指导你们……但你们要准备好迎接他的到来……

哈维斯高兴得几乎要跳了起来。他下了命令：“千万不要有什么闪失！一定让他来了以后觉得满意。”

经过加倍的努力，上层精灵的密室直接从永恒之井汲取能量。室外，天色骇人。任何人只要看到黑水就会陷入恐惧当中。

火球开始膨胀起来，中间的裂缝渐渐打开，仿佛张开了巨大的嘴。突然，万千嚎哭充斥在密室里，声音不绝于耳。

事到临头有一个上层精灵犹豫着退缩了。哈维斯做好了最坏打算，他逼着自己站到圆圈的中央，注入了自己的法力。他不会辜负这个神的！决不会！

然而刚开始并不顺利。入口紧紧的，一点开启的迹象都没有。哈维斯把全部的意志力都集中在球体上，强行要扩大中间的裂缝。

接着，一道强光让精灵们不得不向后退。大家一边惊讶一边继续努力。

球体深处，出现了一个长相奇怪的家伙。刚开始，才只有几寸高，随着渐渐朝前移动，他变大，变大，膨胀起来……

这下站在球体入口的巫师们就遭了殃，两个巫师倒地不起，一个差点死了，还有一些也在摇摇欲坠。但在哈维斯的疯狂的控制下，他们又恢复了力量。

突然传来恐怖的吠叫声。只有哈维斯才看得清楚球体的入口首先出来的是什么东西。

怪兽大概有马那么大，长着弯曲的角，身上布满红色鳞片，背上多出一撮小小的棕色毛，三趾足上长着锋利的爪子。每头怪兽的后腿都要比前腿短一些，但哈维斯一点儿都不怀疑他们的速度和敏捷性。

它们的肩上还竖立着两根有如鞭子一般、长长的皮触角，触角的顶端有小小的吸盘似的嘴。触角不断地前后甩动，对着巫师们虎视眈眈。

它们的脸长得很特别，又像狼又像昆虫。野蛮的下颚里长着尖尖的牙齿。眼睛窄窄的，全是眼白，流露出奸诈的眼神，一看就知道不是简单的动物。

接着，它们的主人从后面走了上来。

他穿着钢铠，戴着铁手套的大手上握着一根鞭子，挥动之时闪动着银色电光。宽厚的肩和胸分外突出，在一群勇士里鹤立鸡群。钢铠没有遮蔽住的地方露出闪着神秘光芒的鳞片。

“我是神派来的侍从。”他说话的时候，目光熊熊燃烧着，“来帮助你们打开入口，让神荣耀的躯体进入！”

一头野兽狂叫一声，被一鞭抽得没了声音。

“我是犬王。”巨大的野兽凶神恶煞，紧紧盯住哈维斯，“我叫哈卡。”

10

罗宁终于醒了。

他真不情愿起来，在睡着的时候一直在做梦，大部分是关于温蕾萨和即将出生的双胞胎的。好在这一次都是些温馨美满的画面，美好得就像他一直希望的那样。

可是醒来后，罗宁却担心，自己可能无法活着回去和家人团聚了。

他睁开眼，看到了一张熟悉的脸，此时这张脸却不怎么让人高兴。克拉苏斯躺在他的旁边，关切地看着他。这只能让罗宁更气愤，要不是克拉苏斯，他怎么会在这里。

起初罗宁不知为何，总觉得有些看不清楚，后来才意识到已经不是白天了，他是在月光下看到克拉苏斯的脸。月光洒在树林里，光线很强烈，甚至有些不自然。

他好奇地从地上爬起来，想让僵硬的身体放松一下。

“慢慢来，罗宁。你已经睡了一天多了，得缓缓才行。”

“这里哪儿？”罗宁环顾四周，“我记得这片树林，我们被抬到这里来的。”

“我们在这里是客人，森林之王对我们很友善。所以我们安全了。罗宁，但是我要告诉你，我们走不掉。”

罗宁终于站了起来，呆呆地望着这片树林。周围确实有什么力量存在，可是他们也没有任何被困的迹象。他从来不知道原来克拉苏斯也会编故事。

“如果我们想走的话会怎么样呢?”

克拉苏斯指了指一排排的花,说:“它们会阻止我们的。”

“它们?花?”

“相信我,罗宁。”

罗宁真想看看花到底能拿他们怎么样,不过他还是决定不要冒险。克拉苏斯说,只要他们不走,就不会有危险。那么既然现在他们都醒了,也许有办法逃掉。

罗宁肚子饿得咕咕响。也难怪,他已经一天多没吃东西了。

还没等他说话,克拉苏斯就递上了一盆水果和一壶水。罗宁狼吞虎咽一口气就把水果吃完了,虽然不能完全填饱肚子,但至少胃不抱怨了。

“森林的主人早上送过吃的以后,就没再来过。我想他很快就会——如果他知道你已经醒了的话。”

“他会吗?”这话罗宁并不爱听,被人掌控的感觉不好。“他到底是谁?”

克拉苏斯一下子不自然起来:“他叫塞纳留斯,你记得吗?”

塞纳留斯……他好像有印象,但却不是很清楚。塞纳留斯。他知道一点,似乎不是与魔法相关的。这个名字让他想起故事,神话……

是森林之王?

罗宁一下子叫了出来:“难道我们是森林之王的客人?”

“实际上,是半神半人,让人尊敬的半神半人。”

“塞纳留斯……”

“你们在说我吗,我来了!”声音突然从四面八方传来,“欢迎你,罗宁。”

只见月光下走出一半精灵一半雄鹿身体的家伙,他甚至比高大的克拉苏斯还要高。罗宁直直地看着他的鹿角、他的脸,还有他奇异的身体。

“你睡了很久,年轻人。所以我想早上送来的吃的已经不够了。”他向身后做了一个手势,说,“我拿了些新的来。”

罗宁看到原来空空的盘子一下子堆满了高高的水果。旁边还有一个木质盘子,里面有一块很厚的肉,味道闻起来就很香,应该合他的口味。毫无疑问,水壶也被重新倒满了水。

"谢谢你。"罗宁说,但他不想向食物投降,"不过我有个问题。"

"你等下会有很多时间问问题的,现在,还是先吃吧。"

克拉苏斯拍拍罗宁的肩,罗宁点点头,就和他一起吃了起来。罗宁看到肉的时候犹豫了一下,不是因为他不吃肉,而是他很惊讶,森林之王竟然肯牺牲一头动物来招待两个陌生人。

塞纳留斯看出了他的好奇,就说:"每一个动物都有它专门的用途。他们也是大自然规则的一部分,这其中也包括必需的肉食。你们就像熊或者狼一样,在我的领地上自由地狩猎,所以没有什么东西是被浪费的。每种生物都有可能是别的生物的食物。现在你们所吃的小鹿还会再生,所以不要有什么顾虑。"

罗宁皱起了眉头,他不是很明白这个逻辑,但也无须再问清楚。塞纳留斯只是把罗宁和克拉苏斯也看成森林里的捕食者。仅此而已。

吃完以后,罗宁感觉好多了,就想起了自己的问题。可塞纳留斯却先开口了。

"你们不应该在这儿。"

他俩顿时都哑口无言。

塞纳留斯在树林里来回踱步。他说:"我跟其他人商量过了,讨论了你们的情况和处境,我们都觉得你们不应该待在这里。你们可以离开,但我们还没决定怎么让你们离开。"

"也许我可以解释一下。"克拉苏斯打断了他。他看上去比刚来的时候好了点,但还是很虚弱。

"是该解释。"罗宁同意。

克拉苏斯看了看他的同伴,他没有任何理由隐瞒事实。塞纳留斯已经帮了他们很多,甚至是第一个向他们伸出援手的。

可是罗宁没有料到,克拉苏斯说了这样一个故事。

"我们是从海上来……很遥远的,可是这不重要。关键是我们怎么会在这里?"

克拉苏斯编了一个新故事,在他的故事里,是他发现了裂缝,而不是诺兹多姆。他并没有把裂缝描述成一个时间的断裂点,而是一种破坏现实世界的奇怪事物,而且将会造成巨大的灾难。罗宁和他就是为了找出麻烦的源头而来到这里。

“我们飞过了岛上北面的山峰,觉得在那里的感觉是最强烈的。在那里,很多可怕的东西不断出现。我们都觉得不对劲,可当我们想飞得近一点看看清楚的时候,我们就被捉住了。”

“而且进入了暗夜精灵的领地。”塞纳留斯补充道。

“是的。”克拉苏斯点点头。罗宁在旁边什么也没说,他怕多说什么反倒让克拉苏斯露了馅。他不但没有提到他们真实的来处,还有一样东西没说,而这点可能是塞纳留斯正感兴趣。

那就是克拉苏斯是一条龙。

塞纳留斯往后退了一步,看着他俩。罗宁看不见他的表情。他会相信克拉苏斯编的这个故事吗?

“我得和其他人再商量一下。”塞纳留斯转回头来,看着罗宁和克拉苏斯,说,“我不在的时候你们的需要也可以得到满足……回头见。”

他俩谁都不说话,森林之王消失在月色中。

“这样做没用的。”罗宁大声说道。

“也许吧。但我想知道其他人到底是谁。”

“也跟他一样的半神半人?这似乎最有可能。为什么不告诉他你——”

克拉苏斯狠狠地瞪了他一眼,罗宁到嘴边的话又咽了下去。过了一会儿,克拉苏斯用安静的口吻,说:“我已经是一条丧失力量的龙了,亲爱的朋友。我想在恢复之前保守这个秘密。”

“那么……其余的细节呢?”

克拉苏斯看看他:“罗宁,我记得告诉过你,我们可能在过去。”

“我知道。”

“我的记忆……因为我失去了力量,记忆也开始混乱起来,不知道为什么。但是有一点我很清楚,我知道我们在*什么时间维度*。”

罗宁顿时精神大振,他脱口而出:“那太好了!”

"让我说完。"克拉苏斯又露出严厉的表情,"我为什么要编这个故事呢,很简单。我想塞纳留斯也知道一些现在发生的事,尤其是现在这么反常的情况下,唯一不能告诉他的是我的*预感*。"

克拉苏斯声音越来越低,罗宁也越专注:"什么预感?"

"恐怕*燃烧军团*还没到。"

罗宁已经听够了恐怖的消息,克拉苏斯所说的再也吓不倒他了。恶魔之战让他经历了生死关头,现在还让他沉浸在梦魇之中。只有温蕾萨理解,他当时有多痛苦,而她也一样。所以他们需要借助爱和家庭,来弥合内心与灵魂的创伤。

而现在罗宁又被抛回到了梦魇之中。

罗宁跳了起来,说:"那么我们必须要告诉塞纳留斯,还要告诉所有人!他们会——"

"他们不应该知道……我甚至担心已经保守不了这个秘密了。"克拉苏斯也站了起来,看着他以前的学生,"罗宁,按照事情的真相,燃烧军团是在一场浴血奋战中败下阵来的。"

"是的,可是——"

克拉苏斯显然是忘记了塞纳留斯可能听到他们之间的对话,他抓住了罗宁的肩膀。尽管他的身体还很虚弱,然而长长的指甲还是掐疼了罗宁。"你还是不明白!罗宁,我们到这里来,哪怕什么都不做……我们可能已经改写了历史!我们现在要对燃烧军团在第一次战斗中的胜利负责,这对很多无辜的死者有意义,也能帮我们抹去*时间*。"

玛法里奥花了很久才劝服伊利丹,终于愿意加入到冒险计划当中。最后的成功倒不是因为他的劝说——而是泰兰德热烈的恳求。她的目光让伊利丹的心都被融化了。实际上他只在乎能帮泰兰德,而根本就不在意笼子里的囚犯到底是谁。玛法里奥知道他弟弟和兽人之间一定发生过什么事,而泰兰德也被卷入其中。所以泰兰德把伊利丹拉入了他们的阵营。

现在,他们只许成功,不许失败。

四个士兵在四个方向警惕地守着。太阳刚刚升起，广场上除了士兵，空无一人。其他精灵都在睡觉的时候，就是下手最好的时机。

“我来对付那些士兵。”伊利丹提议，左手握紧拳头。

玛法里奥马上回过神来。他当然不是怀疑弟弟的能力，但他也不想伤害那些士兵，他们只是尽忠职守罢了。“不，我说过我来对付他们。等我一下。”

他闭上了眼睛，放松一下。似乎远离了世界，却看得更加清楚。他知道自己究竟要干什么。

他们的行动还需要天时地利。微风拂面，花香四溢，小鸟歌唱，这样和谐美妙的环境会让士兵们身心愉悦，自然就放松了警惕。

一切就绪，玛法里奥的法术也准备好了，他眨了下眼睛，轻声说：“来……”

伊利丹犹豫了一下，泰兰德跟在玛法里奥的后面出来了以后，他才出来。他们三个都向着笼子和士兵走去。尽管施了法术，玛法里奥还是时时监视着四个士兵的动静。他们离士兵只有几尺远了，士兵似乎还无动于衷，没有察觉到他们的存在。

“成功了。”泰兰德轻声地说。

伊利丹站在了最前方的一个士兵前，向玛法里奥挥挥手，问：“这真灵，哥哥，但可以持续多久呢？”

“我不知道，所以我们得抓紧。”

泰兰德跪在了笼子旁边，往里面看。她说：“布洛克斯也中了魔法，玛法里奥。”

兽人躺在笼子的后部，眼神飘忽。泰兰德叫他的名字也没反应。

玛法里奥想了一想，说：“摇摇他再叫。注意别让他发出任何声音。”

伊利丹皱了皱眉头，说：“他肯定会叫的。”

“法术很快就会失灵了。伊利丹，你必须要动作快。”

“我不会拖你们后腿的。”伊利丹哼了一声。

“别吵了，你们俩。”泰兰德把手伸进笼子，小心翼翼地碰了碰兽人的上臂，又叫了他的名字。

布洛克斯总算醒了。眼睛和嘴巴一起长大，眼看马上就要发出嚎叫。

可说时迟那时快，布洛克斯一把捂住嘴。他不断眨巴着眼睛，简直不敢相信眼前的场景是真的。泰兰德摸着他的手，点点头，再一次看着他。

玛法里奥看看他弟弟，轻声地说："现在！赶快！"

伊利丹手上发出黄色的光芒握住笼子的门栓，而笼子却被一种红色的能量所笼罩，响起了轻微的报警声。

玛法里奥焦急地看着士兵们，可他们似乎还无动于衷。他这才松了口气，继续看着伊利丹行动。

伊利丹很熟悉暗夜精灵的魔法，也学过怎么解除它。他手上泛出的神奇的黄光蔓延到笼子里，很快就逼退了笼子本身的红光。额上流满了汗水，可是他毫不畏缩。

最终，他放开手往后退。玛法里奥从急忙后面扶住弟弟："现在可以打开笼子了，泰兰德。"

为布洛克斯松绑之后，泰兰德轻轻地碰了下笼子的门——一碰就开。

"镣铐。"玛法里奥提醒伊利丹。

"当然，哥哥，我没有忘记。"

于是伊利丹蹲下身子去解兽人的镣铐。然而布洛克斯警惕地看着这个暗夜精灵不肯动弹。泰兰德只得拉住他的手，让他靠向自己这边

伊利丹又默默地念了几句咒语，镣铐"啪"地开了。

"好了，问题都解决了。"伊利丹高兴地笑了。

因为关在笼子里的时间太长，布洛克斯的身体已经僵硬不堪，所以只能慢慢地移动。他敷衍地向伊利丹点点头，表示感谢，却一直看着泰兰德，表示听她的。

"布洛克斯，仔细听着，我要你跟玛法里奥走，他会带你去一个安全的地方，我们在那里会合。"

关于这个问题，泰兰德跟玛法里奥之前争执过。泰兰德想让布洛克斯跟她走，可兄弟二人最终说服了她。因为如果大家发现布洛克斯不见了，而曾经照顾过他的泰兰德也不见了，月亮守卫很容易把这一切联系在一起，那麻烦就大了。

“他们很快就会想到这一点。”玛法里奥坚持认为，“你是唯一帮过他的。所以你必须要留在这里。他们不会想到是我救了兽人，就算想到了，也和你无关。你是月神殿的祭司。你认识我并不是什么罪过，这样他们也不能追究你。”

泰兰德同意了，可却不想把责任都推给玛法里奥。没错，是他要救布洛克斯，可一开始是泰兰德的想法啊，也是她把玛法里奥介绍给布洛克斯的。

现在泰兰德还得要求布洛克斯，去信任一个差不多算是陌生人的伊利丹。布洛克斯看了看玛法里奥，又愤怒地看了看伊利丹：“他也一起吗？”

“我可刚救了你，野兽——”伊利丹噘起了嘴。

“够了，伊利丹！他很感激你！”泰兰德冲着伊利丹喊，“你只要跟玛法里奥走就可以了。他带你去一个不会被发现的地方！去吧！相信我！”

布洛克斯用大手握住泰兰德的手，跪了下来，说：“我相信你，祭司。”

就在这个时候，玛法里奥注意到有一个士兵开始躁动不安了。

“法术快失灵了！”玛法里奥嘘了一声，“伊利丹！带泰兰德走！布洛克斯，跟我来！”

布洛克斯以惊人的速度跳了起来，跟着玛法里奥。玛法里奥根本不敢往后看，他只希望法术还能支撑一会儿。因为泰兰德和伊利丹没什么可害怕的，他们径直走回伊利丹在附近的家就可以了，没人会怀疑他们。

可对玛法里奥和布洛克斯来说，就完全是两码事了，所以他们俩要尽快出城。

可是当他们离开广场，拐入苏拉玛城曲折的小巷时，传来了玛法里奥最担心的声音。

有一个士兵终于醒了，他大叫了起来，接着他的同伴们也开始喊叫，几秒钟以后，城市上空就响起了号角声。

“这边走！”玛法里奥跟布洛克斯说，“我安排了坐骑等我们。”

实际上，玛法里奥不需要说什么，因为兽人虽然个头大，身手却很矫健。如果在荒郊野外，一定跑得比玛法里奥还要快。

号角声已经传遍了大街小巷。苏拉玛城苏醒过来，这一切实在来得太快了。

这时，玛法里奥指了指拐角的地方，说："这儿，过去不远！"

他们转入旁边的一条小路。布洛克斯突然停住了，直愣愣地盯着玛法里奥的坐骑看。

壮硕的夜刃豹是黑色的，非常强健，看到陌生人，它们都开始哼哼起来。等玛法里奥走过去拍拍他们的时候，才安静下来。

布洛克斯摇着头，"我们就骑这个？"

"当然！抓紧！"

兽人有些犹豫了，可是周围的号角声逼着他不得不照办。布洛克斯一把拉过缰绳，看着玛法里奥演示给他看，怎样骑上去。

布洛克斯试了三次才终于骑了上去。他还研究了一会怎么在上面坐稳。玛法里奥时不时往身后瞥几眼，他担心那些士兵——更糟糕的话，月亮守卫也会追上来。也难怪，布洛克斯根本不会骑。

最后一次调整位置的时候，布洛克斯不情愿地点点头。玛法里奥深呼吸，拉起缰绳，就往前跑，布洛克斯则尽力跟在他的后面。

就这么几分钟之内，暗夜精灵的命运就被完全改变了。这样大胆的行为可能让他最终在黑鸦堡里被惩罚。可他知道不能让这个机会白白溜走。不管如何，布洛克斯和上层精灵做的事肯定有关……

他有一种恐惧的预感，卡利姆多的命运兴亡，都在此一举。

瓦罗森并不想面对哈维斯，可这不是他可以说了算的。哈维斯命令他，队伍一到就去见他。对于他的命令，一定要立即遵守，几乎和对待女皇艾萨拉的命令一样，甚至还要更严格。

哈维斯一定不会满意。瓦罗森的队伍莫名其妙走错了路，又被灌木林精袭击，怎么解释呢？他想拿卡尔萨利亚斯来当替罪羊，可是他的主子也未必听得进这个借口。对哈维斯来说，瓦罗森是带队，这才是最重要的。

瓦罗森根本不用问主子在哪里，因为施展魔法的时候他只可能在密室里。事实上,他自己更喜欢在外冲冲杀杀,在密室里修炼魔法倒不是他最中意的。的确在他心里,哈维斯和女皇重于一切。

他走近密室,士兵们看着他。尽管他们还是很尊重地跟他打了招呼,可表现有一点异常——都有些不安的样子。

似乎他们也知道,等待瓦罗森的将是怎样的命运。

面前的门打开了。他恭敬地俯首进去,走进了上层精灵的密室——眼前出现了一个噩梦般的怪兽。

“艾露恩保佑我!”他本能地拔出了刀。这个恐怖的野兽狂叫一声,两根触须急不可待地向他伸过来。瓦罗森估计自己逃不掉了,但还是决定以死相搏。

这时传来一个陌生的声音,让他毛骨悚然,一根可怕的鞭子抽打在怪兽的背部。

怪兽一下子就退缩了,回到了原来的位置。瓦罗森目瞪口呆,盯着声音发出的那个方向。

“他是哈卡。”哈维斯从旁边走了出来,高兴地说,“地狱兽全都在他的控制之下。造物主把他派来帮助我们打开空间通道。”

“造物主? 阁下?”

哈维斯像父亲一样把手搭在瓦罗森的肩膀上,让他转过去看着神秘球体,这让瓦罗森惊奇不已。球体看上去不太一样了,这让他觉得很害怕。似乎只要他站得近一些,就会吞噬掉他的身体和灵魂。

他已经准备好为自己的失败受到惩罚了。可即使这样他也得先把情况说明,以免再丢面子:“我的哈维斯,犯人不见了! 我们在森林里遭到的阻击……”

哈维斯只是笑笑:“你会有机会将功补过的。首先,你得先了解一下情况。”

“阁下,我不——”

他没有继续说下去。

“你现在明白了。”哈维斯说,他的假眼满意地闭了起来。

瓦罗森似乎隐约感觉到神的存在,一层层地透析着他的身体。在球体深处能看到瓦罗森的内心——喜悦而满足。

哈维斯

你也要好好侍奉我……

瓦罗森跪了下来。

“神很快就会降临的。”哈维斯解释道，“问题的关键在于，出口必须要扩建，不然根本容不下他！他已经派士兵打开其他的通路。他们会帮我们来完成扩建工作，这样就能实现我们的梦想了。”

瓦罗森点点头，又高兴又惭愧地说：“可那两个犯人逃走了。”

哈卡嘶嘶的声音打断了他：“这事情无关紧要，他们迟早会被捉回来。造物主最为关心的是，哈维斯阁下曾经说过的事情——崩坏——以及与此有关的事情!”

“可是怎么找着他们呢？森林是由塞纳留斯庇护着的。一定是他干的。”

“塞纳留斯只是一个森林之王而已。”哈维斯提醒他说，“而现在我们的后台更硬。”

哈卡转过头来，鞭子抽在地上，断了，石头地面上划出一道绿色的闪电。

闪电劈下，整个房间都亮了起来。绿色的光线不断增强，范围也越来越广。

两头地狱兽狂叫不已，触须都绷紧起来。哈卡强制它们待在后面。

一个四条腿的身影出现了，随着越来越靠近而变得庞大起来。瓦罗森虽然已经熟悉了这一切，但是还是不由地尖叫一声，让人毛骨悚然。

新的地狱兽摇了下身子，加入队列。暗夜精灵简直被迷住了，他们紧紧盯住哈卡看，他用鞭子又抽打了一下，第四头地狱兽出现了，排在前三头之后。

他把鞭子在周围甩着，在空中画出一个圆，越来越亮，直到撕裂空气露出一个洞，这个洞和地狱兽差不多高，却还要宽。

哈卡又发出了命令。

地狱兽跳进了洞穴，消失了。等最后一个跳进去以后，洞也消失了。

“他们知道要找什么。”哈卡对他目瞪口呆的同伴说。这可怕的怪物理好鞭子，看着瓦罗森说：“现在我们开始行动吧……”

11

一天之后，克拉苏斯才意识到自己和罗宁被软禁着。

又过了半天，他才得出结论——不是塞纳留斯干的。

可他也说不清楚，到底是谁有这个能力连森林之王都骗得过去，是塞纳留斯的同伴吗？不可能。森林之王应该对他们的能为一清二楚。是暗夜精灵吗？克拉苏斯也打消了这种怀疑。这样看来谁都有可能。

所以，克拉苏斯就得出了这样一个勉强成立的结论：那些监视塞纳留斯和他们两个的人，应该是自己的同僚。

在他自己的时代里，他也派出过斥侯专门跟踪那些有潜力改变世界的人，不管是好是坏。人类，兽人——每一个种族里——都设置了专门的间谍。龙族也把这看成是一种必要的手段。除去他们自己，年轻的种族更容易制造灾难。其中有一些间谍还小心谨慎地关注着艾萨琳。可他们一直潜伏着，除非灾难发生。

所以这一次，显然是晚了一步。

对于塞纳留斯，克拉苏斯一直保守着这个秘密。如果有人可以拯救现在的他和罗宁的话，那肯定就是巨龙了，问题是他们先得知道自己在这里。

他一直等到罗宁睡着，这时塞纳留斯也不大可能回来了。似乎他和罗宁的需要，都能够被森林安静而又隐蔽的精神所感知。食物会准时送到，他们一吃完，盘子也被收拾干净。这样也保证了塞纳留斯可以和同类们秘密商讨——几天,几周,几年甚至更长——也不用担心他们两个会饿死。

不管月亮圆或缺,树林里总是月光普照。克拉苏斯等罗宁真的睡沉了,就轻轻地起身,朝花朵的方向走去。

即使在晚上,它们也很警觉。他走到可以不让花朵发现的最近距离,仔细看看这棵树,他知道秘密机关的所在。塞纳留斯可能错过或者没有发现的,克拉苏斯却找得到。

起初,树看上去都很正常。他仔细地检查着每一棵树,第二次看起来还是一模一样。他尽量撑着虚弱的身体进行工作。因为如果放弃了一次,恐怕就会永远没机会了。

突然,他看到一棵高大的橡树,树干特别粗。

我认识你,我认识你是谁,守护者。

没有动静。没有回答。克拉苏斯怀疑是不是自己弄错了,但他不想浪费这次机会。

他又试了一次,*我认识你。隐藏在森林中,你看着我还有整个森林。你不知道我是谁,我们为什么来这里。*

克拉苏斯感觉到有轻微的摇动。可能他的突然出现,打扰了看守的清净,所以他们还不想那么快现身。

有很多事情我可以告诉你;却不能告诉森林之王,但我不能对着一棵树说话。

*这样做,我们两个都得冒险。*有一个高傲的声音回答,*森林之王有可能也在监视我们。*

终于有回答了,克拉苏斯很高兴。*你我都知道,他现在不在这里,而且你也可以不让旁人知道啊。*

又是沉默。克拉苏斯想,自己是不是逼急了他?

树干渐渐消失了,走出一个高高的人以后,树皮也消失了,变成一件长而飘逸的风衣和一张瘦削的脸,一张克拉苏斯很久以前就熟悉的脸。

他走到树林里,从头到脚把克拉苏斯打量了一遍。克拉苏斯弄不清他在想什么,但是可以肯定他有些挫败感。

“你是谁?”看守轻声问。

“也许可以说,我是你的远房亲戚。”

看来这场对话注定是要在不信任的基础上进行的。“你根本不知道自己在说什么。”

“我很清楚知道自己在说什么。”克拉苏斯坚决地回答道,“我也知道阿莱克斯塔萨是生命的女皇,诺兹多姆是时间之龙,伊瑟拉是梦想之龙,玛里苟斯是魔法之龙。”

看守逐一在脑子里消化这些名字,突然说:“你漏了一个。”

克拉苏斯点点头,说:“还有耐萨里奥是大地和岩石之龙,他是大地护卫。”

“这些名字外族知道的很少,不过还是有些人知道的。那你又叫什么名字,竟然自称是我的亲戚?”

“我就是……克莱奥斯特拉兹。”

看守一听就倒了。他说:“我怎么可能不知道这个名字呢?他是女皇的配偶啊!一定出岔子了。自从你被捕以来,我们一直在监视你,可你看上去真的不像是我们的族人。塞纳留斯权力再大,也不能把你扣在这里啊,怎么可以把克莱奥斯特拉兹扣押在这里?”

“我受了很重的伤。”克拉苏斯没有接他的话,继续说,“没时间多说了!我必须立刻去见女皇,告诉她我所知道的一切!你可以带我去吗?”

“你确实有龙的傲气!可你的身份还没被证实。我为什么冒着触怒所有龙族的危险,还要冒着触怒森林之王的危险带你走呢?从现在开始,他就知道有人在算计他,他很快就会采取相应的行动。”

“因为世界存在着潜在的危险——我们的世界——那要比冒犯一个森林之王严重得多。”克拉苏斯深吸了一口气,说,“如果你能答应我的要求,我就告诉你实情。”

“我不知道是不是应该相信你。”看守说,转开了头,“而且你现在处于被监控的状态,威胁不到我。如果你知道什么,那就让我看看你的焦虑是否是真的吧。”

尽管越来越不喜欢这个同族,但克拉苏斯没有反驳,他说:“如果你准备好了的话——”

“来吧。”

他们的精神开始相通,克拉苏斯将全部真相释放了出来。

看到这么多具有冲击力的画面,看守一阵晕眩。影子的咒语显灵了。他的脸变得扭曲,一个爬虫和精灵的混合体出现了。

像来时一样快,那些影子转瞬消失。看守还沉浸在他看到的画面里。他稍微平复了一下说:“这都不是真的。”

“也许吧。”

“这都是你的想象,简直是无稽之谈。”

“如果是真的。”克拉苏斯悲伤地说,“这下你能理解,我为什么要见女皇了吧。”

可看守却摇摇头,说:“你的要求——”

突然,两条龙都呆住了。他们都感觉到一个庞然大物靠近的声音。

塞纳留斯,森林之王竟然又回来了。

看守转身想跑,但克拉苏斯担心自己会就此错过机会。于是他伸出手去拉住他。

“不,你不能走。你不能袖手旁观!我一定要去见阿莱克斯塔萨女皇!”

他的手臂伸出了花丛,那些花马上做出反应,哗地绽放,喷洒出一种具有魔力的花粉。

克拉苏斯眼前的世界瞬时模糊起来,头昏眼花,跌倒在花丛里。

突然有一只有力的手臂扶住了他。他听到无声而焦急的叹息,感觉是另外一只龙抓住了他。

“这么做真傻!”还有一头龙哼哼道。

他很想说些什么,可嘴巴已经不听使唤了。

当他昏倒的那一瞬间,他心里有的不仅仅是对扶着他的那条龙的感激,还觉得很恼怒,他已经没有机会连罗宁一起带走了。

布洛克斯在黑夜的森林里加紧赶路。这个倒霉的兽人连坐都坐不稳。尽管他很习惯骑自己族人驯养长大的狼,可这只豹却有些不同,这让他很不安。

玛法里奥在前方,弯着身子趴在坐骑上,指引方向。布洛克斯暗自庆幸玛法里奥很有方向感,但他同时也希望路不要太长。

天很快就要亮了。布洛克斯觉得这真不好,因为这样一来,在很远的地方他们就能被发现,而玛法里奥的意见却正好相反,月亮守卫可是夜行生物。

当然,他们还有那些士兵要对付。

布洛克斯听到身后追逐的声音:号角声,远处传来的喊叫声,偶尔还有坐骑发出的吼叫声。他本以为玛法里奥部署得更加周密,而不是仅仅逃走了事。可现在很显然不是这个样子。玛法里奥不是什么勇士,他只知道做他所谓正确的事情。

天色渐渐由黑转灰,是那种雾蒙蒙的灰——晨雾。兽人对这场突如其来的大雾很是高兴。维持的时间再短也行,他只是希望,自己的坐骑不要在雾里把玛法里奥给跟丢了。

周围的东西时而模糊,时而清晰。布洛克斯本能地伸手去摸战斧,可武器在玛法里奥那里。玛法里奥没有给他任何武器,可能是以防万一的举动吧。

号角声再次响起,这一次离得更近了。兽人吼叫了一声。

玛法里奥消失在雾色中。布洛克斯加快速度,担心自己的坐骑跑丢了。

突然,布洛克斯的坐骑为了避开一块岩石,一扭,一不小心就失去了平衡。兽人随即就从坐骑上摔了下来,跌在地上,翻了几下滚入草地。

玛法里奥之前教过他,万一碰到这种情况怎么办。布洛克斯正准备翻个身继续坐上去,却不料坐骑已经自顾自地继续奔跑,消失在大雾中了。

追捕的声音却越来越响。

布洛克斯马上找了些可以当武器的东西。他捡起了一根树枝想用来支撑他的手,而石头不是太小不能用,就是太大搬不了。

旁边的灌木丛里传来沙沙的声音。

布洛克斯振作了一下精神。如果是一个士兵,他们的胜负五五开。

如果是月亮守卫，他的胜算就小了，可他也要一搏。

眼前出现了一个巨大的四腿怪物。

布洛克斯吃惊不小，这个怪物的叫声像狼和狗的混合，长得却和两种动物都不像。肩膀以下的位置和他长得差不多高，可背后却伸出两条互相缠绕的皮质触角。嘴里满是利牙，绿色黏稠的唾液从嘴里流出来。

兽人脑子里满是恐怖的画面。他看到过这样的怪物，可却从来没跟它们交过手。

地狱兽——*燃烧军团的冲锋队*。

布洛克斯从可怕的回忆中清醒过来。他奋力冲到怪物面前，地狱兽想用爪子抓住他。兽人尽全力架开了它的爪子。地狱兽身体摇晃了一下，顿了顿，重新打量了一下兽人。

此时，布洛克斯一拳揍在了地狱兽鼻子上。

如果是一般的种族，这样一拳打下去，自己的手肯定也废了。可布洛克斯不是一个一般的兽人，他动作敏捷，力大无比，动作总比地狱兽要快一步。而且他的拳头充满了仇恨，也许这时的力量也是最为强大的。

他打断了地狱兽的鼻子，地狱兽开始东倒西歪。深绿色黏稠的液体，从他的伤口流出，看上去很可怕。

布洛克斯的手被反作用力冲击得疼痛不已，但他却紧紧盯住对手。他不会让对方看出自己有一丝的害怕和退怯。这也是出于搏斗的本能。

这时，雾已经散了。布洛克斯的坐骑竟然自己跑了回来。听到它的叫声，地狱兽就把头回了过去，放弃了兽人而和它扭打在一起。

布洛克斯知道地狱兽赢不了夜刃豹，所以他就往后退。还没走几步，又听到身后传来均匀沉重的呼吸声。他小心翼翼地瞥了一眼。

不远处又冲过来一只地狱兽。

他实在别无他法，只好撒腿就跑。

地狱兽边追边叫。而先前一只地狱兽正和布洛克斯的坐骑缠斗在一起，身上已经受了两处伤了。布洛克斯在心里默默感谢它在危急时刻出现，暂时帮他解了围，而现在他得继续想办法逃脱。

哪儿窄，布洛克斯就往哪里钻。那个庞大的地狱兽必须要绕道或者把自己劈成几半才进得来，所以根本捉不到他。其实他并不想跑，可他心里知道，没有武器，要打败地狱兽是不可能的。

不远处，布洛克斯听到动物的垂死挣扎声，他知道坐骑已经败下阵来。现在，只剩下外面的两只地狱兽对付他一个了。

可能是被外面声音分心的缘故，布洛克斯没有留意脚下。一根突在地面上的树根拌住了他的脚，摔倒在地上。

他的平衡能力真的不好，一下就滚了下去。他先抓住一棵比他高一点的小树。但是可能因为他用力过猛，树被连根拔起。随即他又倒在了地上，撞上一棵大树。

布洛克斯头疼欲裂，根本集中不了注意力去对付身后的庞然大物。那棵小树还握在他手里。他挥舞了一下，把它当长矛一样刺向地狱兽。

地狱兽用力打掉兽人手里这临时性的武器，小树的三分之一被劈断了。虽然兽人的视线还是模糊不清，可他还是将剩下的那截树枝紧紧握住，冲向地狱兽。

地狱兽先前已经受了伤，这使布洛克斯的攻击更有效。他竭尽所能把锋利的尾部插入了地狱兽张开的血盆大口。

地狱兽嚎叫着想要挣扎反扑，可布洛克斯已占得了先机，他全身用力，把"矛"越插越深。

地狱兽的一根触须，已经伸向了布洛克斯。他松开一只握树枝的手，使劲地扯住地狱兽的触须。

很快触须就被拔了下来，地狱兽一阵鬼哭狼嚎。

地狱兽身上流出了很多肮脏的血液，不一会儿它的前腿就跪倒在地上。布洛克斯还是抓着树，调整了一下角度，以防地狱兽的垂死挣扎。

只见地狱兽的后腿也快站不住了，尾巴开始发疯一般地痉挛。惊恐的地狱兽甚至用爪子抓住自己的喉咙，最后把布洛克斯的武器一折为二，可前半部分还在留在了自己身体里。

布洛克斯担心地狱兽还会活过来，他急着找件趁手的武器，可是，没想到他又要再次面对先前遇到过的第一个地狱兽。

另外一个地狱兽已经遍体鳞伤——鼻子被兽人揍开了花，右肩上还掉了块肉。尽管伤势严重,可看上去还是精神亢奋,想要一举消灭精疲力竭的兽人。

布洛克斯找了一根断树枝,像剑一样挥舞着。可他也知道,他的好运倒头了。这样一根破树枝,已经很难抵御这个巨大的恶魔了。

地狱兽趴下,绷紧全身的肌肉——

正当它要跳起来的时候,森林苏醒了,开始帮助布洛克斯对付敌人。本来生在地狱兽脚底的野草,开始疯狂地生长,迅速长高。地狱兽一踏上地面,就被野草层层缠住。

地狱兽绝望地吼叫起来,甚至用触须帮忙,想甩掉缠绕全身的野草,但是不行。

“布洛克斯!”

只见玛法里奥骑着坐骑,向布洛克斯奔来。暗夜精灵拉住缰绳,一只手伸向布洛克斯。

“我又欠了你一次。”布洛克斯低声道。

“你不欠我什么。”玛法里奥看了一眼被困的地狱兽,“它们不会缠住它很久的。”

的确,每一次地狱兽的触角碰到野草,它们就马上凋谢枯萎。而地狱兽的前爪已经自由了,它还在试图解放自己的其他脚爪,并且还企图把爪子伸向布洛克斯。

“魔法。”布洛克斯喃喃自语,他回忆起相似的场面,“它在用毁灭魔法。”

玛法里奥神色凝重,让布洛克斯快点上坐骑。

“我们快走。”

号角再次响起,这一次几乎是近在咫尺。布洛克斯甚至都觉得,要看到追兵的身影了。苏拉玛城的追兵真的快追上来了。

突然,玛法里奥犹豫了一下:“如果他们当中有月亮守卫的话——”

“如果他们精通魔法,的确是可以杀死一两个地狱兽,玛法里奥,但你要想留在这里和月亮守卫一起来对付地狱兽的话,我也奉陪到底。”这样做不是死就是再次被抓。布洛克斯不敢再想下去了。但他不会放弃玛法里奥的，他已经救过自己两次了。

晨雾散去，远处的景物已经清晰可辨。玛法里奥紧紧握住缰绳，他要快点逃离地狱兽的阴影和追兵的追捕。他没有跟布洛克斯说什么，只是快马加鞭地赶路。

在他们的身后，地狱兽的另外几个脚爪也已经解放出来。它的注意力，很快被新的猎物发出的声音所吸引……

有东西扰了罗宁的美梦，他觉得很不爽。

他没有马上起来，而是睁开眼睛看看周围。日光让他渐渐辨析出周围的树木，几步之遥的花朵围墙，还有他所躺着的草地。

可是克拉苏斯却不见了。

他坐起来，开始找他。他肯定在树林里的什么地方。

可是再怎么找也没有。克拉苏斯真的不见了。

罗宁小心翼翼地走到树林的边缘。那些花朵马上对着他，每一朵都更加开放。他本想试试花朵到底有多少能耐。可想想如果他这么做，估计森林之王不会饶了他，于是就作罢了。

他看着树林，轻声地叫道："克拉苏斯？"

没有回答。

这时，他看到眼前的一棵树，看上去有些不同。可他也说不出不一样在哪儿。

他往后退了一步，努力地想了想，突然发现自己站在一个巨大的身影下。

"克拉苏斯呢？"塞纳留斯不客气地问。尽管晴空万里，可天上突然刮起了大风。"你的朋友在哪里？"

罗宁尽量平静地回答说："我不知道，我刚起来，就发现他不见了。"

森林之王的金眸里满是怒火，眉毛皱成了两把利剑。"世界马上要有麻烦了。有些人已经感觉到了闯入者，是种不一般的生灵，到处吞噬，似乎在寻找*某些东西——或者某个人*"。他仔细打量了下罗宁，继续说，"而且自从你们从天而降以后，似乎危险更近了。"

罗宁不由心生怀疑，这些生灵到底是什么呢？如果真有这样的事，时间就更紧急了,比他和克拉苏斯想象得还要紧。

塞纳留斯看罗宁一言未发,又补充说:“你的朋友如果要逃走,一定需要帮忙的,可他现在把你留在这里,这是为什么呢?”

“我——”

“其他人确实坚持,要我把你们立刻交出去。他们都很不理解为什么我把你们留在这里保护你们。至于你们为什么会在这里,他们比我有更透彻的理解。而且为什么暗夜精灵对你们如此感兴趣,我直到刚才才相信他们的话。”

罗宁之前说话的心态都很平和,可现在塞纳留斯这样的语气,让他在内心也产生了某种抵触的态度。

“现在看来我得听从大家的意见了。”森林之王不情愿地说。

“我们听见了。”传来一个空旷的低吟,“你承认自己错了。”

罗宁想回头看究竟是谁在说话,可他的腿——他整个身体——已经不听使唤了。

他的身后有比森林之王更为强大的东西在控制他。

塞纳留斯对别人的那些意见似乎不是很高兴:“我得承认,只能那么做。”

“真理即将为人所知。”一只厚重的*长满毛发*的手掐住了罗宁的脖子,紧紧地掐住。“而且*很快*……”

12

“你应该待在神殿里!”伊利丹坚持道,“玛法里奥和我都觉得,这是最好的选择。”

可是泰兰德还是不听:“我必须知道发生了什么事！你也看到了有多少骑兵在追他们！如果他们被抓住了——”

“不会的。”他瞥了一眼窗外。没有太阳的日子,他特别讨厌。他觉得自己的力量削弱了,魔法的威力也减退了。伊利丹并不喜欢这样的感觉。他是那种拼命研究魔法的家伙,对老师教的其他东西都没兴趣。

他们站在广场附近,形势一派紧张。泰兰德曾说如果风声不那么紧了,就回到这里来。月亮守卫和其他士兵几乎全体出动去追捕玛法里奥,只剩下几个在笼子附近寻找线索。可他们什么也没找到。这在伊利丹预料之中。实际上,他总以为自己至少和那些荣耀的法师一样精明。

“我应该去追——”

她到底有完没完?“那么做的话,大家就都有麻烦了！你希望我们每个人都被带到黑鸦堡去见拉芬克雷斯特吗?如果是那样的话,他们也许会把我们带去当——”

伊利丹突然闭上了嘴。广场另一边来了一队穿着盔甲的骑兵,领头的正是拉芬克雷斯特自己。

他们要躲都来不及了。骑兵队伍走过来,拉芬克雷斯特先看看泰兰德,然后是她的同伴。

当他看到伊利丹的时候,突然停了下来。

“我认识你,小伙子……伊利丹,是吗?”

“是的,阁下。我们见过一次。”

“这是?”

泰兰德鞠了一躬:“我是泰兰德·语风,月神殿的祭司。”

坐骑上的拉芬克雷斯特很尊重月亮女神,看起来来他很高兴认识泰兰德。接着他又看着伊利丹:“我还记得我们刚见面的情景,那时候你在学艺术。”他摸摸自己的下颚,问:“你还不是月亮守卫吧?”

他这么问,其实说明他早已知道答案了。自从他们认识以后,拉芬克雷斯特就一直很关注伊利丹。这让他受宠若惊,而且也有点不自在。他根本还没做什么,就已经引起了拉芬克雷斯特的注意。“还不是,阁下。”

“那么你就不受什么约束,对吗?”他所谓的约束,就是一旦成为月亮守卫以后,都要遵守一定的誓言。因为月亮守卫必须对女皇尽忠,没有丝毫含糊。

“我想是的。”

“很好,非常好。那么我希望,你能加入到我们的队伍中来。”

泰兰德和伊利丹一时不知道怎么回答。有可能是担心伊利丹的安全,泰兰德说:“拉芬克雷斯特阁下,我们很荣幸——”

没等她说完,他就做了一个不要继续说下去的动作。“不是你,祭司。虽然我很感谢月亮女神的恩泽,我只要这个年轻人。”

伊利丹掩饰住自己的焦虑,问:“阁下,您为什么会需要我呢?”

“目前来说,就是调查逃犯的事情!我刚刚才知道这个消息。我想逃犯应该还没有被抓到。我有办法可以找到他们,但我需要一些魔法的帮助。当然月亮守卫可以胜任,不过我想找一些更得力的。”

按说,要拒绝这么高贵的一个暗夜精灵贵族的要求,简直不可思议。可现在加入他的队伍就意味着玛法里奥会有危险。泰兰德偷偷地瞥了伊利丹一眼,想看看他到底怎么想。而伊利丹却希望泰兰德可以帮他做出选择。

事实上，别无选择。“我很荣幸加入，阁下。”

“太好了！罗萨拉克，为这个年轻的巫师准备一头坐骑。”

部下立刻就牵来了一头闲置的夜刃豹，似乎早就准备好了。夜刃豹蹲了下来，让他新的主人骑上去。

“现在还是正午，阁下。”罗萨拉克说。这时正好拉芬克雷斯特把缰绳交给了伊利丹——玛法里奥的孪生弟弟。

“你会跟我们一样努力，是吗？”

伊利丹知道拉芬克雷斯特的言下之意。他知道自己的魔力在白天会弱，可是拉芬克雷斯特还是觉得能派上用场。他对伊利丹寄以厚望，这一点让伊利丹热血沸腾。

“我不会辜负你的好意，阁下。”

“太好了，年轻人！”

伊利丹上了坐骑，很快地瞥了泰兰德一眼，示意她不用担心玛法里奥和兽人布洛克斯。他现在跟拉芬克雷斯特走，会想一切办法帮助他，但首先是这两人能顺利逃走。

泰兰德只是淡淡地微笑，略带谢意。伊利丹感觉准备好了，就向拉芬克雷斯特点了点头。

拉芬克雷斯特挥手向众人告别，就带着他的骑兵队伍上路了。伊利丹身体往前倾，跟上队伍的节奏。他希望自己既能取悦拉芬克雷斯特，又能保护他那大公无私的哥哥。玛法里奥很熟悉附近的地形，一定已经跑远了。如果真的不幸被捉住，那伊利丹会牺牲布洛克斯来保全他的哥哥。泰兰德应该可以理解的。血浓于水，亲情总是第一的。

一如往常，城市被笼罩在一片晨雾里。雾很快就会散去，所以这段时间对玛法里奥来说也许是个抓紧逃脱的机会。伊利丹盯着前面，心里在想，这是不是哥哥刚刚走过的路。有可能月亮守卫根本就追错了方向，那么拉芬克雷斯特现在这样的行动也就会变成徒劳。

队伍行进的过程中，浓雾很快就散了。晨间的太阳异常强烈，就好像急切地要吞噬浓雾一样。这可不太对头。但他磨磨牙齿，决定不想那么多。如果拉芬克雷斯特要他展示一下自己的魔法，他是不会让他失望的。现在去追捕布洛克斯,这让伊利丹和暗夜精灵的领袖建立了新的联系,而实际上兽人的出逃,跟伊利丹也不无关系。

当他们到达山脊的时候,远处的情景却让伊利丹皱起了眉头,拉芬克雷斯特也破口大骂。眼前出现了散布开来的小土墩。暗夜精灵只能小心翼翼地从山脊的另一头绕道而行,不得不放慢了行进速度,他们抽出武器,伊利丹一展身手的机会来了。

“艾萨拉保佑。”拉芬克雷斯特喃喃自语道。

伊利丹什么话也说不出来。当他们靠近土墩的时候,发现满地尸体,他目瞪口呆。

至少有六个暗夜精灵,还包括两个月亮守卫,他们的尸体已经被撕裂开来。那两个巫师身体已经被吸干了,像是阳光下暴晒的干菜一样。可以想见,他们临死之前奋勇反抗,痛苦异常。

有五头夜刃豹也死了,有些喉咙都被扯断了,还有一些五脏六腑都被拖出体外。

“我说得没错!”拉芬克雷斯特突然说,“那个绿皮的家伙肯定不是孤军作战!肯定还有同伙,至少两个。”

伊利丹没听见他说什么,而是想,在这里打了如此惨烈的一场硬仗。这确实不像是他哥哥或兽人单独应战的结果,那样的话战况不会这么惨烈。拉芬克雷斯特说得对吗?布洛克斯是不是胁持了玛法里奥,带他去投奔了自己的种族呢?

我早该把这头野兽给杀了!伊利丹拳头紧握,怒不可遏。现在目标明确,是时候向拉芬克雷斯特证明自己的实力了。

突然有一个士兵大喊起来,他发现了尸体旁边有些东西。“阁下,快来看!我没有看见过这样的东西!”

把夜刃豹安顿好,拉芬克雷斯特和伊利丹马上去看有什么重大的发现。

这是一种噩梦般的生灵,看上去像狼,但是已经极度地变形,像是发狂的神在极度疯狂的情况下创造出来的。即使已经死了,却还是面容恐怖。

“你认为这是什么，巫师？”

瞬间，伊利丹甚至没反应过来他是在叫自己。他摇摇头，说了实话：“我也不知道，阁下。”

尽管长相恐怖，但临死前想必是经历了一场鏖战，一根树枝插在了他的喉咙里，看样子是被杀死的。

伊利丹又想到了他的哥哥。他们分别的时候，哥哥是说要往森林方向跑的。是玛法里奥干的吗？这不可能。难道他就死在附近，像那些人一样被撕碎了？

“真奇怪。”拉芬克雷斯特咕哝道。他突然站直，眼睛向前看，又问：“其余的人呢？”也不知道他在问谁。“应该还有另外一部分的尸体！”

正有人要回答，只听南边传来悲壮的号角声，森林在那里好像突然塌陷下去了，行动起来越发困难。

拉芬克雷斯特马上挥舞起大刀，指向号角响起的方向。“那里！但是要小心，周围可能还有这样的怪物！”

骑兵队伍都开始向前行进。每个精灵，包括伊利丹在内，都战战兢兢。虽然号角没有再次响起。但这并不是好兆头。

又走了一段路，他们看到另外一头夜刃豹的尸体，它的身子侧面被利爪撕开，脊梁骨被橡树砸断。不远处，另一名月亮守卫被压在一块巨石底下，身体完全变形。他恐怖的死相让骑兵队伍里最勇敢的战士都吓出了一身冷汗。

“稳住！”拉芬克雷斯特命令道，“保持队形！”

号角再次响起，这次略显无力，却离得更近了。

一队人马赶快向声音来源的方向赶去。伊利丹有一种不祥之感，好像有什么东西在背后监视着他。可是每当他回头看的时候，却只看到森林。

“还有一个，阁下。”叫罗萨拉克的暗夜精灵指着前方，脱口而出。

没错，还有一个可怕的怪物倒在地上，已经死去。它的身体懒散地摊开，好像临死之前在找人一样。鼻子被压碎了，肩膀被撕裂，腿上还有好几道绳子形状的印记，尸体底下压着一个暗夜精灵，非常奇怪。是谁杀了它呢？是装备精良的暗夜精灵吗？

在附近，他们又找到两具训练有素的勇士们的尸体，就像破烂的玩偶一样散落在地。伊利丹觉得很奇怪，如果暗夜精灵真的杀了这两个怪物。那么活下来的精灵呢？

过了一会儿，他们才找到剩下的人。

一个士兵坐在一棵树旁，左手已经断了，可那么重的伤只用绷带随便包扎了一下。他愣愣地，也没看刚刚赶来的骑兵队伍，号角还在他的左手上，全身是血。

他旁边还躺着一个幸存下来的——如果说半边脸被削掉，一条腿严重扭曲也算是幸存的话。他艰难地喘着气。

“你，说你呢！”拉芬克拉斯特吼道，“看着我！”

幸存者这才慢慢地眨了下眼睛，不得不看着他。

“就这点吗？还有别的吗？”

他张开嘴，可是却发不出声音。

“罗萨拉克！去看看他的伤！如果他要喝水，给他水！”

“是，阁下！”

“大家散开，警戒！”

伊利丹还待在拉芬克雷斯特旁边，谨慎地看着周围，希望已经没有危险了。而其他一些同仁包括三个巫师没有什么战斗力，就在旁边为他们打打气。

“说话呀！”拉芬克拉斯特咆哮道，“我命令你！到底是怎么回事？逃犯呢？”

就在这个时候，那个血淋淋的士兵发出一阵狂笑，罗萨拉克惊讶不已，往后退了一步。

“没……没看见那逃犯，我的……阁下！”受伤的士兵回答道，“也许他把自己给吃了。”

“是那些野兽干的？那些猎犬？”

摇摇欲坠的暗夜精灵点点头。

“月亮守卫到底怎么了？为什么他们不阻止这一切的发生呢？尤其

在白天。”

受伤的士兵又一次大笑：“我……我的阁下，月亮守卫是死得最早的，根本不堪一击。”

通过一番努力，才搞清楚事情的真相。士兵和月亮守卫在追捕逃犯和一个身份未明的同伙。从晨雾弥漫的时候一直追到太阳出来。他们并没有很真切地看见这两个家伙，可是却相信早晚能捉到。

可是接着，就碰到了第一个地狱兽。

没有精灵看到过那么可怕的生灵。即使是已经死了的地狱兽，还是让暗夜精灵的神经不能平复下来。哈果森，领头的巫师，感觉到了其中的魔法。他让其余人先等在原地，自己则骑上坐骑去查看那些尸体了，大家都听了他的命令。

“不寻常。”哈果森一边下马一边说。“提克金，”他叫一个月亮守卫，“我要你——”

这时第二个地狱兽扑到了他的身上。

“地狱兽是从附近树林里窜出来的，我的阁下。然后它直接扑向了哈果森，先是用爪子打死了他的坐骑，然后……”

巫师毫无反抗的机会。暗夜精灵还没反应过来，地狱兽的背部伸出两条可怕的触须，紧紧地缠住哈果森的胸腔和前额，月亮守卫尖叫不已。之前从没有暗夜精灵听到过他们的叫声。不多久，他们的眼睛就干枯了，腿被剥掉了皮，被地狱兽远远地抛开。

其他的精灵这才从震惊中恢复过来。他们冲向了地狱兽，要为哈果森的死报仇。

谁想，他们身后已经来了第三个地狱兽，正包抄过来。进攻一方反倒成了被攻击的对象，他们被团团围住。

他们根本不是地狱兽的对手。由于发挥不出魔力，月亮守卫很快就败下阵来。士兵们也好不到哪里去，不过还好他们的刀还能砍。

幸存者越发语无伦次，当他讲到结尾处他们几个怎么会在这里的时候，拉芬克雷斯特和伊利丹只能用猜的。

罗萨拉克上前一看，说：“他又昏死过去了，阁下。恐怕再也醒不过来了。”

“你想想办法帮他减轻点痛苦吧，另外一个你也看看。”拉芬克雷斯特皱了皱眉头，说，“还要找一个士兵看管一下这些尸体。巫师，跟我来。”

伊利丹跟着拉芬克雷斯特回到了原来的小路上。两个士兵离开去追逃犯，还有一些士兵还在附近检查，可没发现其他的幸存者。

“你觉得这个故事可信吗？”拉芬克雷斯特问伊利丹，“你听说过这样的事情吗？”

“从来没有，阁下，但我不是月亮守卫，所以对一些神秘的内部消息根本一无所知。”

“看看他们的下场吧。哈果森太自负了，很多其他的月亮守卫也一样。”

伊利丹没说什么。

“又是一个。”

这只可怕的地狱兽看上去，还想要从喉咙里取出什么东西的样子。它浑身是伤，身体已经被那些食腐肉动物啃得精光，连苍蝇也来凑热闹。

拉芬克雷斯特命令两个士兵说：“把我们经过的路再查一遍。那绿皮怪物……我要活捉他。”

伊利丹和拉芬克雷斯特都下了坐骑。那些夜刃豹都不愿意待在尸体的旁边，它们被牵到附近的一棵大树下，缰绳系在树上。

拉芬克雷斯特又回到了尸体旁，跪了下来。“简直太可怕了！在过去这些年里，我从来没有面对过这么多的尸体。”他捡起一根皮质的触须，“真是神奇的东西。哈果森就是被这东西吸干的！你觉得这是什么？”

触须碰到伊利丹的脸，弄得他有点痒痒的，他尽量不往后退。他说：“可能是个吸血精吧，有些动物确实是吸血的，可这一个还会用魔法。”他四下张望。“另外一只被剥了皮。”

“没错。是有魔法。”

在拉芬克雷斯特继续做恐怖实验的时候，伊利丹则在仔细查看地狱兽的尸体。士兵之前报告说第一个地狱兽已经死了。那么只剩下一种可能，那就是玛法里奥和布洛克斯杀了他们。而通过现场的留下的打斗迹象来看，更像是出自布洛克斯之手。

回到一边。夜刃豹待在尸体的旁边不耐烦极了，伊利丹一边设法让它们不要叫唤，一边心里还惦记着哥哥。可是——

坐骑突然叫了起来

伊利丹感觉到他身后有东西。

他赶忙躲到一边，却不料正和拉芬克雷斯特撞到一起，跌个人仰马翻。伊利丹扶住拉芬克雷斯特，刀却远远地飞了出去。

一只巨大的爪子按到了地狱兽的尸体上。

"是谁？"拉芬克雷斯特勉强问道。坐骑咆哮着想上来撕咬，但是缰绳系着，它们动弹不得。

伊利丹缓过神来。地狱兽正准备发动第二次攻击。他本以为死掉的这个已是恐怖至极了，没想到活的地狱兽是有过之而无不及，更加狰狞。

这一回，那只地狱兽没有跳起来，而是用它的触须去抽打伊利丹的背部。他突然想起刚看到的被剥了皮的月亮守卫。

这触角像是有魔力似的，伊利丹不能让自己被碰到，一想到刚看到的一个死了的地狱兽，它的触须是被拔断的，他便立刻找出了攻击的办法。

他尽量不正面袭击怪兽，因为他也知道这样根本没什么用，这只会吸掉他的魔法，还要吸干他的血。所以他把魔法施在了拉芬克雷斯特的那把刀上，而地狱兽根本看不见。

施了魔法的刀飞转向空中，开始旋转，越转越快。伊利丹的目标是怪兽的脖子。

非常精准，旋转的刀割在庞然大物的脖子上，轻易得就像割草一样。

怪兽狂叫，绿色黏稠液体从它的伤口流出来，身体开始摇摇晃晃，最终倒了下去。它发出呻吟声，最后奄奄一息地闭上了双眼。

伊利丹成功了，因而也恢复了一点自信，不那么害怕了。他又拿起拉芬克雷斯特的剑。地狱兽跳上来的时候,他冷冷一笑。

他一刀刺向了地狱兽,用力之猛,深可及骨。

地狱兽僵了一下,开始摇摇晃晃,眼神里充满着恐惧。又跌跌撞撞走了两步,终于失去了所有的力气,瘫倒在地上。

伊利丹一下子瘫了,但同时又感觉到巨大的荣誉感和自豪感。他出手很快,完成了其他三个月亮守卫都没有完成的使命。他已经从他们失败中吸取了教训,但伊利丹不以为意。他只知道,现在是自己杀死了怪兽。

"干得好!"拉芬克雷斯特重重地拍打他的背,差点把他拍倒。伊利丹勉强支撑住自己的时候,他却走到旁边去鼓励其他士兵的工作:"这次反击太棒了！不但除掉了我们最大的危险,而且当敌人要反扑的时候把它们给打败了！太棒了!"

拉芬克雷斯特靴子踩在怪兽的前肢上,想拔出他的刀。这时从小路里出来两个士兵,大家都欢呼起来,危险终于解除啦。

"阁下!"两个士兵叫道,"我们听见——"

罗萨拉克抢过话头:"拉芬克雷斯特,你杀掉了怪兽！你受伤了吗?"

伊利丹以为他会把功劳抢去——毕竟,砍掉怪兽头的那把刀是拉芬克雷斯特的——不料他却指着伊利丹:"不！是他杀的。他根本不考虑自己的安危,在危难之中解救了我。我从一开始就看好你,伊利丹！你比很多的月亮守卫都要能干!"

伊利丹接受了拉芬克雷斯特的赞赏,脸都激动得黑了。这些年来,大家都期待他能成为一名英雄,一位精英,如今终于证明了自己的实力。但是现在,伊利丹感觉到他的命运跟他开了个大玩笑,因为刚刚用过的魔法是老师塞纳留斯教过他,他几乎是不愿意学的。可到了关键时刻,却自动反应出来。

我真是个傻瓜,为什么要拒绝我的天赋呢? 伊利丹这么想,*玛法里奥注定是要跟我走两条路的,即使在白天,我的魔法也能控制一切。*

可想到这里,他却觉得被刺痛了,因为他用了哥哥的方法。天下哪一个英雄是照猫画虎的呢?伊利丹一定要成为英雄。

士兵们都开始以一种崇拜的眼神看着伊利丹。

“罗萨拉克!”拉芬克雷斯特叫道,“我觉得今天自己很幸运!我希望你能带一半人走小路!我们继续去找逃犯,跟他的同伙。”

“是的,阁下!”罗萨拉克召集了几个士兵,大家都上了坐骑。

伊利丹现在根本不担心他的哥哥了,刚才耽误的时间足够他们逃得很远。但他却想到了泰兰德,她会为他感到自豪的,因为他得到了拉芬克雷斯特如此大的褒奖。而且她也会很高兴,因为正好可以让玛法里奥和布洛克斯逃得更远。

拉芬克雷斯特认为是伊利丹救了他的命,所以他毫不吝啬自己的赞美。他走向伊利丹,把手搭在他的肩上说:“伊利丹,月亮守卫小看了你的勇敢,可是我却没有。在这里,你被封为黑鸦堡……和我私人的巫师!这样的话,你可以在月亮守卫称号之外有一个头衔,跟他们都是一样的,他们都不能命令你!你只要服从我,还有女皇艾萨拉的意志就好。”

其他的暗夜精灵一听到女皇的名字,都纷纷把手放在胸前,低下了头。

“我很荣幸,阁下。”

“来吧!我们快返回去!我希望能带更多的怪兽尸体回黑鸦堡!一定要彻底调查清楚这件事!如果我们真要被可怕的民族入侵,那我们一定要做好一切准备。不能让女皇被惊扰!”

伊利丹还陶醉在溢美之词中,根本没注意关于女皇的事情。但按理说他应该有所担心。因为玛法里奥正是断定她陷入了癫狂,会让暗夜精灵族遭遇灭顶之灾。

而此刻,伊利丹只是想着,*我终于找到了自己的归宿*……

13

*他有强大的心智，顽强的灵魂，强健的体魄。*一个有力而压迫的声音在罗宁的脑海里响起。

*一种令人敬佩的品质，在所有的时代。*这个声音相对平静一些。

真相必须让大家都知道，这是首先要坚持的。*这点上我从来没有动摇过，所以……*

罗宁似乎飘离了自己的身体，但是究竟飘到哪里，法师自己也说不清楚。

他感觉好像存在于生死之间，梦醒之间，明暗之间，没有绝对的界限。

*不能再这样下去了！*不知道怎么了，第三个熟悉的声音进来插话。*他已经受够了，把他还给我，就现在！*

之后，罗宁突然就在塞纳留斯的沼泽地里醒了过来。

太阳已经高过头顶，但这并不能证明现在就是中午，而不是魔法造成的。罗宁尝试着爬起来，但和之前一样，他动不了。

他听到了动静，天际突然到处都是带角的龙。

“你的适应能力很强，罗宁法师。”塞纳留斯吼道，“你惊动了那个平时最没有好奇心的的人，更重要的是，你保守了秘密。然而，长远看来，这可能很愚蠢。”

“我没……没什么跟你说的。”罗宁难以相信，他竟然还能说话。

“那就走着瞧吧。我们会知道，你的朋友发生了什么事情，而为什么你，这个不该在这里的人，偏偏在这里。”说完，塞纳留斯的脸突然变得柔和起来，“但是现在，我肯定会让你休息，你应该好好睡会。”

他在罗宁的脸上挥了挥手，法师就睡着了。

克拉苏斯想知道自己究竟在哪里，但是醒来的时候在洞穴里，什么都想不起来。无法感觉到任何生灵的存在，更没有同类的气息，这让他担心不已。难道护卫带他到这里仅仅就是为了摆脱他吗？难道护卫希望克拉苏斯就死在这里吗？

后面的一种可能才是真正危险的。痛苦和疲劳不断折磨着魔法师的修长身体。克拉苏斯甚至感觉仿佛有人已经将他的一半撕裂。记忆继续让他挫败，他担心所有的这些病痛会随着时间恶化，而现在没什么比时间更宝贵了！

*不！我不能就这样屈服！那不是我！*他勉强站起来，向四周凝望。对于人类或者兽人来说，这洞穴几乎是一团漆黑，但克拉苏斯却可以看清它的内部。他可以看见巨大的锯齿形钟乳石和石笋，看得见每个裂纹，甚至还注意到那些忙乱钻进缝隙的小蜥蜴。

不幸的是，他没有找到出口。

“我没有时间来玩这些游戏！”他对着空气厉声说道。他说话的回声，因为回荡了好几次，而变得似乎像是在自我嘲笑。

他正在失去些什么。当然他被留在这里一定是有理由的，可是……是什么理由呢？

很快克拉苏斯想起了他们种族的方法，那种方式对于非龙族来说，的确太残酷了。他的脸颊上掠过一丝冷笑。

身材修长的魔法师目不转睛地在原地转圈。与此同时，他开始用一种比这个世界还要古老的语言背诵仪式问候的语言。重复了三遍，每次都强调它们之间的细微差别，仿佛只有他才是绝对的正宗源流。

如果连这样都没有办法吸引到想要捉他的人，那么就没有别的办法了。

“像是造物主的语言嘛!”某人咆哮了,“是造物主让我们存在于这个世界上的。”

“一定是我们中的某一个,”另外一个声音说道,“因为他肯定不是他们中的一个。”

“一定要问清楚。”

突然从空旷的天际出现四条红龙,他们将自己能覆盖世界的翅膀威严地收到身后,然后围坐在克拉苏斯的身旁,以便都能看清他瘦小的身体。他们瞄了一下魔法师,仿佛他是一口美味的食物。

如果他们想让魔法师产生原始的恐惧,那么这次又失败了。

“一定是我们中的一个。”一头巨大的雄龙低沉地说。他用鼻子哼哼着,喷出来的气模糊了克拉苏斯的视线。

“这就是我……我为什么带他来。”一头小雄龙怨恨地说道,“他老是叫个没完。”

被舒适的烟雾包围的克拉苏斯转而向第二头雄龙说:“如果你们拥有了来自于造物主的灵性,就会通过我的身份和给予的警告,立即认出我是谁了! 我们可能被赦免,从森林之王的领土上离开。”

“我还是不知道,把你带来是否是个错误的决定!

“这是哪里?”

所有的这四条龙都在微微的惊异中转过头来。一头母龙说话了:“如果你是我们中的一员,小龙,你就应该知道这件事情,就像了解自己的窝一样。”

克拉苏斯诅咒了自己的烂记性,这只可能是一个地方。“是在自己家的洞穴里? 还是生活在受人爱戴的阿莱克斯塔萨皇后身边?”

“是你自己想来这里的。”小雄龙提醒他说。

“还有问题。”第二头母龙打断说,她看上去更年轻,比其余的龙更为圆滑,“你到过更远的地方吗?”

“他爱去哪儿去哪儿。”一个新的声音闯了进来,“只要他回答我一个简单的问题。”

这四条龙和克拉苏斯转而发现,第五条更加成熟的龙突然坐在了那里。和原先两头雄龙相比，这头龙的顶冠更加让人印象深刻，从头顶一直长到背后。他比先前四条龙中身体最重的那头还要重好几吨，甚至他的脚爪都要长过小龙的身高。

虽然他个子粗大，眼神却是锐利而充满智慧的。他比其他龙更有权力决定克拉苏斯此行的成功与否。

“尽管你披着伪装，但如果你是我们中的一员，你必然知道我是谁。”最后一条龙声音隆隆地说道。

魔法师拼命要想起些什么。他当然知道是谁，但就是名字想不起来了。

当克拉苏斯和自己的混乱意志作斗争的时候，身体紧张、血脉贲张。他明白如果他不说出这条龙的名字，再怎么说也是会被拒绝的，而且永远也不能够用他的危险来警示其他龙。

之后，在激素的作用下，他的嘴里突然蹦出了一个名字，他早该知道的。

“你是*泰兰纳斯特里萨*，阿莱克斯塔萨的*配偶*！”

泰兰纳斯特里萨发出哧哧的大笑声，跟人类的笑声很像。别人能记起他的名字和头衔，他当然感到骄傲，毕竟这条深红色龙的头衔总是引人注目的。

“你确实是我们中的一员，虽然我还不能相信你！那个把你带来的人已经告诉了我你的名字。但明显它是错的，因为在我们中间，这个名字注定是给一个孤独的人的。”

“名字没有错，”魔师坚持道，“而且我能解释这是为什么。”

泰兰纳斯特里萨，阿莱克斯塔萨的配偶摇了摇大脑袋。一股烟从鼻子里窜出来：“你那点解释我们已经听到过了，但仍然很难相信它是真的！你说你陷入永恒之地，诺兹多姆，但即便是他仍然不可能象你说的那样粗心大意！”

“他心智混乱，平淡而简单，”森林里的那个守卫说，“如果真是我们的一员，也可能出了什么意外或者受伤了。”

“也许——”泰兰纳斯特里萨的声音震慑了其他的龙，他把头低下来看克拉苏斯。

“但是因为你认识我，你同时也回答了我的问题！你有特权进入这里的最深处！来吧！我会带你去见一个人，她将为我们处理这一切，她了解所有的龙，就像了解她的孩子一样！她会认出你来，进而了解到真相。”

“你会带我去见阿莱克斯塔萨吗？”

“当然是她。如果可以的话，爬到我的脖子上来。”

虽然克拉苏斯身体很虚弱，但还是毫不迟疑地努力爬了上去。不仅是激励自己终于可以得到帮助了，同时他也真的很想有机会见见自己敬爱的人，即便现在她一点都认不出他。

红龙带着克拉苏斯穿越了长长的隧道和似曾相识的房间。期间一些记忆暗示被激起，但还是没让他舒服。他们与很多别的龙迎面相遇，大家甚至都对这个曾经知晓红龙族一切的人感到陌生。

当看护者带他飞到这里的时候，他庆幸自己是醒着的。环绕在红龙族周围的景色唤起了他的一些记忆。除此之外，还有别的事情比看到山顶的龙族更为荣耀吗？高耸入云的山峰，数以百计山崖间的沟壑，都是通往阿莱克斯塔萨王国的入口。从那时到现在已经数不清过去了多少个世纪，而克拉苏斯也总是在心里哀悼它的逝去，一个龙族时代的逝去。

也许一旦说服阿莱克斯塔萨，在她决定怎么处置我之前，她会让我再看一眼龙族的土地。

泰兰纳斯特里萨庞大的身躯轻巧地穿过高而平滑的隧道。克拉苏斯因为嫉妒而感到一阵悸痛，因为他在这里，想要说出内心的爱，但身体情况已经不允许了。克拉苏斯深爱着这稀有的种族，享受和他们在一起的时光，可是现在，他情愿喜欢自己真实的模样。

一股刺眼却令人感到欣慰的炽热，突然出现在他们的面前。这微红的炽热从内到外温暖了克拉苏斯，让他想到了童年，那时他正不断学习在天地间成长。克拉苏斯来到这里的一段时间里，当生活的短暂记忆在他的脑海中浮现时，他第一次感觉到了自己的存在。

他们来到了炽热的源头——一个巨大的山洞口。泰兰纳斯特里萨在入口处跪下,低下头用低沉的声音念道:“蒙您所许,我的爱,我的生命。”

“永远,”一个细致优雅带着神性的声音回答道,“永远为你。”

克拉苏斯再次感觉到了悸痛,这都是由嫉妒而起的,这个说话的人曾经深爱他,可现在她爱的,却是这头他骑着的红龙。生命女皇异常的博爱,不单只爱她的配偶,也爱所有的飞龙。事实上,她爱所有世间生灵,当然这样的爱不妨碍她消灭那些坏人。

克拉苏斯故意没有向罗宁提到一件事情。他先前想到,为了避免对时间有进一步的破坏,就得驱除那些误入时空的事物。

为了解救正在进一步被歪曲的时空,阿莱克斯塔萨可能不得不杀掉他和人类的法师。

当克拉苏斯和泰兰纳斯特里萨走进去的时候,他所有想象的困难都不存在了,因为克拉苏斯看见了一个可以控制他身心的人。

从闪烁的红色龙体身上散发出令人惊奇的炽热辐射,弥漫在每个角落甚至是房间的缝隙里。阿莱克斯塔萨是种族中最特殊的龙。她的身体是克拉苏斯跨下巨龙泰兰纳斯特里萨的两倍大小。尽管如此,当魔法师盯着她看的时候,还是可以感觉到庞大身体蕴含的温柔母性。生命女皇将一个易碎的龙蛋从她的身体下面挪到了一个她确认安全的通风处。

她周围都是龙蛋。这些蛋是她刚刚产下的,数量非常多。每个蛋都竖着占据同样大小的一小块空间,和母体比起来就小多了。克拉苏斯数了数,一共有三打。其中只有一半数量的龙蛋会被孵化,而这些被孵化的蛋中也只有一半能够生存到成年期。然而这就是龙族繁衍的方式,艰辛的开始预示着生命未来的荣耀和奇迹。

周围鲜花怒放。可是按理来说,这些植物是无法生存在如此炎热的环境中,尤其还是在地底下。墙上布满了爬墙虎,紫色的夹竹桃花地毯一样地铺开。女皇的巢穴被金色的百合花装点起来,而玫瑰和兰花则在休憩的地方排成行。所有的植物都借助着生命女皇的荣耀而蓬勃生长。

一股清泉从山洞中流淌而过,母龙口渴的时候一伸嘴就能喝到。潺潺流水缓缓地流淌,更加衬出了安静的气氛。

克拉苏斯的坐骑低下了头,让他下来。魔法师脚一接触地面就跪了下来,同时目不转睛地看着阿莱克斯塔萨。

“我的女皇。”

但是她却将目光转向了带克拉苏斯来的巨大雄龙:“泰兰纳斯特里萨,可以让我们单独说些话吗?”

红龙安静地退到了洞室之外。生命女皇将目光移到克拉苏斯身上,但是什么都不说。他跪在她的面前,希望她可以认出自己,可是并没有。

没过多久,克拉苏斯就开始喘气,说:“我的女皇,我的世界,所有的生灵都不认识我,这可能吗?”

她睁开眼睛打量了他一下,然后说道:“我知道我存在的意义,我也知道我自己的感觉,在你把你的故事告诉别人的时候,我已经认真地考虑过这两点了。我已经决定必须要做些什么,但是首先,有另外一个人也要参与进来,因为他的意见非常重要。啊,他来了!”

走廊的另外一边出现了一头成年雄龙,体形比泰兰纳斯特里萨略小一些。这头龙移动起来很困难,仿佛不堪重负。他身上的红色鳞片已经开始褪色,露出疲倦的眼神,显得比阿莱克斯塔萨的配偶要老得多,魔法师过了很久才意识到折磨这条龙的并不是年龄,而是某些疾病。

“您,召唤我,我的阿莱克斯塔萨?”

当克拉苏斯听到这虚弱的巨兽说话的时候,他的世界再次被颠覆。他一个趔趄,往后退着躲开这条公龙。

生命女皇察觉到了,尽管她专注地看着来者:“是我要你来这里的,是的。如果这让你感到劳累,请不要责怪我。”

“乐意效劳,我愿为您做任何事情,我的爱,我的世界。”

她指了指魔法师,此时他好像被雷劈傻了。“这位是……你叫什么?”

“克……克拉苏斯,我的女皇……克拉苏斯。”他突然在这个时候选择了这样一个名字。

她口气中带着点调侃:“克拉苏斯?嗯,克拉苏斯,那么——”她再次转向病了的公龙:“这是克拉苏斯,而这是我最爱的对象之一,我新近的配偶,我非常想对他做些引导。作为龙族,你可能已经听说过他,他的名字是*克莱奥斯特拉兹*……”

玛法里奥沿着蜿蜒的林间小路骑行，觉得已经甩掉跟踪者了。他选择一条遍布砂石的道路，这样就留不下什么脚印，而追踪的人即使跟在后面也很快会误入歧途。当然这样也意味着，要花比平时更多的时间到达会面地点，但玛法里奥决定要把握住这个机会。他不敢想象森林之王听到自己的学生做的这些事情后，会作何感想。

快要到会面的地方了，玛法里奥放慢了前行的速度。衣衫褴褛的布洛克斯也跟着慢下来。

“我们停下来?”兽人哼哼了一下，看看四周全是树，他问，“这里?”

“快了，只需要再走几分钟吧，就应该可以看见橡树了。”

距离目标越来越近，暗夜精灵变得更加紧张。每次他都感觉有无数眼睛窥视着他们，但四下打量，却只看到沉寂的树木。他那已经被永远改变的生活依然不断地令他震惊。他冒着被月亮守卫注意到的危险——如果他被认出来，可能不用死，但要遭受最为严重的惩罚。人民将会唾弃他，即使他活着，别人也会当他死了。没有人会和他交流，哪怕是眼神上的。

连泰兰德和伊利丹也不会。

他只有逃，把布洛克斯叫做地狱兽的那些怪物引开才能化解罪行。如果这些地狱兽伤害任何一个追踪的人，玛法里奥将再也无法摆脱他现在的窘境，他必须对那些无辜的受害者负责。然而他还能做什么呢？另外一条出路就是把布洛克斯交到月亮守卫那里，甚至是黑鸦堡。

玛法里奥寻找的橡树突然出现在前方，不容他多想，此时麻烦正变得越来越大。对于其他人，树木仅仅是树木而已，而对于玛法里奥来说，它们是上古的守卫者，它们一直侍奉了森林之王塞纳留斯。这棵橡树高大异常，树干粗壮，树皮严重褶皱，它见证了森林中其他树木的成长。它很长寿，同时也目睹了数千代生物生命的轮回。

它感觉到玛法里奥正在靠近它，树顶的叶子无风自动起来。

这正是树群古老的语言，令暗夜精灵感到自豪的是，森林之王塞纳留斯曾经教过他如何交流。

“布洛克斯,我必须请你帮我个忙。”

“哪里的话,我亏欠你那么多,你说吧。”

玛法里奥指着橡树说:“下去看看那棵树,用你的手掌去摸摸眼前那节有褶皱的树干。”

兽人布洛克斯不清楚他为什么要提这样的请求,但只要是玛法里奥提出来的他都会去干的。布洛克斯把缰绳交给暗夜精灵,步履沉重地向橡树走去。身为勇士的他,凝视着充满褶皱的树干,然后赤手按在了玛法里奥说的地方。

勇士回头看看他的朋友,用低沉的声音问:“接下来我干什么?”

他惊恐地发现他的手陷入了那个褶皱当中,而褶皱突然软得如稀泥一样。布洛克斯惊诧着想把手抽回来,但玛法里奥制止了他。

“什么也别做,就站在那儿! 它正在感知你。你的手会感到有些刺痛,但不会有别的什么!”

他没有向布洛克斯解释,为什么会感到手上刺痛。实际上橡树小小的根须正穿透布洛克斯的肉。橡树正迅速成为布洛克斯的一部分,并借此感知他。植物和动物缠绕绞合在一起。这样,无论经过多少个世纪,橡树将永远记得布洛克斯。

布洛克斯的脖子上的血管,发狂般地鼓了起来,他也愈发地焦虑。但出于对精灵的信任,他还是稳稳地站立在那里,眼睛盯着他已经消失的手。

突然他向后趔趄了一步,吸附他手的地方瞬间放开。布洛克斯活动了下,看看手指是否还能动弹。

“现在我们可以通行了。”玛法里奥大声说道。

和布洛克斯再次翻身上了夜刃豹,由暗夜精灵领路经过了橡树。当玛法里奥经过橡树这个守卫的时候,他感觉到了空气中微妙的变化。如果他们没有被允许,那这条路他们永远找不到。

只有那些经过森林之王塞纳留斯允许的人,才能越过守卫者找到接近他的道路。一路上,周围的环境有些不同,清爽的微风让这两个人冷静下来。小鸟蹦蹦跳跳在他们周围的树上歌唱,树木欢快地摇曳着,特意向理解它们的暗夜精灵问候。令人欣慰的感觉扑面而来，玛法里奥觉察到，兽人饱经风霜的脸上绽露出微笑。

一片茂密的森林挡住了他们的去路。布洛克斯朝玛法里奥看了看，玛法里奥示意他们最好现在就从坐骑上下来。然后，他带着兽人沿着一条起先看不见的树间小径走了过去。在小径上走了几分钟后，他们走进了明亮开阔的区域，里面有柔软的草地和明媚烂漫的鲜花。

这是森林之王的领地。

在沼泽地中有一个被花环围绕的身影，他们把他误认为是塞纳留斯。他坐在花环的中央，不住打量他们两个。他奇怪地看看布洛克斯，似乎完全知道兽人是什么东西。

“你。”他朝绿皮勇士喃喃自语道，“你不该在这里。”

布洛克斯误解了他的话，以为是带有挑衅意味的。“我是和他，巫师一起来的，该不该来你说了不算。”

玛法里奥还不能确定，这火红头发的陌生人到底属于什么种族。陌生人摇了摇头，朝玛法里奥走来，最后只是犹豫地站在花丛的边上。他好奇地瞥了一眼花丛，脱口而出：“这不是你的时空，你不该在这里！”

他举起手朝暗夜精灵做出了威吓的动作。玛法里奥回想到布洛克斯的用词——“巫师”，他自己迅速准备开始吟唱，他猜想，塞纳留斯的德鲁伊教义总比那些陌生人的魔法更有效些。

突然天空响起雷声，和煦的微风骤然变成了狂风。布洛克斯和玛法里奥被风吹得倒退几步。巫师自己差点被风卷走，一股强力将他从花环外围拉开。

“谁在我的领地内撒野？！”塞纳留斯大声说道。

花丛栅栏不远处，狂风卷起了树叶、灰尘和其他的小东西，形成了一个漩涡。这小小的漩涡迅速变大，与此同时那些被卷起的树叶和尘埃被塑造成一个高大的形状。

等风停下来的时候，塞纳留斯走上前，看了看玛法里奥和其他人。

“我对你要求是有点高。”他轻轻地朝暗夜精灵说，“但这是奇怪的时代。”他看了看布洛克斯，又说：“而且越来越奇怪。”

兽人挑衅地朝塞纳留斯怒吼了一声,玛法里奥制止了他:“这是森林之王,半神半人的塞纳留斯。就是我要带你来拜见的,布洛克斯。”

布洛克斯稍微平静了一点,之后就指着戴着头巾的法师问:“那么那个呢?也是个半神半人?”

“这真是个难题。”塞纳留斯回答道,“而且我猜他和你一样。”塞纳留斯朝着圈里的身影补充道:“你已经认出这个新来的朋友了吧,罗宁?”

身穿长袍的法师一言不发。

半神半人失望地摇了摇头:“我不想伤害你,罗宁,但是外头已经有太多的人受到困扰。你和你失踪的朋友还有这个——”

“布洛克斯。”玛法里奥提醒道。

“他叫布洛克斯。”塞纳留斯修正后说道,“是我以前看到过的另外一种生灵。他怎么会到这里来的?我的学生,我猜想你可以告诉我个故事,一个让人头疼的故事。”

暗夜精灵点点头,开始讲述他如何营救兽人的故事,不放过任何一个细节,但几乎没有提到泰兰德和伊利丹。

但是塞纳留斯远比他的学生要聪明,听出了大部分的真相。

“我说你兄弟的命运和你的会截然不同。我相信你们的分界点已经出现,你懂吗?”

“我不懂。”

“这个下次再说吧。”塞纳留斯突然越过玛法里奥和布洛克斯身边,走进了丛林中。沼泽地的四周,树的枝头倏忽间开始剧烈摇动。

“没时间了。你最好有所准备,还有你,罗宁朋友。”

“我?”法师问。

“是谁,老师?”玛法里奥可以明显感觉到树的愤怒。阳光照射下的天空,再次雷电交加。一片阴影投射在塞纳留斯伟大的面容上,这让玛法里奥都为他老师担心。

森林之王展开臂膀,仿佛要拥抱某些别人都看不见的东西:“我们将会受到攻击,甚至连我都没有办法保护你们。”

最后一只地狱兽，跟随着动物和骑士都无法察觉到的踪迹而来。它不闻猎物的味道，而是追随某种魔法痕迹。如同很多血肉精食一样，巫术和魔法提供的能量也是维持生计的东西——和它们种族中的每一个一样，地狱兽总是对魔法表现出饥渴的样子。

人类是不会注意橡树守卫的魔法的，但恶魔会。它急切地抓住了这个不会动弹的猎物，可怕的触须快速地伸了出来，抽打着厚实的树干。

橡树尽全力与这个意想不到的敌人展开搏斗。根须在寻找地狱兽的手掌，试图缠绕住它，可是地狱兽躲开了。枝丫纷纷从高处散落下来，徒劳地地敲打着地狱兽的厚皮。

如此无奈之时，橡树内发出一种奇特而尖锐的声音，并迅速响到了大多数生灵无法想象的地步。

而地狱兽此时则发出了极大的痛苦嚎叫。恶魔想要用手捂住耳朵，可是又不想放开橡树，于是，他们相互挣扎……

最终恶魔胜了。橡树渐渐耗尽了固有的魔力，慢慢枯萎下去——最后也像月亮守卫一样——成功地尽到几千年来守护路口的责任之后，被杀害了。

地狱兽摇了摇头，用鼻子闻了闻面前的气味。它的触须急切地往前伸展，自己却停留在原地。当它吞噬了橡树身上的上古魔力后，自己的身体长高到原来的两倍。

其后，身体的进化发生了。一种深邃的黑色光辉完全包裹住了地狱兽。在这里面，地狱兽向着各种方向挣扎扭动，似乎要试图从自己身体里逃脱出来。

在不断地尝试中，地狱兽的蜕变渐渐成形。一个头，两个头，三个，四个，然后是第五个。每个头都绷紧了，一点点挣出来。头出来之后，接着是粗大的脖子，充满肌肉的肩膀，然后是强壮的躯干和四肢。

在丰富的上古魔法的作用下，地狱兽们捆在了一起。这伟大的力量暂时让每个恶魔都变得虚弱，但是几秒钟内，它们又恢复过来。蕴涵了力量和能量的智慧，引导着他们。

地狱兽们作为一个整体，向沼泽地发动进攻。

14

你是个诚实的仆人，巨大的身影告诉哈维斯，*你得到的回报将永无止境，所有你想得到的我都会给你：任何东西……任何人……*

暗夜精灵单膝跪在炽热的入口处，人造的假眼眨也不眨一下，回味着神给予他的光荣许诺。他备受宠信，一旦大门开启，就会得到奇迹般的力量。

然而上层精灵越是做不到最好，神就会来得越迟，参事就需要承受更多的挫败。还有另外两个人将和他共同来承担这个挫败。一个就是女皇艾萨拉，她和他一样渴望根除世上所有的不完美，只留下暗夜精灵族——这个遵循乐土规则的优秀种族。她当然不知道，哈维斯想让她成为自己的妻子。但是参事希望，将来神这么告诉她的时候，不会遭到拒绝。

高大的哈卡也感受到深深的挫败感，他太渴望成功了。犬王由两个地狱兽随侍左右，游走在上层精灵的巫师周围，指点他们吟唱咒语的错误发音，并在需要的时候，加入自己的法力。

但即使算上那些神秘知识，到现在进展也不大。现在哈卡和他豢养的部下终于不再孤单地存在于这些暗夜精灵中。现在还有另外的三头带角的红脸巨兽，尽管看起来让人觉得毛骨悚然，但哈维斯只能对他们心存敬意。他们令人畏惧地站在了上层精灵中间，身高都有七尺多。

这些受到神推崇的天界勇士，目标就是不惜代价地去完成命令。每副青铜铠甲都是九尺来高，薄而轻巧，丝毫不影响勇士们使用庞大的方盾和烧红的钉头槌。他们服从参事哈维斯和犬王哈卡的任何命令。

他们会越来越多。正当哈维斯向后走时，他看见了门口的闪光。光芒渐渐展开、变大，接着不停盘旋……

一个被哈卡称为有价值战士的恶魔守卫穿过光芒走了进来。当这个新来的战士进来的时候，他弯下腰向犬王和哈维斯低头致敬。

哈卡示意勇士加入他的同伴中去。犬王转向哈维斯指了指这先后进来的四个勇士："神向你兑现他许下的第一个诺言，暗夜精灵之主！去对他们发号施令吧！只要你乐意他们就是你的了！"

哈维斯完全知道怎么对待他们。"既然他们已经是我的了，那么就要好好侍奉女皇！我会让他们成为艾萨拉光荣的守护者！"

犬王赞同地点了点头。他们两个都知道取悦暗夜精灵女皇是最重要的，就像他们知道参事的秘密欲望一样。"你最好自己把这礼物带给女皇，暗夜精灵之主！你走了以后，我还要继续干活，我期待着！"

亲自把礼物送给女皇的想法深深吸引了哈维斯，参事朝哈卡鞠了个躬后，打了个响指，然后带着四个巨人般的勇士离开了。这次他知道在哪里可以找到艾萨拉。

他离开以后，犬王没精打采的眼睛忽然亮起来，专注地看着暗夜精灵。

虽然女皇的参事睡得很少，甚至彻底不睡觉，但作为女皇，艾萨拉有休息的权利。总之她在各方面都必须是完美的，特别是美容觉。因此，暗夜精灵们通常白天都睡觉，避免被粗暴而炽热的日光伤害。所以艾萨拉对轻手轻脚进来的侍从一肚子气。

侍从迅速双膝跪地，瑟瑟发抖。年轻的女皇从床上起来，美妙的身体在薄帐的后面若隐若现。

一只慵懒的手发出微弱的光，示意侍从说话。"主人，请原谅在下，但是参事大人要见您，他说他带来一些您感兴趣的东西。"

艾萨拉想象不出什么东西可以让她有兴趣到放弃睡美容觉，就算是对参事本人她也没这个兴趣。银色的头发披在枕头上,她抿着嘴,考虑是否要让哈维斯进来。

“让他在外头等五分钟。”她气呼呼地说道,但已经优雅地站立起来。女皇深知哈维斯的想法,也知道如何好好地利用他的这些欲望。参事可能认为他已经驾驭了他的主子,但作为女性,她可以驾驭任何男人。

过了片刻,“让他进来。”侍从没问之前女皇就下了命令,眯起眼睛远望,然后优雅地伸展自己的身体,她已经开始计划怎样和参事会面。

年轻的侍从慌张地出来了,那个时候哈维斯已经在外头等了好几分钟。她低着头,这样可以隐藏起所有的表情。她带领参事穿过厚重的精致雕花橡木门,前往女皇的房间。

他极少有机会,能够在她最私人的圣殿内见到她。哈维斯知道她期待些什么。艾萨拉显得完美而充满诱惑力,但她装作不知道自己的魅力。这套她玩得透熟,但是他有备而来,甚至觉得能够控制她。

准备充分后,暗夜精灵女皇躺下来,一条手臂枕在脑后,两个穿丝绸衣衫的侍从跪在她的边上。银色的桌子上放着一只翡翠酒瓶,女皇触手可及,酒瓶里装得半满,显得她很慷慨。

“我亲爱的参事。”她低而魅惑地说,“这个时候你要见我,肯定有非常重要的事情要跟我说吧。因此,我也将调整到最好的状态来见你。”窈窕而闪烁的轮廓让她显得愈发精致。

哈维斯心头一紧,上前单膝跪下,盯着白色大理石地板回答道:“万光之源,人民珍爱的心,感激您给我这次机会。很斗胆打搅了您,但我为您带来了一份非常有趣的礼物,这礼物真正值得您——暗夜精灵和全世界的女皇所有。我可否召唤他们上来?”他瞥了瞥她,发现这话引起了她的注意,眼睛透过面纱表露出不断增强的好奇心和渴望。

艾萨拉坐了起来,绷紧了身体:“你吊起了我的胃口,我亲爱的哈维斯。我准许你把礼物呈上来。”

参事站起来转身向着门口打了个响指。

室外一阵急促的喘气,两个守卫冲了进来保护他们的女皇。艾萨拉坐直身体,皱了皱眉,床单也差不多滑了下来。

四个可怖的勇士并肩列队走进了女皇的圣所,因为太高了,所以只能弯下腰走路,以免头上的角把房顶划坏。他们进来以后一字排开,盾牌放在全副武装的身前,还高举钉头槌来致敬。

艾萨拉完全出了神,探身看去:“他们是什么?”

“他们是您的,我的女皇!保护您的生命是他们的责任,也是他们存在的唯一理由!看,我的主人,这是您的新守卫!”

他看见自己成功地取悦了她。也许将来会有越来越多的天界勇士被神送来,但这四个是头一批,而且都是为女皇送来的。这才是关键。

“太妙了!”她低声道,同时对一个侍从伸出了手臂。一个年轻女子迅速抓住了她的法衣。其他侍从则排成了一堵人墙,遮蔽住哈维斯和四个恶魔守卫的视线,不让他们看到女皇的头部。“非常合适,你的礼物我乐意接受。”

“您的喜悦就是我的荣幸。”

侍从们向后退去。女皇艾萨拉身着半透明霞彩法衣从床上坐了起来。她缓步走下来看了看每个高大的勇士,法衣在大理石的地面上拖了一大圈。至于这些勇士,他们站在那里一动不动,就像雕塑一样。

“还有更多么?”

“将来会有的。”

她皱了皱眉头:“这么长时间只有这几个?如果我们一次只弄了这几个,神会作何感想?”

“我们尽力从井中拉来这些。我的女皇啊,已经出现很多的不和谐言论了,这真出人意料。”

艾萨拉就像刚接触到新玩具的孩子一样,手指轻轻地触摸一个守卫的青铜铠甲,发出了嗞嗞声。女皇随后收回了手指,美得毫无瑕疵的脸上露出了奇怪又高兴的表情。“那么,为什么不让永恒之井别受干扰地工作呢?这样可以让你以后的事情好办得多。”

哈维斯张开嘴想要解释,上层精灵间的分歧导致不可以这样独断专行,但他发现没有什么可说的。理论上,艾萨拉的建议起了很大作用。

“您是当之无愧的女皇。”他最后评价道。

她的金眸盯着他:“当然,我是,我亲爱的参事。曾经只有,将来也只有……一个艾萨拉。”

他默然地点点头。

她大步走回了床榻,优雅地坐在床沿。

“还有别的事情吗?”

“暂时没有了,我的女皇。”

“那么你去忙吧。”

哈维斯朝他的主子鞠躬低头行礼后,退出了房间。他没有对她主子般的口气和态度感到不悦,甚至没有对她表露出来的征服者姿态有一点恼怒。

避免永恒之井受到外界的干扰。

是可以这样做。如果上层精灵做不了,那么就让哈卡好好指导一下。犬王是应该知道怎么做才是最好的。由于永恒之井的利用范围被限制在宫殿里,所以上层精灵从井中得到的力量要容易操纵得多,也更容易转换。

即使最轻微切断永恒之井的行为,也将会削弱余下的子民的力量。

“他一定是我们中的一员,不知道为什么,我觉得,我了解他就像了解我自己。”

克拉苏斯现在相信这也许是有史以来听过的最讽刺的话,但是这话毕竟是克莱奥斯特拉兹——阿莱克斯塔萨最新的配偶说出来的。

也是克拉苏斯年轻的自我说的。

克莱奥斯特拉兹没有认出他的自身,至少现在没有。而事实上,阿莱克斯塔萨没有告知他新来的人的真实身份,由此产生了很多问题。

别的公龙怎么样了?克拉苏斯的记忆确实存在很多的空白,他怀疑自己已经忘记了以前身体上也忍受着这样的病痛。克莱奥斯特拉兹看上去老多了,远比实际年龄要虚弱,甚至要比几个世纪前的长者泰兰还要老。

“关于他还有什么别的想说吗?”阿莱克斯塔萨看着她的伴侣。

公龙斜眼了看克拉苏斯。“事实上……他看上去很老,非常老。”克莱奥斯特拉兹歪着头,“在他的眼里有些东西。”

“有什么?”

公龙往后退缩:“宽恕我,我大概是疯了。我在您这里,是毫无意义的,我应该回去。”

但是她是不会让他走的:“看看他,我的爱。这是我问你的最后一件事情,就你所知的这点东西,你会相信吗?”

“是的,我相信,阿莱克斯塔萨。”

突然一件奇怪的事情发生在克拉苏斯身上。当龙继续谈论他的时候,他开始感到强壮有力起来,比第一次来到这里的时候感觉更好。虽然并没有达到他应该有的强壮程度,但至少已经恢复到正常状态了。

发生变化的不止他一个。他同样注意到,尽管言语相悖,那个较年轻的自己也开始变得更加舒服了。克莱奥斯特拉兹的鳞片恢复了些颜色,而行动也轻松点了,说话不再喘气。

阿莱克斯塔萨用点头回应她配偶的反应,然后说道:“所以我愿意听听你的回答,这样可以更多了解你的感受。”

“你对我有更多的期望吗?我的身体感觉好多了,能在你身边帮你,让我深受鼓舞。”

克拉苏斯再熟悉不过的笑容优雅地浮现在女皇脸上。“你永远是个诗人,我亲爱的克莱奥斯特拉兹!是的,我对你的期许要更多一些。我知道这会很难,但是当我把这个人带到其他龙面前的时候,我要你必须也在场。”

她确实让克拉苏斯感到震惊而困惑。年轻的红龙先发话了:“你要召集五大巨龙,为了这个人?可是为什么?”

“因为他已经说了一个他们要听的故事,现在我把这个故事告诉你,然后你可以再做个选择考虑是否相信他。”

那个比较年轻的自我终将会知道真相。克拉苏斯已经做好准备他知道后的反应了。

当初他讲述的令罗宁震惊的故事——这个故事不但透露了部分真相而且也正泄露了他的身份,现在女皇说得几乎一模一样。她说出了世界崩坏和其他别的克拉苏斯已经告诉守护的内容,但是关于魔法师的真正身份,阿莱克斯塔萨什么都没有说。面对她的配偶,她说克拉苏斯不过是又一条红色的飞龙而已,一个心智已经被强大的力量撕裂而有些思维混乱的红色飞龙。

克拉苏斯没有尝试去泄露什么,这是阿莱克斯塔萨——他的生命,他的爱。对她来说,他可能也就是个幕僚,但是她还是运用了自己的智慧。如果她觉得他年轻的自己应该什么都不知道……那么他有什么不同意的呢?

“这传说真令人吃惊,”克莱奥斯特拉兹低语道,他的声音和外貌都比原来健康多了。“我想除了从你的口中,也许我很难相信从其他嘴里说出来的事情,我的女皇。”

“那么你信他吗?”

年轻自我的眼睛和年长的目光交会。即便克莱奥斯特拉兹没有认出他自己来,他也能认出他们同族的精神。“不……不,我的信任从未减退过。如果您认为他应该被带到众人面前,我一定同意。”

“那么你会和我并肩飞翔吗?”

“可我不是五大守护巨龙中的一个,我只是我。”

生命女皇轻轻地笑了,一种音乐般的响动从她身上发出来:“你这样就已经和我们中的任何一个一样有价值了。”

克莱奥斯特拉兹显然是受宠若惊:“如果我真的像我现在感觉的这样强壮,我非常乐意在您身边飞翔,站在别的龙面前。”

“谢谢你,我问完了。”她向前靠去,轻轻用鼻子摩挲他的头。

克拉苏斯感觉到奇怪的妒忌。他在这里,看着他自己与他的配偶亲密无间,但是这个“他”还不是他。在这个特别的时刻,他希望自己此刻能和克莱奥斯特拉兹换一下位置,之后他可以再换回来。

他最后看了生命女皇一眼,随后就离开了她的房间。当克莱奥斯特拉兹走出走廊的时候,魔法师突然感到头一轻,虚弱得不行,摇摇欲坠。

行将跌倒时，一条宽大有鳞片的东西柔和地包裹住了他——阿莱克斯塔萨亲自用尾巴救了他。

“两个你合而为一，至少暂时是这样。”

“我不——”他的脑袋感到晕眩。

“在他面前你是不是就好些了？”

“是——是的。”

“此刻，我若是诺兹多姆，就会对此了解更多。我想……我想在这个领地里，没有生灵可以与他共存。我相信你和他在一起，对彼此都好，可以缓解时间带来的压力。你们分开的时候都只是苟延残喘，但一旦接近，就可以互相扶持。”

克拉苏斯安全地坐定下来，也恢复了一点力气，他开始重新考虑她的话。“所以这就是你为什么要求他和你同行。”

“你的故事必须要说出来，特别是你的接近对他有好处。而至于你那个没有说出来的问题——为什么我不把真相告诉给他——是因为必须去做的那些拯救工作。”

说到后来她的语调变得严峻起来，也证实了克拉苏斯的怀疑。“你认为可能我们中的一个会被移出这个时间阶段，即使那意味着死亡。”

生命女皇勉强地点点头：“我很担心，我的爱。”

“我接受选择，从一开始我就知道。”

“那么还有一件事情在我去见其他巨龙之前需要讨论，那就是我要怎么对待和你一起来的人。”

虽然克拉苏斯内心要求罗宁原谅他，但是他毫不犹豫地说：“如果这件事情一定要做，那么他的命运将会和我相同。他也有他要守护的东西，他会为他们贡献生命。”

生命女皇点点头：“就像事情发生在你身上的时候，我相信你的建议；事情发生在他身上的时候，我还是相信你。假如其他巨龙决定如此，那么他也将被移除。”女皇的表情开始变得柔和。“我知道自己将为此终生悲伤。”

“不要过分责难自己了，我的女皇，我的心。”

“我必须要联络其他巨龙。你最好还是在这里等我。这样你不至于太过疲倦虚弱。”

“我很荣幸,我的女皇。”

“荣幸？你是我的丈夫,这是我应该做的。”

她用尾巴带领他来到一个小溪边上的巢穴附近。让克拉苏斯躺在一个洼地里,那洼地就像是一把巨大座椅。

当女皇走到走道这边时,停了下来,略带自责地说,“我希望你在这里不会感到不舒服。”

“我会小心什么都不碰的。”克拉苏斯明白任何一枚龙蛋的价值。

“我知道你会小心的,我的爱人,更何况它们也是你的。”

当红色的巨大身影消失的时候,克拉苏斯把这些龙蛋仔细打量了一番。身为她的配偶,他和她生下了这些蛋。他的不少孩子已经长大成人,带着荣耀加入到龙族中。

他不顾痛楚地用手捶打着石壁以抑制自己的悲伤。他将自己知道的都告诉了阿莱克斯塔萨,但他还隐瞒了几件重要的事情。最急迫的就是燃烧军团即将到来。克拉苏斯担心,女皇纵然很聪明,但是她会尝试去改变历史,而这可能将导致更大的可怕灾难。

但是,更糟糕的是,克拉苏斯已经不能告诉她,他们龙族的未来——只有很少部分可以生还,大部分的这些孩子在还没有长大之前就已经被毁灭。

女皇自己将会沦为奴隶,而她的孩子则成为种族战争的牺牲品。

15

地狱兽在魔法森林中驰骋。当魔法的气息越来越重的时候，他们触须上的吸盘也越伸越高。饥饿和任务驱使着它们，令它们发出阵阵咆哮，急不可待。

但是当其中一只试图跨越倒在地上的树干时，另外一棵树的枝干刷地弯下来缠住了它的腿。另外一只地狱兽在行进中，发现爪子踩的地方忽然变成了泥泞一片。第三只地狱兽被一棵正在发芽的荆棘灌木撞到，剃刀般锋利的尖刺插入了恶魔的肉里，弄得它痛苦不已。

森林恢复了生气，开始保护自己和它的主人。这五个巨大的怪物开始跌跌撞撞，但是它们没有放弃。巨爪撕开缠住它们的树枝，把树枝从树干上扯下来。另外一只地狱兽在同伴快要没顶的时候，把它拖回到硬地上。饥饿和愤怒促使被荆棘尖伤的地狱兽四处躲避，但这样反而会让它们处处流血。

猎犬不会挑剔它们的猎物……

“老师，他是什么？”

半神半人塞纳留斯看了看他的学生，他炽热的眼神中没有什么责怪：“你说的那些猎犬……他们跟着你来到了这里。”

“跟着来了？不可能啊！那里只剩下一头了，而且他还——”

布洛克斯插嘴说，他的低沉喉音让人不舒服：“这些地狱兽，它们是恶魔。我看到过,只要它们吸食了足够的魔力,就可以从一只变成很多只。"

"森林是我的好朋友,也是称职的护卫。"塞纳留斯说道,再次注意到眼前这片茂密的森林,"他拥有更古老更有力的魔法,但这只会让他更容易受到邪恶的影响。"

兽人点点头说:"现在那一只真的变成了很多只。"他本能地摸了摸背后,然而他心爱的战斧并不在那里。"我连武器都没有了。"

"马上你就会有的,快找根和战斧差不多长的树枝。玛法里奥,跟我来。"

布洛克斯迅速照做。他给了塞纳留斯和玛法里奥一根粗大的树干,然后塞纳留斯让他把树干放在玛法里奥的面前。

"在它面前跪下,我的学生,你也跪下,勇士。玛法里奥,把你的手放在这树干上面,然后布洛克斯的手掌放在你的上面。"当他们这样做了以后,森林之王命令道:"现在,勇士,脑子里什么都别想,就想着你的武器。只想着武器!关键是要快。玛法里奥,你必须要放开你的心灵,让他的思想流入你的心灵中。到时候我会给你进一步的指导。"

暗夜精灵按照老师早先教他的那样,清空了思想,然后和兽人建立起一种联系。立刻有一股强大的力量进入了他的心灵。玛法里奥一开始本能地排斥这种力量,但是很快镇静下来。他接受了布洛克斯的思想并且让他想要的武器逐渐成形。

你看见武器了,我的学生? 塞纳留斯的声音传来,*你能感觉到它吗,它的外观和线条?*

玛法里奥的确感觉到了。他还感觉到了兽人和武器的关系,它不止是一把武器,还是勇士的真实延伸。

把你的手放在木头上,把画面留在你的脑海里。跟随你的想象,将它转化为你要的形状。

暗夜精灵的手指开始在树干上游走,布洛克斯的手则放在他的上面。顿时,木头变得柔软起来,然后改变形状。

在他的引导下,一柄带有刀锋的斧头出现了,完全由橡木构成。看着斧头，布洛克斯满意极了。能创造出这样一把实实在在的斧头，而且跟他当初被追捕时遗失的那把几乎一样，实在是太棒了。

玛法里奥一阵紧张，但很快摆脱了这种情绪。他把注意力全部集中到了最后——弯曲的手柄和锐利的锋刃。

任务已经完成了，塞纳留斯插话道，*回到我身边吧*。

暗夜精灵和兽人相互分开，他们短暂地凝视着对方的眼睛。玛法里奥很想知道，布洛克斯是否已经感知了一些自己的想法。但是这绿皮肤生灵却似乎没什么反应。

他们两个之间放着一件光滑锃亮的复制品，这是布洛克斯渴望的。可玛法里奥怀疑这样的武器，是否经得起击打。

森林之王伸长了手，突然斧子在他们之间横着过来。塞纳留斯用他金色的眼睛仔细研究着这武器。

“让它永远保护它的主人。让它永远为生命和正义而战。让它帮助主人变得强壮，反之，也让主人使它变强。”

他说话的时候，斧子周围被一层蓝色光芒所围绕。这蓝光渗入了橡木，为玛法里奥的创造增添了光辉。

塞纳留斯将斧子交给了兽人：“它是你的了，将会好好为你效劳。”

兽人两眼瞪大，拿着这礼物来回摆弄，试试它的重量。“平衡性，很完美！手感，就像我臂膀的一部分！但是它会碎——”

“不。”森林之王打断了他说，“它是玛法里奥的杰作，刚刚还受到了我的祈福。你会发现，它比任何一般的斧子都要坚固。这点你可以相信我。”

暗夜精灵碰都没碰武器，因为他不想要这样的东西。尽管地狱兽并不害怕什么魔法和法术，但他仍然相信只要掌握了咒语，要比这样一件武器强得多。他已经想好了，怎样好好利用他的天赋，而不是白白浪费。

于是，这三人做好迎敌准备。

最近的那些噩梦总是缠绕着罗宁，现在还折磨着他。地狱兽——燃烧军团的先锋队已经来到人类的居所。那些带角的丑陋魔鬼难道还会远吗？

克拉苏斯已经将恐惧传染给了红发法师。他不知道一旦和过去发生联系,会发生什么事情。正如他们知道的,那些看似可能的胜利,将会改变什么样的历史进程,。出于对生命和所爱的人保护的考虑,罗宁最好什么都不做。

但是当第一只地狱兽冲进沼泽的时候,他就立刻忘记了这种高尚的想法。

半神半人的塞纳留斯前去迎战地狱兽的时候,空中雷电交加。他的跺脚声撼动了大地甚至还使地面轻微开裂。他合起手掌,发出了闪亮的光。

他在前排的恶魔面前释放出一个小太阳一样的东西。也许半神半人只是试试敌手,或者低估了它们的恢复力,地狱兽探出他们的触须和塞纳留斯的咒符纠缠在一起,瞬间就吸食了他的魔法。

地狱兽迟疑了一下,发光……原来只有一个地方,突然变成了两个。

它们朝塞纳留斯一跃而上,用爪子抓他,试图想耗尽他的魔力。塞纳留斯用手抓住了一只地狱兽,而它则疯狂地挣扎着,拼命撕咬着塞纳留斯的手臂。但是另外一只地狱兽夹紧了肩膀,触须探向塞纳留斯的身体。他们三个一边疯狂打斗,一边后退。

他们以前不是这样! 罗宁自己没有遇到过地狱兽,但是他学习研究过他们的尸体,还收集了很多关于他们的信息。他曾经听说过关于猎犬自我复制的古怪传说,而且这种地狱兽的自我复制只能被魔法制止。但塞纳留斯使用的一*定是半神半人和森林自己使用的古老魔法……它的法力异常强大,地狱兽反倒借此变得更加可怕……*

罗宁开始发抖,他知道魔法过去总是他最好的工具。的确,他可以持械战斗,可现在却没有武器,也没人在这时候给他提供武器。另外,要对付这些恶魔,他的剑术是远远不行的。罗宁需要魔法。

当塞纳留斯带克拉苏斯和罗宁来到他的领地的时候,罗宁便发现自己不能吟唱任何咒语。森林之王在罗宁的心灵上施了魔法,从而约束了两个“客人”的力量。然而当塞纳留斯意识到危险正朝他们三人靠近的时候,罗宁感觉到魔法被解除了。半神半人无意伤害魔法师,他之前也不过是出于对自己和领地的安全考虑。

尽管没有照着克拉苏斯的推荐去做,罗宁还是想知道,当他重新获得力量的时候,会得到多少好处。当然恶魔总会对他的魔法垂涎三尺,就象他们对待很多法师的魔法一样,在抵御燃烧军团的未来之战中,很多法师的魔法都被吸食得一干二净。

地狱兽们向罗宁逼近,越来越近。罗宁手中握紧拳头,而口中也准备好了咒语。

但是,他什么都没有做。

塞纳留斯碰到两只成对的地狱兽,另外两只则向布洛克斯冲去。布洛克斯朝着这两只家伙大喝一声,令其中的一只微微一颤。兽人利用了这一瞬间的犹豫,一斧子劈下去。

那把有魔法的斧子深插在地狱兽的前爪,切断了三根地狱兽的脚指头,有如切割空气一样轻松。污秽的绿血从地狱兽的身上溅出,流在了草地上,像硫酸一样腐蚀了刀锋。

受伤的地狱兽发出一声惨叫摔倒在一边,但它的同伙却继续冲击,撞向兽人。布洛克斯撑着斧子柄站了起来,将斧子狠狠劈入了跳上前来的巨兽的胸膛。

地狱兽开始大喘气,可动作却丝毫没有慢下来。它压在布洛克斯身上,庞大的身体差点把布洛克斯压扁。

暗夜精灵那方面,地狱兽正急切地用触须来靠近他。玛法里奥集中精力,努力地按照塞纳留斯的想法去思考。塞纳留斯曾经教他把自然看成武器和同伴。

玛法里奥在内心重新唤起了半神半人的到来,生成了一股旋风迅速将巨大的地狱兽包围。地狱兽强有力的触须拼命摇摆着,寻找着魔法。但是玛法里奥的咒语和风力融合在了一起,所以地狱兽几乎没有找到任何可以吸食的法力。

暗夜精灵右手一挥,向周围的树木索要多余的树叶。他只要最强壮的树叶,但是一定要多,也要快。

这些身为守护者的树木倾其所有,高耸的树冠上落下数以百计的树叶。玛法里奥不断把新掉下来的树叶引进那阵旋风。

在这旋风里,地狱兽被带着移动,不情愿地远离它的猎物。玛法里奥步步为营,始终把恶魔困在旋风的中心。

树叶不断注入旋风当中,速度越来越快,而且数量也越来越多。起先地狱兽没有在意这些树叶,因为并没有多碍事。可是当一片锋利的树叶边缘切开了它的鼻子之后,血流了出来。

被激怒的恶魔使劲地击飞冒犯它的树叶,不料它的手掌、腿上、躯干上也陆续出现了很多伤口。这旋风现在又加强了百倍,呼啸着的树叶的边缘就像是锋利的刀刃,每到一处就将恶魔切开一个口子。绿色的泥状汁液从恶魔的身上溢出来,浸湿了皮毛甚至模糊了它们的视线。

塞纳留斯和攻击他的野兽继续厮打。恶魔的鬼哭狼嚎正好和森林之王的撼人吼声相互映衬。他抓住了地狱兽自己送上门来的前足,轻巧地扭断了他的骨头。恶魔狂叫,触须也疼痛不已,松了下来,在那里胡乱摆动。

威胁暂时解除了,塞纳留斯把注意力集中在另外一只地狱兽上。他的脸上显出一种奇怪的暗色,眼里含着愤怒。突然,一道光芒把恶魔笼罩起来。贪婪的地狱兽把触须又伸向了那光芒,急切地吸食起来。

但是他吸食的不是一个巫师的魔法。现在一个可怕的蓝色光环围绕着塞纳留斯,他加快了进攻的节奏,开始输出魔法,地狱兽渴望的魔法——但是,速度非常快,快到地狱兽没有办法消化。

地狱兽很快就像一个充满水的布袋一样鼓了起来,它已经不能控制吸食进去的能量了,眼看要裂开。

地狱兽爆炸了。恶臭的肉块和碎片如雨点般散落了一地。

到现在为止,罗宁算是幸运的,还没有地狱兽来找他麻烦。他依然待在沼泽地的中间,希望这神圈的力量可以让他不必动用自己的力量。

他看到布洛克斯和地狱兽鏖战,兽人快要被压扁了。他以一对二还是那么顽强搏斗。但是,当他继续观察布洛克斯,人类魔法师的脑海里浮现出一个可怕的念头。如果他和克拉苏斯没有办法再回到他们的时代中去，那么打斗的双方最好同归于尽，越快越好，这样才不会让历史有进一步的变化。不能指望兽人，因为他也同样被抛入了这个时代。当他看着布洛克斯的背影时，罗宁开始盘算另外一种咒语。在打斗之中的人，是没有办法注意别人的，对其他危险的警戒也会降低。克拉苏斯一定会说，他做得对。不但是恶魔，布洛克斯也是对于历史进程的一种威胁。

但是他的手颤抖了，即将出口的咒语也退了回去，罗宁觉得惭愧。布洛克斯的族群已经成为了有价值的盟友。兽人现在不但为自己战斗，也为了大家，这其中当然也包括自己。克拉苏斯说的每句话都催促着罗宁赶快动手，但是他越是看着兽人和暗夜精灵——他们也将成为人类的盟友——并肩作战，他就越为自己一时的疯狂而感到羞愧。自己那些阴暗的小算盘，就好像是他那个时代燃烧军团犯下的暴行一样可怕。

他决定做点什么……

“对不起，克拉苏斯。”他喃喃自语道，并重新吟唱起一个咒语。“我真的很抱歉。”

法师深呼吸了一下，注视着眼下正和兽人打斗的地狱兽。他回想起一种咒语，曾经帮他来抵御亡灵天灾和其他燃烧军团的畜生。必须要让地狱兽没有时间吸食他咒语的力量。

在他右侧很远的地方，塞纳留斯已经开始围剿残敌。恶魔的一条前肢无法动弹，所以坚持不了多久了。塞纳留斯铆足了劲，弯腰将这畜生举过头顶，伴随着一声巨吼，将它高高扔进了遥远的森林之中。

罗宁念起咒语。

他希望在地狱兽中间降下一阵疾风，给它们一个下马威，然后让布洛克斯接着收拾他们。然而，最后达到的效果，远远超过了罗宁的预期。

一股无形的强大力量引得空气强烈地旋转，并形成飓风向目标冲去。飓风一边旋转一边扩散开来，转眼间就覆盖了整个区域。

在穿过布洛克斯和暗夜精灵时，他们几乎没有感觉；而对于三只野蛮的地狱兽来说，飓风里则充满了罗宁释放出来的愤怒。地狱兽根本没时间作反应，也没时间让贪婪的触须起作用。它们就像是热锅上的蚂蚁团团转。

地狱兽

飓风刮过，地狱兽化作了灰烬。咒语征服了地狱兽，当它们被消灭的时候，一些灰尘颗粒从每个地狱兽身上消散开去。这些曾经不可一世的怪物，发出了短暂的一声吼叫，就被送下了地狱。

沼泽地再次充满了静谧。

布洛克斯丢下了斧子。看到这情形，他简直难以置信，嘴张得老大。玛法里奥盯着自己的手看，不知怎么会这样。他转而看着塞纳留斯，想着半神半人内心的答案。

罗宁眨巴了好几下眼睛，想说服自己。他不但亲眼目睹了整个事件，而且更是他干的。法师后来才回想起之前和穿着铠甲的暗夜精灵的争斗，在争斗中，克拉苏斯能力很差，而自己却以一种从来没有过的方式成功了。

但是当巨大的痛苦从他的背部袭来时，任何的快乐都即刻消失得无影无踪。他觉得自己像是被撕了开来，仿佛灵魂被吸干了一样。

吸干？尽管罗宁要面对可怕的严酷考验，他还是很快了解刚刚发生了什么。另一只地狱兽趁他不注意，从后面悄然来到，寻找一个可以攻击的对象。

罗宁想起了那些巫师是怎样被恶魔捉住的。他也想起了那些可怕的被带回达拉然研究的人皮，他将要成为另外一个……

但是无论如何，他都要殊死反抗。凭借他的力量，肯定能摆脱这只畜生！

逃跑——成为了他痛苦虚弱意志中的唯一念头；逃跑——罗宁只想要寻求摆脱痛苦的方法，去一个安全的地方。

苦恼间，他隐约听见了兽人和暗夜精灵的声音，他害怕撞见他们。地狱兽吸了他的魔法，将会变得更加强大。

逃跑——罗宁唯一要做的就是逃跑，逃往任何地方……

之后，痛苦消散了，取而代之的是沉重却令人松弛的麻木，像火一样在全身蔓延开来。罗宁感激地接受了这令人吃惊的变化，让这麻木持续下去并完全将他包围……

完全把他吞没。

泰兰德不止一次地穿行在巨大神殿中的安静走廊——经过无数房间和公众祈祷的地方，将头探出窗户。尽管太阳几乎要灼瞎她的眼睛，但她仍然迫使自己搜寻空荡的广场以外的地方，寻找可能错过的东西。

没找多久，她就听到金属声，守卫走了过来，认出她以后，严厉的表情就变得柔和了。

“你又来了！泰兰德祭司，你应该待在自己的房间，再睡一会。你已经好几天没有睡觉了，而现在你又这么不爱惜自己。你的朋友会没事的，我可以肯定。”

守卫说的朋友指的是伊利丹。泰兰德也为他担忧，但是真正让这位女祭司担心的是，伊利丹回来的时候，是不是捆着他的哥哥还有兽人。她想，伊利丹是不会出卖自己的孪生哥哥的。但假如拉芬克雷斯特真的把他们一起捉到，伊利丹似乎也没有别的选择了。

“我无能为力。我确实感到非常不安，守卫妹妹。请原谅我。”

守卫怜悯地微笑着说：“我希望他能够知道，你对他是如此关切。你快做出选择了，是吗？”

这些话比泰兰德自己的想法更加令人困扰。自从他们三个救了布洛克斯以后，她的反应已经很明显地表现出心倒向哪一方了。但是她自己还是不能说服自己，不！她只是关心儿时的朋友罢了。

那只能是……

外面传来了嘈杂的金属撞击声和夜行坐骑的嘘声。泰兰德立即撇下了发呆的守卫，朝月神殿外的台阶走去。

拉芬克雷斯特一行风尘仆仆地来到了广场上。身着斗篷的拉芬克雷斯特显得非常轻松自在，甚至可以说得上是高兴。但是他手下的许多士兵却表情凝重，时不时地互相使眼色，好像有什么可怕的秘密。

不管玛法里奥还是布洛克斯，都没出现。

很多士兵远远地躲在拉芬克雷斯特身后，而伊利丹正骄傲地骑着坐骑，看上去是这些人当中最得意的一个。如果这种满足和愉悦是因为自己的孪生哥哥没被抓住，那么泰兰德十分理解。

泰兰德不知不觉已经走下了台阶，走到了路上。她的出现吸引了拉芬克雷斯特的注意。他向她亲切地微笑,还指了指伊利丹。胡子拉碴的指挥官跟伊利丹轻声耳语了几句,然后举起了他的手。

他的部下都停止了前进。伊利丹和拉芬克雷斯特骑着夜刃豹朝她过来。

“好吧,你真是月亮女神最可爱忠实的仆人!”指挥官大声说道,“现在已经很晚了,你还是在这里等我们回来,这是多么有意思啊!”他看了一眼伊利丹,表情有些诙谐:“的确非常有意思,你觉得呢?”

“是的,我的阁下。”

“我们必须要赶回黑鸦堡,但是我想,我还是能为你们两个留出一些宝贵的相处时间,呃?”

拉芬克雷斯特转身回到队列当中,泰兰德的脸热了。伊利丹快速地下了坐骑,走到她面前,紧紧抓住她的手。

“他们很安全,泰兰德。拉芬克雷斯特已经将我招至麾下,因为我们和一只可怕的畜生开战,我保护了他,并用自己的力量消灭了那畜生!”

“玛法里奥逃脱了?你能肯定?”

“当然,当然。”他兴奋地回答她,但是回避了有关他兄弟的其他问题,“我已经找到了自己的路,你能明白吗?月亮守卫一直都低估了我,但是我消灭了一头怪物,它曾经杀害过三个月亮守卫,其中还包括一个高级巫师。”

她想要听到的是关于玛法里奥和兽人的消息,但是伊利丹很明显只是沉浸在自己的好运当中。泰兰德感到高兴,看着他努力地为了实现自己的荣耀和未来而奋斗,这是其他人之前就预料到的。“我真为你高兴。我担心你不喜欢塞纳留斯的教学方式。但是如果你能够在拉芬克雷斯特的部下不能做到的情况下,保护好他,那么——”

“你不明白!我不再使用那些缓慢而讨厌的咒语了,就是那些老师重复个没完、玛法里奥还很喜欢的咒语。我现在使用优良而传统的暗夜精灵巫术,即使白天也是如此!真是令人兴奋啊!”

他放弃了德鲁伊的修行,泰兰德并没有感到非常吃惊。一方面,她为他能在如此纷乱的时候,找回自我而感到高兴;另外一方面,这也是李生兄弟走向不同道路的一个标志。对于玛法里奥的担忧,已经让她无暇他顾。

伊利丹身后,拉芬克雷斯特有礼貌地清了清他的喉咙。

玛法里奥的兄弟开始变得更加富有生气:“我要走了,泰兰德!我要去黑鸦堡,然后组织一支更大的军队,带回死去的野兽和其他尸体!”

“尸体?”

这突然让她想到,有些月亮守卫已经因为一个怪物而死。但是她现在意识到只有拉芬克雷斯特的军队回来。那些追赶玛法里奥的巫师已经被赶尽杀绝。想到这里泰兰德不禁发颤——尤其想到玛法里奥也去了那里。

“那些生灵几乎杀死了每个追踪他们的士兵,泰兰德,你明白吗?”伊利丹的嗓音几乎变得愉快起来。他根本没有注意到她的沮丧。“巫师首先没命,对其余人一点帮助也没有。所有的战士都被动员起来,但是有两只地狱兽阻止了他们,我只用了两句简单的咒语就消灭了其中的一只。”他的胸口起伏着。“而且都是些吸食魔法的怪物。”

拉芬克雷斯特再次在身后咳嗽了一声。伊利丹迅速拉过她的手,轻轻地吻了一下。然后放开泰兰德,翻身上了坐骑。

“我想要为你做些什么,让你明白我的价值。”伊利丹突然低语道,“而且,很快。”

说完,他掉转头,向黑鸦堡方向行进。拉芬克雷斯特在他的背后友善地拍了两下,然后看了看泰兰德,朝她点点头,还诙谐地眨了下眼睛。

泰兰德完全沉浸在刚刚听到的内容中,呆呆地看着这队人马掉头前往黑鸦堡。伊利丹从广场消失前,最后回头看了一眼,金色的眼睛专注地望着她。泰兰德能够读懂他眼中充满的渴望。

她迅速提起长裙,奔回神殿之中。那个早先跟她说话的守卫又遇到了她。

“原谅我,祭司!我还是忍不住想听听他说了些什么。我为那些无故逝去的生命感到难过,也希望你的朋友有美好的未来!要让伊利丹为他效劳,拉芬克雷斯特一定非常器重他。说实在的,很难找到更好的机会了,呃?”

“不,不,我想不是这样。”当她意识到自己的话听起来多少有些奇怪的时候,她迅速补充说,“原谅我,但我累坏了。我想我该回去睡觉。”

“我可以理解,祭司。你会做个快乐的好梦。”

但是,当泰兰德赶回房间时,她知道自己的梦是绝不会快乐的。的确,她为玛法里奥和布洛克斯成功的逃脱感到高兴。而且现在没人察觉整件事跟玛法里奥有什么关系。泰兰德同样也为伊利丹找到自己的方向感到高兴,她起先还担心不会有这天了。现在困扰她的是,虽然伊利丹已经做了一个关乎他们两个人的决定,但泰兰德还没有想好。玛法里奥也同样在考虑这个问题。

当然,这全都取决于玛法里奥是否瞒得过月亮守卫警惕的眼睛和拉芬克雷斯特。如果其中的任何一个发现了真相,他就很有可能被关到黑鸦堡里去。

关在那里,即便是伊利丹也救不了他的兄弟。

树和树叶,都阻止不了地狱兽从半空中跌落的势头。地狱兽被半神半人的塞纳留斯投掷到天上,有力也无处使。

但是事情总是多变而且充满偶然。塞纳留斯已经把地狱兽尽可能地扔远,照理来说,已经可以算是大功告成。一旦地狱兽跌落在了岩石上,或者泥地上,或者是撞在有力的橡树干上,就会马上一命呜呼。

然而,森林之王将这个地狱兽投掷落下的地方,竟然是个水潭。而且很深,所以地狱兽虽然重重摔下来,但还没有摔死。

地狱兽花了很大的工夫才浮上水面,设法爬上了岸。它有一条腿残废了。它挪到了一个阴暗的水洼边上,休息了几分钟来恢复自己的身体。

伤势一出现好转,地狱兽就开始拼命嗅闻空气,寻找一种特别的气味。当地狱兽锁定了要找的目标,警觉也随之提高。它驱使自己往前,受伤的身体开始慢慢向气味的源头挪动。纵然距离还很远,仍然可以感受到永恒之井散发出来的力量。在那里可以找到治愈它的魔法,甚至那已经被毁掉的前肢也得以重生。

地狱兽不是简单的野兽,甚至是布洛克斯和罗宁不能比的。它们通过战争来了解自己。没有一些机智的生灵,是很难侍奉燃烧军团主人——这个被称为阴间恶魔的暴怒怪人的。哈卡知道,地狱兽是他们的走狗。

从这个孤独的生还者身上,犬王将会知道更多……

16

“是时候了。”

阿莱克斯塔萨归来的声音惊动了克拉苏斯。他在此之前陷入了沉思，甚至都没有感觉到时间的流逝。他的确不知道，自己已经等了她很久。

“我准备好了。”

她弯下身把他载在脖子上。阿莱克斯塔萨和克拉苏斯优雅地穿过留下世代红龙族痕迹的古老走廊，他们很快来到了一片被云遮蔽住的开阔地带。这里是红龙族的领地，眼前一片摄人心魄的场景，顶端积雪的高山连绵不绝，云雾缭绕。克拉苏斯明白，龙族的领土都是坐落在高耸入云的山间。他残损的记忆模糊地回想起了这片土地的威严，被冰雪和时间刻画留下痕迹的巨大山谷，每座山峰都那么不一样。

他突然感到有些晕眩，稀薄的空气让他无法坐稳。阿莱克斯塔萨用翅膀托住了他，免得他掉下去。

“可能你不该来。”她说道，语气中充满了关切。

当时克拉苏斯几乎要倒下去了，突然感到身体骤然又充满了力量。

“我相信，我来得不晚。”克莱奥斯特拉兹慢慢地走向他的伴侣，用惯常的爱慕眼光看着她。公龙自己也被感动了，好像突然被注入了一股力量。当他靠近的时候，他憔悴的神色消失了。

“的确不晚。你可以胜任这次远行吗？”

“刚才可能还不行，但是似乎我觉得好些了。”他专注的目光在阿莱克斯塔萨和克拉苏斯之间来回移动,好像他猜到了那令人惊奇的恢复的理由,但并不愿意接受它。

阿莱克斯塔萨将克拉苏斯交给她的配偶。当克拉苏斯触碰到那年轻的自己时,感觉到恢复了更多。直接和克莱奥斯特拉兹的接触令他感觉愈发纯粹。

“你准备好了吗?”公龙问他。

“嗯。”

阿莱克斯塔萨向前张开翅膀,飞出走廊。她低下身子,然后消失在云间。克莱奥斯特拉兹走到断崖的边上,向他矮小的乘客展示了下面更为令人惊骇的广袤山地,随后也跃入了空中。

起先他们降低了几英尺,渐渐进入云层,然后克莱奥斯特拉兹就乘风而动,展翅翱翔。穿过迷雾,克拉苏斯看见阿莱克斯塔萨已经飞得很远。然而速度并不是太快,这样可以让伴侣很快赶上她。

“没有什么问题吧?”她问,她的问题针对这两个同伴。克拉苏斯点点头,克莱奥斯特拉兹也给了肯定的回答。于是生命女皇就只专注前方,什么也不说了。

飞翔的感觉很棒,即便是坐在别人的背上,也让魔法师感到高兴。但他因为被局限成现在这个样子,以至于一时接受不了现实。

他是一条龙,天空的主人之一。他不应该屈就于这样一个低级的存在方式。

他们飞越了重重山脉,穿过了高山顶上覆盖的厚厚云层。克拉苏斯开始发冷,但是他太入神了,全然不在意。

两条红龙极度优雅地绕开了一座险峻山峰后,在一个宽阔的山谷中下降。克拉苏斯试图在风景之外寻找些什么,但他什么也没有看到,只是感觉上觉得他们要到了。

“抓紧啦!”克莱奥斯特拉兹大叫道。

还没等克拉苏斯来得及问为什么,红龙就开始迅速下降。空气开始出现波动,就像水潭里被投进了石头。起初,克拉苏斯惧怕那些将他再次带到这个时代的奇怪事物,但是他发现坐骑的脑袋正在来回地晃动,表现出热切之情。

在他们的前面，阿莱克斯塔萨冷静地飞入了钛金属的漩涡，然后消失在其中。

上古的记忆勉强地从克拉苏斯脑中被遗忘的角落里升腾起来。这记忆关乎别的时代，当他还是一头龙的时候，他曾经心甘情愿地投身于这个场景之中。当克莱奥斯特拉兹追随着女皇的时候，克拉苏斯鼓励自己，去回忆那些可能伤害到自己的感觉。

他们进去了。

一层静电笼罩了魔法师的身体，令他的神经兴奋起来。克拉苏斯觉得自己成为了天际的一部分，成为了雷电之子。自己飞翔的愿望也变得强烈起来。但他现在能做的，只是不让自己从坐骑上掉下来，不让自己身陷风云之中。

有一阵出乎意料的感觉从身体中发散出来，克拉苏斯不得不抓紧克莱奥斯特拉兹以保持平衡。他眨眼的瞬间，觉得异常踏实，非常有真实感。繁杂的臆想充满了克拉苏斯的头脑，以至于他根本没有意识到，他周围的环境已经彻底改变了。

他们在一处宏伟的巨穴里盘旋，里面的空间异常开阔，阿莱克斯塔萨看上去比一只小昆虫还小。整个王国的疆域都可以容纳在其中，包括了各种地貌，甚至还可以容下更多东西。

但是，这还不仅仅是一个空间上的巨穴，它还有其他的特征，但巨大是最引人注目的。四周的围墙光滑并带有弧度，如果用手在表面触摸，不会感觉到阻力和摩擦。高墙一直延伸到底部，而底部的地面是巨大的圆形。从几何角度来说，它的形状堪称完美。

地面是唯一平坦的地方，有弧度的高墙上升然后交会，营造出一个球形的空间，里面没有任何的矿物质生长。上面没有钟乳石，下面没有石笋。没有裂缝，连细小的裂纹也没有。完美得没有任何瑕疵，克拉苏斯最终想了起来，这是龙族的神室。

这个空间比他们的存在都要年代久远。传说造物主在这个令人惊叹的地方孕育和塑造世界，直到他做好准备投身宇宙。甚至巨龙都没有资格来判断这个传说的真伪,因为如果没有那个上古就发现了的魔法出口,他们就不能去人类世界。任何尝试穿过高墙的做法都是彻底的徒劳,龙族很早之前就已经放弃这个念头了。

更为令人吃惊的是,洞穴中充满了没有光源的明亮的金黄色温暖光线。克拉苏斯想到他们以前做过的一个实验,都无法证明这种炽热光线会在洞穴无人的时候会熄灭或者它是永恒的。但是无论谁进入洞穴,都会感受到这样的温暖,好像它是洞穴的守护者。

当克莱奥斯特拉兹降落的时候,克拉苏斯突然想到,尽管他的记忆已经混乱不堪,但是依然非常清楚地记得这个神圣的地方。关于龙族的神室似乎是永远不会淡忘的。

两条红龙降落在了岩石地面上,并且四处张望。很明显别的同伴还都没有来。

"你跟他们每个都说过了?"克莱奥斯特拉兹问。

生命女皇摇了摇她高贵的头。"只跟伊瑟拉说了。她说她会联系其他巨龙。"

"我已经尽力。"有个呓语般的女声确定地回应道。

在高空,一个微弱的翡翠色身影在稀薄的空气中显现。还看得不是太清楚,但是克拉苏斯已经可以从很多细节里判断出,她的身形苗条、轻盈,和阿莱克斯塔萨差不多。一层薄雾笼罩着她的身体,但是仍然可以看出她总是闭着眼睛,即使说话的时候也是如此。

别的巨龙也相继到来,他们都朝女皇点头致敬,阿莱克斯塔萨说:"我很高兴你们那么快就赶来,干得好!伊瑟拉。"

克拉苏斯也认识她,她依次问候了大家。把脸转向与她同来的两条龙,虽然他们都没有说话,但克拉苏斯感觉到了他们审视的目光。"我来是因为你,我的姐妹,我的朋友。我想你一定有重要的事情把我们都召集起来。"

"那其他巨龙呢?"

"诺兹多姆是我唯一没有办法直接找到的一个。你知道他的为人处世。我尽力联系到了一个他的仆人,仆人说会尽力通知他的主人,这是我所能做的全部了。”

阿莱克斯塔萨感激地点点头，但是还是有点失望。“那么，即使别人都来了，我们还是不能做最后的决定。”

“诺兹多姆还是可能会来的。”

克拉苏斯仍然骑在克莱奥斯特拉兹的脖子上，对他来说，没有联系到诺兹多姆是一个坏消息。他明白诺兹多姆的复杂天性，以及他的过去、现在和将来……所有的历史。克拉苏斯最想见到的就是诺兹多姆，因为他代表了一种希望，可以让两个任性的游客回到自己的时代中去，从而和平地解决这些问题。

现在这个希望不存在了。克拉苏斯必须要再找一个别的办法——来保护单一的时间线，而龙族可能不得不将罗宁和他自己除去。

突然，空中降临了一团耀眼的烈焰和红色闪电，暴风闪电快速地携着愤怒降落到地面。一到地面，它就爆炸了，让人震惊。各种颜色的火花四射。当最后一点燃烧殆尽的时候，出现了一阵短暂而惊人的暴风。随后，那里就站定了一头高大而闪闪发亮的龙。看上去一部分是水晶，一部分是冰。对于一头龙来说，他的表情是相当愉悦的，感觉比任何其他龙，都要陶醉于他创造的景象当中。

“欢迎，玛里苟斯。”阿莱克斯塔萨有礼貌地说道。

“看见你真是太高兴了，我的女皇！”巨龙发出由衷的笑，“还有你，我的美梦！”

伊瑟拉默默地点头，脸上露出淡淡的诙谐表情。

“你的王国最近好吗？”女皇问。

“就像我希望的那么好！充满光明，充满色彩，也充满年轻活力！”

“或许造物主应该让你做生命之龙，而非魔法的守卫，玛里苟斯！”

“这想法不错！哪天来讨论一下吧！”他又笑了。

“你没事吧？”克莱奥斯特拉兹问克拉苏斯。克拉苏斯一看见新来的龙，就害怕得身体发僵。

“我很好，我只是换个姿势。”幸好因为矮小的身材，让克莱奥斯特拉兹没有看到他的表情。克拉苏斯看着玛里苟斯说话的样子，越发后悔他曾对龙族隐藏关于未来的真相。

你会说什么？魔法的守卫，如果你知道前方等待你的是怎样的命运？背叛，疯狂，一个冰冻而空洞的国度……

克拉苏斯没有办法回忆起他所知道的玛里苟斯的全部未来。但是他想起足够的点滴片断，来理解和后悔——他不愿去警告发亮的龙。

"我们聚集在一起就是为了这个人？"玛里苟斯问道，他的目光在克拉苏斯的身上闪烁。

"正是。"阿莱克斯塔萨回答道。

魔法守卫嗅了嗅空气："在他的身上有我们的气味，虽然可能是因为他很靠近你的配偶的关系，但我不敢肯定。我在他的周围也发现了古老的魔法，他是被下过咒语的吗？"

"我们让他自己说说自己的故事吧。"阿莱克斯塔萨回答道。她替克拉苏斯挡开了所有对于他的审问，她说："只要其他巨龙都来了以后。"

"有一条龙现在才来。"伊瑟拉慢悠悠地说。

顶部开始波动，然后发出闪烁光芒。一个巨大有翅膀的影子出现了，然后慢慢下降，这期间影子绕着洞穴盘旋了两圈。其他的龙变得沉默不语，个个都看着渐渐靠近的巨大身影。

他的身形在他们之中是最庞大的，这个带翅膀的巨龙浑身如同黑夜般乌黑，举止异常高贵。细细的银色血管和金色斑纹从前到后布满了脊背和身侧，同时身上的肌肉在鳞片间闪闪发光，钻石和珠玉都嵌在他的皮肤之下。这头刚来的龙，浑身散发出一种原始的力量，这种力量来自于世界本身的基本形态。

他降临在其余龙之上，巨大的网状翅膀傲慢地折叠起来。黑龙用深沉而饱满的声音说："你召唤了我，于是我来了。看见你总是很高兴，我的朋友阿莱克斯塔萨。"

"欢迎你的到来，亲爱的耐萨里奥。"

之前克拉苏斯面对玛里苟斯的到来，还能够装得没事人一样。现在，他努力让自己别颤抖，别对黑龙表现出任何微小的反应。然而，他早先的反应，是出于魔法守卫早被注定的未来，现在克拉苏斯则开始担心所有龙族的未来——还有世界本身，能否安全度过燃烧军团的劫难。

在他面前正站着耐萨里奥。

耐萨里奥是大地之王。他是最受尊崇的龙族，也是克拉苏斯爱戴的女皇最亲近的朋友。毫无疑问，耐萨里奥很早之前就被她选为自己的配偶了。除了是女皇的配偶之外，阿莱克斯塔萨还常常向大地护卫请教问题。因为他有着犀利的思想，考虑问题也很周密。耐萨里奥做事总会考虑后果。作为一头比较年轻的龙，克拉苏斯在有些地方也效仿他的做法。

但是在属于魔法师的未来中，任何效法耐萨里奥的做法，都是疯狂的。耐萨里奥已经拒绝了他应该承担的责任，拒绝为人类王国提供保护。他已经转变自己的信念，认为那些弱小的种族是世界的祸害根源，于是他们应该被消灭——那些帮助他们抵抗的，也应该被消灭。

耐萨里奥已经开始想象只有龙族，特别是只有他们自己这一族的世界，来统治一切。这个想法日益加重，促使他做出了无数走向黑暗的卑鄙行径，这让他最终成为了一头对于世界异常可怕的龙，就像燃烧军团里的恶魔。其余的龙都联合起来反对他。可是在此之前，他已经作恶多端，造成了巨大破坏。

耐萨里奥拒绝做回他原来的样子，甚至拒绝使用他自己的名字。他将自己的名字改成了一个尽人皆知的，与邪恶类似的同义词。

死亡之翼。

在克拉苏斯记忆里隐约出现了死亡之翼——破坏者，黑色的灾难。然而，魔法师没办法警告别的人。事实上，他知道耐萨里奥最终会成为祸害，但是他无法阻止悲剧的开始。在这个关键时刻，去煽动龙族之间的不信任，无疑是种巨大的冒险。

“我很吃惊，是伊瑟拉来联络我，而不是你。”黑龙声音隆隆地说道，“你还好吧，阿莱克斯塔萨？”

“我很好，耐萨里奥。”

他看了看她的同伴，说：“你呢，年轻的克莱奥斯特拉兹？我看你不是很好。”

“我病了。”红龙有礼貌地回答说，“再次看见你感到非常荣幸，大地护卫。"

他们像是认识的那样友好地对话。克拉苏斯试图去回想他是死亡之翼,耐萨里奥却没有认出他来。在兽人之战前后,这黑色的巨龙在他自己的疯狂中沉迷了太久,把过去的友谊都给忘了。

但是在这里的,仍然是耐萨里奥。他凝视着克莱奥斯特拉兹的脖子,注意到一个瘦小的戴头巾的身影:"你是一个人类,你有名字吗?"

"克拉苏斯!"魔法师打了个响指,"克拉苏斯!"

"一个挑衅的小东西!"耐萨里奥嘲笑地说,"我相信他是一条龙,就像伊瑟拉说的那样。"

"一条有故事要讲的龙。"阿莱克斯塔萨补充道。她看着洞顶,特别是那个她和其他龙进来的地方,又说,"但我还是想在开始前,再等等诺兹多姆。"

"给这个不守时间的家伙更多一点时间?"玛里苟斯笑了,"真是有意思!我不会让这个一本正经的诺兹多姆轻易离开。我可要好好嘲笑他!"

"是啊,你准备有计划地嘲笑他一千年,对吧?"耐萨里奥一边说,一边露出了笑容。

玛里苟斯笑得更为厉害。他和耐萨里奥来到一边,聊起天来。

"他们可能不是血缘上的兄弟。"伊瑟拉说。她看看这两条龙然后闭上了眼睛,说:"但是,他们真的天生就像兄弟。"

阿莱克斯塔萨同意她的说法。她说:"耐萨里奥有玛里苟斯当朋友,这是件好事。他跟我在一起可是非常沉闷的。"

"我也感觉到和他之间的距离。他对这些暗夜精灵不屑一顾。他曾经说,变成没有知识和智慧的生灵,是件非常可怕的事情。"

"也许,他话中有话。"女皇说,她的眼睛在克拉苏斯的身上扫视了一番。

魔法师在她的观察下变得越发不自在。在他们中间,阿莱克斯塔萨应该再得到一次警告。照死亡之翼的做法,她将会变成兽人的奴隶,而他们的战队将会为了残酷的事业牺牲孩子:死亡之翼会利用兽人之战最后几天发生的大混乱,寻求他真正想要的东西——用女皇生下的蛋来建立他自己的敢死队,他做的除了屠杀别无其他,就因为他一时的疯狂。

*我有底线么？*克拉苏斯问自己，*什么时候这底线必须被逾越？我不能说关于兽人的事情，也不能说关于大地护卫的背叛，或者关于燃烧军团——我能做的就是陈述足够的事实，来消灭我自己和罗宁！*

沮丧之间，他发现了带来两难困境的一个原因。耐萨里奥开心地和玛里苟斯聊着天，后者背对着其他的龙，展开他巨大的翅膀，对于有些话频频点头赞同。如果他们是人类、矮人或者其他别的一些种族的话，他俩就象在家里的吧台前一边喝着麦酒一边愉快地吹牛那样。那些渺小种群看见龙族就像是看见了巨大的兽类，同时也像是看见了威严的智慧源泉。然而事实上，这些龙的性格特征也像渺小生物一样的市侩，不像看上去的那样高尚不凡。

耐萨里奥的目光越过玛里苟斯，简短地和克拉苏斯的目光相交。在这目光接触的一瞬间，克拉苏斯明白，所有他了解的和看到的关于这黑龙的信息，都是一团乱麻，扑朔迷离。

黑暗已经在大地守卫的身上降临。

*不可能，不可能！*克拉苏斯坚持着，尽量不让自己流露出任何的异样。*不是现在！*耐萨里奥变成了死亡之翼，这实在太快太没有蛛丝马迹了。龙需要有人领导他们，联合起来。不只是要简单地反抗即将来临的侵略，而是要处理由克拉苏斯和以前的学生引起的时间错乱。同时他也错误地认识了黑龙，当然耐萨里奥仍然是人类的保护者之一。

克拉苏斯咒骂了他差劲的记忆。什么时候耐萨里奥开始背叛的？什么时候开始，他变成了所有其他生灵的杀手？即使黑暗已经降临到他的身上，是不是还意味着现在或曾经，耐萨里奥依然和他的同伴共事？只是现在魔法师什么都做不了，除了瞪眼看着大地护卫。尽管他发过誓，但克拉苏斯开始觉得，他或许应该改变这些规则。总要做些对揭露害群之马有利的事情吧。但该怎么做呢？他皱起了眉头。

耐萨里奥的目光再次瞥向这边，可是这次目光没有离开克拉苏斯。此时克拉苏斯才发现耐萨里奥认出了他，而且他还发现黑龙已经明白，他可能会泄露自己可怕的秘密。克拉苏斯的眼神想要逃开，可是却被紧紧吸住了——克拉苏斯发现得太晚了。大地护卫得知自己已经被发现，于是很快地采取了果断的行动。他现在轻易地就能抓住克拉苏斯，就像呼吸那么简单。

我不会落在他的手上! 然而，尽管他有逃脱的决心，但他力量还是太渺小了。如果克拉苏斯准备充足，他还可能和耐萨里奥玩心理战。可是这出乎意料的状况，让他现在门户大开，黑龙抓住了先机。

你认识我，可是我不认识你。

冷酷的声音充满了他的头脑。克拉苏斯祈祷有人注意到了他们，可是就表面看来，一切都很正常。令人惊骇的是，就连他爱戴的阿莱克斯塔萨，也没有发现可怕的事实真相。

你会用言语反对我，让别人和你一样地看待我，你会让他们不信任他们的同伴，他们的兄弟……

大地护卫的话，充分说明了他已经走火入魔。克拉苏斯从耐萨里奥的身上感受到一种偏执狂般的愤怒和顽固的偏见。似乎只有黑龙自己明白，如何才是对这个世界有益的。在耐萨里奥的眼中，对他最微小的威胁也是一种罪恶。

决不允许你散播任何恶意的谎言。

克拉苏斯已经做好准备被打昏。可是出乎意料的是，耐萨里奥竟然转开了他的视线，继续和玛里苟斯说话。

他玩什么把戏? 魔法师好奇地想知道。*一开始他威胁我，然后却似乎忘记了我的存在!*

他仔细地观察这头黑龙，但是耐萨里奥明显已经忘记了他。

“他不会来了。”伊瑟拉终于说。

“还是有可能的。”阿莱克斯塔萨说。

看着他们，克拉苏斯意识到他们正在说诺兹多姆。

“不，我跟我通知的那个人联系过了，他不确定他的主人在哪里。诺兹多姆可能在任何一个时空里。”

伊瑟拉的消息让事情变得更加糟糕。因为知道诺兹多姆的做派，克拉苏斯猜想为什么他的仆人无法联系到他，肯定是出于一个奇怪而反常的原因。如同克拉苏斯想的那样，如果诺兹多姆完全自己掌控时间，他就必须要召唤每个位面他的存在。好多个诺兹多姆会争夺时间，于是他就没有片刻空闲可以来参加这次碰头会了。

克拉苏斯的侥幸心理逐渐湮灭。诺兹多姆失踪了，而耐萨里奥疯了。

“那么，我同意。”阿莱克斯塔萨说道，以回应伊瑟拉，“我们不必满五个才能开始。故事说了之后，没有什么规则是不能讨论的，即使讨论结果不能实施。”

克莱奥斯特拉兹低下了头，让克拉苏斯下来。克拉苏斯保持着戒备的表情，大步走向巨龙的中间。他试图不去看大地护卫。阿莱克斯塔萨的目光鼓励着他，让他知道作为一个魔法师应该做什么。

“我是你们中的一员。”他朗声说道，声音就像周围的龙族一样隆隆有气势，“女皇知道我的真名，但是现在我只叫克拉苏斯！”

“他喊得挺像那么回事啊，这菜鸟！”玛里苟斯嘲笑他。

克拉苏斯面向他：“这不是开玩笑的时候，特别是对你，魔法护卫！现在一切都失去了平衡。一个可怕的错误，真实世界被完全扭曲，每件事情都受到威胁，每件事情！”

“真是富有戏剧性。”耐萨里奥心不在焉地说道。

克拉苏斯竭力忍住不说出有关大地守卫的事实。“你会听到我说的故事。”克拉苏斯坚持说，“你会听到并且理解，因为世上有更加危险的危险，也正在靠近我们。你看——”

但是当他的第一个字吐出口的时候，克拉苏斯发现自己的舌头被缠绕住了。逻辑严密的述说，被乱七八糟前言不搭后语的词汇代替了。

大多数参加聚会的龙，都伸长了脖子，对他的奇怪举止表示震惊。克拉苏斯快速地看了看阿莱克斯塔萨，以寻求帮助。但是她的表情和其他人一样显得非常惊奇。

魔法师的视野开始旋转。晕眩让他感到非常难过，甚至难以保持平衡，嘴里继续语无伦次。克拉苏斯自己都不明白他到底想要说什么了。

当克拉苏斯两腿发软，晕眩不已的时候，他的耳边响起了耐萨里奥死神一般的声音。

我警告过你的……

17

黑暗降临,暗夜精灵的世界苏醒了。当虔诚的精灵开始做祈祷的时候,商人们也开始做起了买卖。平凡的精灵过着他们的生活,没有感觉到和往常夜晚有任何不同。生活是他们自己的选择——别的姑且不论,一些精灵可能这样认为。

但是对于一些精灵来说,小小的烦恼正侵入他们的生活。于是,他们的日常生活固定模式和观念也有了小小的偏差。

一位年长的月亮守卫,银色长发披在脑后。虽然他在男巫中年纪最大,但是技能仍然不减当年,所以依然身居高位。吟唱咒语是他的本能,就像呼吸一样,是一件自然而然的事情,想都不用想。一声碎裂将他从座位中惊了起来,还差点揉碎了羊皮纸。原来一只玻璃瓶突然跌落到了地面。酒和玻璃泼洒在男巫最近刚刚购买的镶满宝石的橙色地毯上。

巫师生气地嘘了一下,心痛地看着碎片打了个响指。玻璃碎片自动升到了空中,酒水自己凝聚在一起,形成了刚刚盛放它的容器的形状。玻璃则在酒水的外围开始成形,但是一秒钟以后,所有的东西再次泼洒在了地毯上,比之前的情形更加糟糕。

老巫师看着这些,表情冷酷地再次打了个响指。

这次,玻璃和酒水按照他所想的那样运动,连最微小的错位也没有。但是,这个过程有点磨磨蹭蹭,花费了远远超乎月亮守卫所预计的时间。

年老的暗夜精灵转而回到他的羊皮纸上，试图把注意力集中在此。但是他的眼神老是要滑到身后的瓶子和瓶子中的酒上。他用手再次指着瓶子——然后，皱了皱眉，收回手指，心烦地将自己的椅子转开。

在每个主要的村子边缘，全副武装的守卫来回巡逻，避免暗夜精灵受到任何敌人的侵害。拉芬克雷斯特和那些精灵，始终监视着王国主要边界以外的地区，他们认为，矮人和其他种族，都垂涎于富有的暗夜精灵世界。他们从来没想到有自己人内战的可能，但是允许每个聚居地有一定的武装力量，以安慰一般的市民。

在加尔哈拉，一个距艾萨琳的永恒之**井**有些距离的伟大城市，巫师开始一种每夜都要举行的仪式，重新排列翡翠和水晶来划分它的边界。在相互的吸引之下，水晶与水晶之间有了动静，这能够抵御一般魔法的攻击。没人记得他们曾经被使用过，但是看着它们就觉得安全有了保障。

尽管水晶数以百计，但是排列这些水晶并非特别麻烦。所有的力量都直接来自于永恒之井，所以巫师并不需要利用星相来调整从一头到另外一头的力量线。事实上，最多需要他们简单地捻住水晶，并在最高的地方，放上黑曜石。这样，本地的巫师就能够在短短数分钟内完成好几个步骤。

但是随着半数以上的水晶被放置好，水晶开始变得黯淡，甚至彻底没了光芒。加尔哈拉的巫师虽然不像月亮守卫那样精通魔法，但是他们也很清楚，这是不正常的。他们立即开始一再检查排列，但是并没有发现问题。

“它们没有从永恒之井里顺利地吸取魔力。”一个年轻的巫师断言，“有些东西正试着去从能量上切断它们！”

但是他一说完这些，水晶就又恢复了它们正常的活动。年长的同伴们都呆呆地看着他，想要收回他们曾经对他做出的粗暴评价。

暗夜精灵的生活还在继续……

“失……*失败了*！”哈卡吼叫道。他几乎想抽打离他最近的上层精灵,但是最后还是收回了鞭子。他看看哈维斯,眼里全是沮丧:“我们已经失败了。”地狱兽在犬王的边上发出了不祥的吠声,回应主人的愤怒。

哈维斯也好不到哪里去。他眼看着上层精灵和哈卡完成的工作是在白费精力。但是,他和犬王还是看到了女皇的价值。

只是没有足够的知识和力量来验证它罢了。

又一群恶魔守卫在上层精灵的帮助下,毫无阻拦地进入了现实世界。但是,这些数量还是太少了。这对于迎接重要人物的到来是无济于事的。“我们能做什么?”哈维斯问。

他第一次在犬王奇怪的脸上看到了犹豫。身体硕大的勇士将富有攻击性的目光转向了入口。在那里,上层精灵中的其他人,曾经继续努力让它变得更强大。“我们必须问问他。”

哈维斯沉默着,但是在他部下迈开步子之前,他抢先一步,跪倒在入口处。他不会逃避失败的责任,对他的主子不会这样。

然而,哈维斯的膝盖还没有碰到地面的时候,他的脑海中响起一个声音。

入口处被加固了吗?

“不,大人,工作的进展,并没有我们预期的那样顺利。”

一瞬间,里面传来的交流几乎让暗夜精灵被愤怒威胁所压垮,但是很快这样的感觉就过去了。确定了造物主的形象,哈维斯等待着造物主的下一句话。

你在找什么,说。

哈维斯解释了自己的又一个想法,就是除了宫殿以外,切断永恒之井和其他一切东西的连接,而失败让他再度想起了这个办法。他低着头,在某种强大力量之前显得非常低下。它让所有暗夜精灵的力量的总和都显得像只小虫一般毫无威胁。

*我已经考虑到这个了。*造物主最终回答,*我派去的第一个人没有尽到他的责任……*

在哈维斯的身后,犬王发出一种近乎沮丧的声响。

我派另一个来,你必须确定这个入口已经为他作好了准备。

“另外一个,我的殿下?”

我现在派一个我自己的人给你……一个我的指挥官。他会知道什么才是最先需要的……而且是快速的。

声音渐渐消失。他摇晃了几下,声音的突然离开令他晕眩,就好像有人斩断了他的一只手臂。另外一个上层精灵扶住了他。

哈维斯看着哈卡,他似乎一点都不高兴,尽管参事听到了最为美妙的消息。“他要派一个他的指挥官给我们! 你知道是哪个吗?”

犬王焦虑地收起鞭子。他的边上,两个地狱兽蜷缩在一边:“是啊,我知道是哪个,我的暗夜精灵主人。”

“我们必须要作好准备! 他说来就来!”

尽管有些困扰,但是哈卡还是顺从了哈维斯。哈维斯把他安插在了上层精灵中间。两个人将知识和技艺合而为一,尽他们的最大力量让这个入口长久地打开。

火球越来越大,各色火花时不时地朝外面飞射出来。它开始收缩,进而几乎像呼吸一般张开,入口变大了,随之而来的是一阵野蛮的吼叫。

哈维斯的脸上已经汗如雨下,但是他毫不在意。他找寻的东西带来的荣耀给了他力量。比犬王更甚的是,他将自己投身于咒语制造中。这些咒语不只是能够掌握就好,而是要精准到了它需要的地步。

入口渐渐被撑大,都快要碰到了天花板。突然,从中挤出来一个巨大的黑影,那样子异常可怕。但对于哈维斯来说,实在太过美妙了。他忍不住要大叫一声来感谢造物主。现在这里站着一个天界的指挥官,哈卡在他面前显得一文不值。

“艾露恩救救我们!”其他法师中有一个喘着气叫道。他胡乱拉扯精神力,就差没把入口给毁了。哈维斯几乎抓不住控制机关,他持续用力,将控制机关保持在适当的位置,直到其他人都苏醒过来。

一只长着四根手指、大得几乎可以包住参事的头的巨手伸向前面,用一根手指指向心不在焉的咒语家。一个既像吼叫又像火山爆发隆隆声的声音,说出了一个——但又听不清楚的词。

暗夜精灵摔倒在地喊出了声。他的身体被揉成一团,就像一块湿布被拧干了一样。和断断续续的叫声为伴的是一种奇怪的队伍行进的短促声响。大部分的上层精灵立即看向那里,而哈卡的地狱兽发出了呜咽声。

黑色的火焰爆发出可怕的力量,将不幸留下的巫师团团围住。火焰像恶狼一般吞噬着所有,很快这些巫师就只剩下地板上的一堆灰烬,证明曾经存在过。

“不会再有失败了。”一个雷鸣般的声音说道。

如果犬王和恶魔守卫,还不能让哈维斯感到足够惊喜的话,那么肯定只有神可以让他感到敬畏了。可怕的身影用厚实强壮的四肢前行,让人联想到了龙族。摆幅巨大的尾巴在地上来回扫荡,这动作很像是天界的某人。他从头到尾都长满了绿色火焰般的鬃毛,背后还有宽大的皮质翅膀。翅膀虽然很宽,哈维斯还是怀疑是否可以托得起如此庞大的身躯。

没有被黑色铠甲遮住的皮肤是暗灰绿的。他站立起来至少有十六尺高,足有哈卡的两倍。上颚长出来的獠牙划破了天花板,还有一颗匕首形状的牙齿,足有暗夜精灵的手指那么长。浓密的眉毛彻底遮蔽了他的眼睛,这双造物主赋予的眼睛正向下瞪着参事,还有犬王。

“你令他失望了。”带翅膀的指挥官这样说道。

“我——”哈卡在抗议中停顿了一下,抬起了头,“我没什么可辩解的,玛诺洛斯。”

玛诺洛斯微微歪了下头,看着犬王就像是在研究那不愿意在餐盆上看到的一点点污垢。“对,你没有……”

哈卡右边的地狱兽突然大声呜咽起来,黑色的火焰已经包裹住了惶恐的地狱兽。它在地上无助地翻滚着,试图要扑灭根本就没有办法扑灭的烈火。火焰在它身上蔓延,然后吞噬了它……当原来地狱兽站的地方只剩下一缕青烟的时候,玛诺洛斯再次对犬王说:“不会再有更多的失败了。”

哈维斯害怕极了,但这又是一种充满惊奇和荣耀的恐惧。这是一个力量的化身。玛诺洛斯知道如何把失败转化为胜利,黑色的目光转到了哈维斯身上,用鼻子急促地吸了一下气,然后点点头:“造物主认同你的努力,暗夜精灵之主。”

他受到了祝福！哈维斯腰弯得更低了："谢谢！"

"计划会按照步骤进行。我们会剔除这个王国各地可能存在的障碍。那么迎接主人到来的行动就可以很好地开始了。"

"那么造物主，他会来吗？"

玛诺洛斯笑着咧开了大嘴，大到可以把参事吞下去："哦，是的，暗夜精灵之主！等世界干净的时候……萨格拉斯他自己很想来这里，他会很想，很想来。"

罗宁的嘴和鼻子里都塞满了草。

至少，他认为这些是草，吃起来像草，虽然他也没有很多这样的经验。这味道让他想起了田野的味道和更多的和平时代——与温蕾萨在一起的时候。

他挣扎着坐了起来。夜色降临，月亮闪闪发亮。他躺在一片稀疏的森林地带。罗宁竖起耳朵听，但是没有听到任何文明世界的声音。他突然来到另外的地点，这给他带来了恐惧，但是魔法师很快就想起了刚刚发生的事情。他用咒语瞬移到这里，因为要拼命逃避恶魔吸食他的魔法——同时夺去他的生命。

但如果是在同一个时空，那么他现在*在哪里*？周围环境没有给出任何暗示，他也可能是在几英里以外或者在世界的另外一边。

如果是后面一种情况，他还能回到卡利姆多吗？他希望克拉苏斯还在某个地方，并且活着。魔法师想，只有借助以前老师的帮助，他们才可能回家。

罗宁脚步踌躇，试着决定走什么方向。无论如何，他首先得知道自己在哪里。

背后的森林传来声音，使他警惕地转过身去，手也时刻准备发出咒语。

一个笨重的身影出现了。

"别紧张，法师！只有我布洛克斯在这儿！"

罗宁戒备地放下手。巨大的兽人笨重地走过来，手里仍然抓着玛法里奥和半神半人为他制作的斧子。

一想到暗夜精灵,罗宁四下张望,问:“就你一个吗?”

“看见你之前,就我一个啊。发出很多的声音,你这个人可真闹腾啊!”

法师的目光越过兽人,没有在意他的嘲笑:“我在想玛法里奥。我吟唱咒语的时候,他也在我附近。如果你被拖入咒语之中,那他早就在里面了。”

“只有声音。”他挠了挠难看的头,“没有看见暗夜精灵,也没有地狱兽。”

法师开始打颤。他当然希望逃跑的时候不要再遇到那些怪物了。“想想我们现在可能在哪里?”

“树林……森林。”

罗宁对于这无用的回答气不打一处来。可是他很快意识到,也没有什么更好的回答了。

“我准备走那条路,”他一边说,一边指着他认为的东方,“你有更好的主意吗?”

“可以等到天亮再说吗?看起来更清楚一点,而且暗夜精灵他们不喜欢太阳。”兽人说。

虽然这也很重要,但罗宁觉得坐着干等太浪费时间,于是他就这么跟他的同伴说了。

布洛克斯竟然同意了,这让他很吃惊。“那就走吧,魔法师。”他耸了耸肩膀,“无论如何听你的。”

他们出发的时候,罗宁想到了一个他想知道的问题:“布洛克斯,你怎么到这里的?不是说具体的地点,我当然知道这个,只是你是怎么来到这里的?”

起先兽人紧闭着嘴不说,但后来还是告诉了法师。罗宁听他讲着故事,小心地隐藏着自己的情绪。和别人一样,兽人老兵和他的倒霉伙伴就在克拉苏斯和罗宁的后面,只是后来遇到了反常的事物。

“你知道是什么吞噬了我们吗?”

布洛克斯又耸肩:“是巫师的咒语,坏的咒语,把我们送到了远离家乡的地方。”

“比你想的可能还要远。”考虑到布洛克斯有权知道真相，不在乎克拉苏斯会怎么想，罗宁还是决定告诉他发生了什么。

令法师吃惊的是，布洛克斯似乎很轻易地就接受了他的说法。后来当罗宁想到了兽人的历史之后，他才意识到为什么。兽人们曾经从另一个世界中穿越过时间和空间，一条可以把人送回过去的咒语，其效果也不过如此。

“我们还能回去吗，人类的法师？”

“我不知道。”

“你看恶魔已经来了，燃烧军团也出现了。”

“这是他们第一次要侵略我们的世界。除了达拉然之外，更多的人根本不知道那段历史。”

布洛克斯攥紧了斧子：“我们可以跟他们干一场！”

“不！我们不能！”罗宁解释了克拉苏斯的推理。

但当布洛克斯很快接受了所有一切的时候，他已经和过去划清了界线。情况对兽人来说，并不复杂。危险是存在的，敌人会在他们来的路上杀害所有人。只有懦弱和愚蠢的人才会让这样的事情发生，布洛克斯不止一次地说过。

“我们可以通过干扰来改变历史。”法师坚持说，虽然他的心里还是同意兽人的话的。

布洛克斯哼哼着说：“你干吧。”

他这句简单的话，回避了罗宁和他的争论。法师已经开始战斗，并借此做出了选择。

但这是一个正确的选择吗？过去已经受到了干扰，但是到了什么程度？

他们沉默前行。罗宁正和他内心的魔鬼作斗争，而布洛克斯警惕地看着观察着周围。他们不知道哪里是尽头。罗宁的注意力都集中在沼泽地上，他试着把自己和布洛克斯都带回那里。之后他想到了地狱兽，还有地狱兽的可怕。

树木变得茂密，最终成为了一片森林。罗宁默默地诅咒，他选择的方向看来是个错误。布洛克斯对此没说什么，只是用带有魔法的斧子砍掉挡道的东西。斧子看上去砍什么都非常容易。法师只是希望将来哪天他的同伴不要用它来砍他。

月亮隐去了,周围树上的叶子完全遮蔽了天空。路到了尽头。经过几分钟徒劳的抗争,他们两个人还是决定走回头路。兽人这次仍然没有对罗宁的选择说什么。但是当他们回头的时候,发现他们来的路都消失了。巨树竖立在原来是路的地方。而树干周围的灌木进一步证明,这里从来没有路。然而,兽人和魔法师都用相信地看着树木。

“我们来的时候穿过那里。我知道是这样。”

“我同意。”布洛克斯举起斧子,朝神秘的树走去,“于是我们要原路返回。”

他的斧子突然被树吸附住了。布洛克斯不情愿地放弃斧子,紧紧握住斧柄,身体却跟着被吸到了空中。他的腿悬空乱晃一气,想要用体重摆脱树枝的束缚。

罗宁跑了过来,他要拉住兽人的脚,却没有成功。看着高大的兽人,他开始念念有词。

有样东西在后面敲了他一下,魔师向前冲去,要不是树木及时躲到一边,他早就结结实实地撞在前面的树上了。罗宁重重扑在地上。然而,他并没有跌在粗糙的地面上,也没有跌在盘根错节的树根上,而是撞倒在某样柔软的东西上。

是一个人的身体。

罗宁连连喘气,以为自己碰到了之前死在凶猛树木手下的受害者。但是当他爬起来的时候,借着一缕透过树冠的月光,看见了他的脸。

玛法里奥……

暗夜精灵突然叫了起来。他一睁开眼睛就看见了法师。

“你——”

更远的后面,布洛克斯叫嚷着什么。人类和暗夜精灵都迅速朝那里看了看。罗宁举起手来准备攻击,但是玛法里奥猛地抓住了他的手腕,这令他很吃惊。

“不!”这黑皮肤的精灵坐了起来,迅速地搜索了森林。他点点头,然后喊:“布洛克斯,不要和它们打,它们没恶意的!”

“没恶意?”兽人怒吼道,“它们抢我的斧子!”

“你必须照我说的去做!它们会保护你的!”

兽人发出了一阵不情愿的吼叫。罗宁看着玛法里奥来寻求解释,但是没有解释。相反,暗夜精灵放开了法师的手腕,然后让他站了起来。玛法里奥把罗宁拦在后面,自己镇静地走向布洛克斯打斗的地方。

他们发现兽人被气势汹汹的树木包围了。一些树枝缠绕在兽人的头上,还缠着他的斧子。兽人拼命挣扎,但是他的身体被紧紧缠住。他一会看他的同伴,一会看他的武器,他好像不知道究竟是否应该夺回他的武器。

“我听出是你。”他哼哼道,“你最好没有乱说。”

“我当然不会乱说。”

当法师和勇士对看的时候,玛法里奥走到最高的那棵树跟前,说:“我感谢丛林中的兄弟,田野中的守望者。我知道你一直保护我,一直到我的朋友找到我。他们无意伤害你。他们只是没明白处境而已。”

树叶发出了沙沙的响声,而罗宁并没有感觉到风。

暗夜精灵点了点头继续说:“我们不会再打扰你了。”

树叶发出更大的沙沙声,然后缠绕住布洛克斯斧子的树枝开始松开,斧子也滑落在地上。

树木让斧头轻轻地掉落下来。兽人突然向前走了一步,用有力的手抓住了斧柄。然而他并没有向树挥舞武器,他跪在了它们面前,刀锋向下。

“对不起,我道歉。”

高耸的树冠再次摇动了。玛法里奥将一只手按在兽人宽厚的背上:“它们接受了。”

“你真的可以和它们对话吗?”罗宁终于问。

“一点点。”

“那么快问问它们,我们在哪里?”

“我已经问了,其实并不在于绝对的距离,而是够不够远。实际上,我们既幸运又不幸。”

"为什么会这样?"

暗夜精灵难过地笑了笑,说:"我们就在离家不远的地方。"

这对于法师来说,是个绝妙的消息,但是对于暗夜精灵来说,并非什么好消息。对于布洛克斯来说似乎也不是,他正在用本族的语言喃喃咒骂。

"它是什么? 你们两个在说什么?"

"我在这里不远处被抓住,法师。"壮硕的兽人怒吼道,"就是附近。"

罗宁一想到自己的被捕,他就能明白为什么布洛克斯如此不安。"我会带大家离开这里。这次我知道该怎么办。"

玛法里奥举起了手表示抗议:"我们已经走了一次运了,但是现在,你要冒被月亮守卫发现的危险。他们有本事不让你念咒。事实上——后来——他们上一次或许已经察觉到了。"

"那么你觉得应该怎么办呢?"

"既然我们现在离我家不远,我们就应该好好利用它。那里还有很多别的人可以帮助我们。我的兄弟和泰兰德。"

布洛克斯接受了他的建议。"祭司……她会帮助我们。"他的声调轻了下去,"你的孪生兄弟……也会。"

罗宁仍然为克拉苏斯担心。但是他也不知道如何找到他的老师,现在主要还是倚仗暗夜精灵。由玛法里奥带领,三人向前进发。与先前人类和兽人经受过的艰辛跋涉相比,穿越丛林的路现在变得异常轻松。周围的风景鲜明活跃,让玛法里奥的旅途变得舒心起来。罗宁多少了解一点德鲁伊,这是他第一次把玛法里奥看做德鲁伊的成员。

"半神半人的塞纳留斯,是他教你怎么跟树说话,怎么发出咒语的,对吗?"

"是的。我好像是第一个真正了解这些树的暗夜精灵。我的兄弟偏爱**井**的力量,而不是和树木交流的方法。"

一提到**井**,一种渴望和贪欲突然向罗宁袭来,他把这种情绪打压下去。他同伴提到的**井**只可能是永恒之井,传说中的力量源泉。他们离**井**很近吗? 这是不是他的咒语法力都被放大的原因?

掌握这样的力量……别犹豫……

“我们不能继续向前走了。”玛法里奥过了一会说，“我认出了那棵长了节的老树。”

他提到的“老”树是一棵皱巴巴的树，至少对于罗宁来说，它看上去很矮小。然而有别的东西，吸引了法师的注意。他问：“我是不是听到流水的声音？”

暗夜精灵听上去更加兴奋愉快，说：“它就在我家附近流淌，只要再过几分钟——”

但是他还没有说完，丛林里已经到处是身披铠甲的身影。布洛克斯吼叫了一声，手中准备好了斧子。罗宁准备好了咒语，他确定是同一批家伙又来攻击了——起先他们抓住了克拉苏斯和自己。

至于玛法里奥，他看上去似乎对突然袭击有点困惑。他朝他们举起一只手，但是犹豫了一下。

玛法里奥的犹豫继而引起了罗宁的迟疑，这显然贻误了战机。红色的能量立即覆盖在了他们各自的身上。罗宁感觉到自己的肌肉被冻结住了，力量流逝干净。他无法动弹，只有眼睁睁地看着。

“干得好！年轻人。”一个惯于发号施令的声音说，“这正是我们要找的兽人，还有那些帮助他逃跑的人！”

有人回应他的话，但是声音太低，罗宁无法辨别。一队骑兵和两个身着翡翠镶嵌衣服的人走进了士兵的圈子。带头的是一个留胡子的暗夜精灵，看上去就像他们的头。他身边的是——

罗宁睁大了他的眼睛，这是他唯一能做出的反应。但这还不能表达他的吃惊。当他看见指挥官边上的那个人的时候——尽管衣服着装不同，头发在后面绑成辫子——但毫无疑问，那张阴沉的脸实在太像玛法里奥了。

18

哈维斯很高兴自己能取悦玛诺洛斯。

“真不错,接下来我们干什么?”暗夜精灵询问天界的指挥官。一切都按照计划在进行。玛诺洛斯点了点沉重的头,龇出一嘴獠牙,满足地收拢翅膀。“是的,非常好。萨格拉斯会非常高兴的。”

萨格拉斯,天界指挥官说出了造物主的真名。哈维斯的眼睛闪闪发亮好像他尝到了名字的味道。

萨格拉斯。

“咒语一旦完成,我们会扩大入口。先让我们的军队降临。然后,当一切就绪,我的主子……”

哈卡这时来了,他在玛诺洛斯面前单膝跪倒。

“原、原谅我,我得打断您的话,我、我的一只猎犬回、回来了。”

“只有一个?”

“好、好像是这、这样的。”

“它带回来什么消息?”玛诺洛斯问。

“它们发现了之前暗夜精灵之主哈维斯提到过的、两个有不同气味的家伙,另外还发现了一个暗夜精灵和他们在一起!他们被抓住的时候反抗来着。”

玛诺洛斯第一次显现出有些不安。哈维斯看在眼里。他很好奇,究竟是什么能困扰天界指挥官:“不会……”

哈卡迅速摇了摇头，说：“我想不是，他们可能只是试探了一下，也可能他们还有后手。”

这两个人谈的事隐晦又重要，参事完全插不上嘴。他冒险打断了他们的话，说：“最后一个家伙长得什么样子，有没有图像？”

“是的，有。”哈卡摊开掌心。

在他的手掌上，突然跳出一幅活生生的小图片。它抖动得很厉害，而且不时扭曲模糊，但是仍然一点点显现出了最后一个人物的样子。

“是、是从地狱兽的眼、眼睛里看、看到的，一个和、和恶魔守卫一、一样高的家伙。”

哈维斯皱着眉头：“传说是真的，然后，森林之王也是真的。”

“你认识这生灵？”玛诺洛斯问。

“远古的神话提到了森林之王，半神半人的塞纳留斯。据说他是月亮女神的孩子……”

“就这点？”龇着獠牙的大嘴笑了起来，“我们会干掉他的。”他又朝哈卡命令道：“把剩下的图像也放出来。”

犬王很快照办，手中显出来一个绿皮兽人勇士，一个年轻的暗夜精灵和一个穿着怪异、有着火焰般红头发的人。

“好奇怪的组合啊。”哈维斯说。

玛诺洛斯点点头。他说：“这勇士表现很忠诚，正是我们需要的类型，大家应该效仿他，尤其是激发潜在的力量方面。”

“效仿一头畜生？当然不行！他比矮人还要低劣！”

带翅膀的玛诺洛斯并没有争论什么，还看着那三个人。“那个披斗篷的生灵有双警惕的眼睛。我认为，他会魔法。几乎就像是个暗夜精灵——”他打断了哈维斯再一次的抗议，“但显然不是。”

他让哈卡关掉图像。当他还在回忆图像的时候，一只巨大的爬行动物正穿过房间。

“可以派、派遣更多的地、地狱兽去找他们。”犬王建议。

“但是后面要有恶魔守卫跟着。这样，猎物才会被活捉。”

“活捉？”参事和犬王都重复了这话。

玛诺洛斯眯起了眼睛:“我们必须要好好研究他们,优点和弱点都要弄清楚,以防万一。”

“恶魔守卫的人手够四处追捕他们吗?”

“他们会越来越多的,越来越多。暗夜精灵之主,你的上层精灵做好准备了吗?”

正在盯着巫师的哈维斯,低下了他的头,说:“他们已经准备好,不惜一切来实现我们的光荣梦想,清除这个世界所有的低劣种族。”

“世界会被清理干净的,暗夜精灵之主,你大可放心。”玛诺洛斯看了看哈卡,说,“我把狩猎的任务交给你,犬王。不要再失败了。”

哈卡躬身而退。

“现在,暗夜精灵之主。”高大的玛诺洛斯看着他继续说,“让我们开始描画你的子民的未来。”玛诺洛斯快乐地拍拍翅膀,折叠起来。他说:“我许诺给你的未来,是他们想都想不到的……”

死亡之翼在山川间翱翔,和各处喷射的火焰相呼应。鬼哭狼嚎围绕着克拉苏斯,但是他找不到任何在求救的人。他被束缚在小小的魔法师的躯体里,像只渺小的田鼠一样在燃烧的土地上奔来跑去,徒劳地试图做点什么。他需要帮助那些垂死的人。

突然一个黑影覆盖了他脚下的土地,一个雷鸣般的声音嘲笑道:“好啊,真有趣!这是个什么小东西?”

有两个他那么大的爪子在克拉苏斯身边盘旋,捉弄着他。利爪轻易地就把他拖进了空中……带他去见识恶狠狠的死亡之翼。

“为什么,只有不够塞牙缝的这点老龙肉!克莱奥斯特拉兹!你在低等种族里待太久了!都跟他们一样孱弱了!”

克拉苏斯想要吟唱一个咒语,但是他的嘴里除了吐出几只蝙蝠之外,说不出一个字。死亡之翼一吸气,就把蝙蝠无情地吸进了自己灼热的大嘴里。

黑色的巨龙吞咽着,说:“味道可真差!我在怀疑你是不是还能提供点别的美食。但是你已经浪费了我太多时间,所以我最好还是结果了你!”他高耸起身体,张开他的大嘴,又说:“另外,你无论做什么都是没用的!”

利爪松开了克拉苏斯,他正绝望地跌向黑龙的大嘴时,事情发生了转机。死亡之翼和燃烧的山川景色消失了。克拉苏斯忽然发现自己飘浮在可怕的沙暴之中,被狂烈的风吹得转个不停。

风暴的中心探出一个龙头。开始,克拉苏斯想是追着食物来的黑龙死亡之翼。但随即又出现了一头一模一样的龙,这样一头接一头鱼贯而出……在他眼里这个队伍好像永无止境。

克莱奥斯特拉兹——”他们一再重复地低吟,“克莱奥斯特拉兹——”

克拉苏斯看出来了,哪一个都不是死亡之翼,而且每个龙头都是沙暴自己生成的。

诺兹多姆?

“我们……什么都经历过了!”永恒之龙努力着,“我们……看到了所有的……”

克拉苏斯等在那里,知道诺兹多姆说这些话已经用尽全力。

“所有的结局都是虚无!所有的结局。”

虚无?他什么意思?他是不是说每一次虚弱的自己都得经历这一切,然后被干掉?

“除了一件事……”

*有一样!*克拉苏斯抓住了微弱的希望之光。“告诉我!该怎么办?我要做什么?”

在回答的过程中,龙头变换着形象。他的口鼻收缩,头变长,更像是个人——不!不是人类——而是精灵。

一个暗夜精灵?

这是敌人还是朋友?他想追问诺兹多姆,但是沙尘暴变得更加狂野。

狂风把龙的脸吹散成四处乱飞的沙子。克拉苏斯蜷起身体,尽力不让钻进衣服里的沙子割裂他的皮肤。

他尖叫着。

从梦境中惊跳着坐起来好大一会儿之后，他还维持着尖叫的口型，只是没喊出来。

“我的女皇，她又和我们在一起了。”

渐渐克拉苏斯恢复了神志。关于死亡之翼和诺兹多姆的后续变化，让他脑子里混乱成一锅粥。但是他最终还是清醒过来，自己正躺在蛋室里，就是那个自己和阿莱克斯塔萨第一次见面的地方。女皇亲自来看他。出于关心，年轻的那个自己看上去也非常担心。

“咒语的效力已经过去了？”阿莱克斯塔萨安静地问。

这次，他决定不让她知道真相。诺兹多姆可怕的话预示着一切已成定局。更麻烦的是，他能告诉她耐萨里奥已经发疯了吗？还有他能说黑龙将会带来的灾难吗？

而且，当克拉苏斯试着说起燃烧军团的时候，他再度眩晕起来，只好晃着头让自己保持清醒。

“别太心急。”阿莱克斯塔萨警觉地说，“你需要更多的休息。”

可他需要的远不只是休息，他必须要解除黑龙施加在他身上的不详的咒语，但是没有一头龙意识到他是被诅咒了。死亡之翼一直是龙族之中最狡猾的那个。

克拉苏斯一筹莫展，他转而想到了暗夜精灵。诺兹多姆曾试图向他展现他们的特征。他回忆起那些攻击过他和罗宁的精灵，但是没有一个象的。

“我们离暗夜精灵的土地有多远？”克拉苏斯问道。随后他吃惊地摸了摸嘴巴。他意识到，他说这些话说得很顺溜。显然，耐萨里奥的咒语只关系到龙的部分，别的没有受到干扰。

“我们可以尽早把你带到那里，决不延迟。”年轻的另一个他回答，“但是你说的事情是关于什么的？”

“这……这还是和那件事情有关，但是我的计划改变了。我相信……相信诺兹多姆刚刚联系过我，他想要告诉我一些线索。”

他年轻的自我困惑不解：“你一直做噩梦，还很痛苦！我们好几次听见你的呻吟。真的怀疑时间之龙是否会帮你。他帮龙之女皇还差不多，怎么会是你?”

“不,”女皇纠正道,“我相信他或许知道真相,克莱奥斯特拉兹。但他说,诺兹多姆触碰了他的思想,这点让我怀疑。”

“您的睿智让我折服,我的爱。”

“我必须去暗夜精灵的领地。”克拉苏斯坚持,年轻的红龙就在边上,他也不能现在就揭穿死亡之翼的邪恶改变,没人会信的。他感觉自己变得舒服了点。“我要找到那里的一个人帮忙,希望还不算太晚。”

女皇歪着头,专注地看着克拉苏斯的双眼:“你前面告诉我的都是事实吗? 所有的都是吗?”

“我说的是……事实 龙族——所有的龙——都要面对一场战争。”

“但是诺兹多姆不在,我们就没办法统一意见,别的龙不会同意任何行动的。”

“你必须要让他们信服,破除陈规陋习!”他用力站了起来,“他们就可以安全地待在世界和时间的尽头!”

由此,他把能够想起来的——关于燃烧军团的恐怖——都说了出来。

他们听他讲着关于流血、屠杀、魂飞魄散的可怕故事。听过之后两条龙微微发抖,都吓得够呛。

但即便是这个时候,阿莱克斯塔萨还是坚持:“我们真不能做出决定。我们已经看透了世界,所以我们愿意让更年轻的种族来改变这个世界。即便是耐萨里奥,他守护着大地,仍然喜欢这样。”

他很想告诉她耐萨里奥都干了什么,但是一想起来头就晕。克拉苏斯不情愿地点点头说:“我知道你有你的职责。”

“而你也一样。去找暗夜精灵,去寻求你要的答案,如果你认为这对现在的情形有帮助的话。”她抬头看着她的配偶。考虑了一会儿后,女皇又说:“我要你跟他一起去,克莱奥斯特拉兹。你愿意吗?”

公龙恭敬地低下了头,说:“您的意愿就是我的荣幸。”

“我还要你听从他的领导,我的伴侣。相信我说的,他的智慧对你非常有价值。”

从克莱奥斯特拉兹的脸上看不出他是否相信了女皇的这句话,但是他还是点头同意了。

“已经是晚上了。”阿莱克斯塔萨对克拉苏斯说，“等天亮再走行吗？”

魔法师摇摇头：“我已经等得太久了。”

拉芬克雷斯特的大本营是座巨大的花岗岩建筑，结构有点像棋盘上黑色的车，乌黑的大鸟经常盘旋在建筑上空，甚至还在顶端做窝，说明这是一个坚固的地方，代表着不可动摇的权力。

拉芬克雷斯特的仆人花费超过一代的时间——暗夜精灵一代的时间要比其他大多数种族都要长——耐心地经营着氏族的大本营，渐渐地在岩石间建造起了一个世间罕见的要塞。黑鸦堡——一个只有纯粹黑色的地方，很快就在暗夜精灵的领地里拥有了自己的影响力，成为仅次于女皇宫殿的所在。

当暗夜精灵和矮人交恶的时候，是黑鸦堡的力量决定了胜败。拉芬克雷斯特的氏族成为了荣耀的贵族，暗夜精灵和矮人的血统也相互融合。如果侍奉艾萨拉的上层精灵还有什么人可妒忌的话，一定就是这些在黑鸦堡里的了。

顶层有窗户，但是唯一进入其中的办法是通过两扇铁门。山丘上两扇结实的大门被封得严严实实，守卫森严。只有疯子才会想要硬闯。

但拉芬克雷斯特一到，两扇门就毫不迟疑地打开了。三个囚犯也在队伍里，其中一个是知道黑鸦堡的，而他现在更紧张了。

玛法里奥从来没有想过，他会来这儿，还是被当成罪犯。更加糟糕的是，他无法想象是他弟弟出卖了他们。在他们的旅途中，他知道是伊利丹突然和拉芬克雷斯特联合起来，察觉到了罗宁的魔法。在玛法里奥的兄弟的帮助下，暗夜精灵指挥官把入侵者一网打尽。

指挥官看到兽人的时候相当开心，但是看到玛法里奥的时候就困惑了。

房间被角落放置的水晶宝石照亮，拉芬克雷斯特审视着他抓获的俘虏。指挥官坐在一把石台的高椅之上，这让他可以高高在上，俯视下面三个囚犯。

全副武装的战士规矩地在墙边列队，还有一些围住了三个囚犯。拉芬克雷斯特旁侧有两个抱着头盔的高级官员。伊利丹就侍立在右边。

两名身居高位的月亮守卫来得有点晚。指挥官把他的俘虏带到门口的时候，他们也正好来到黑鸦堡。月亮守卫也察觉到了罗宁的魔法咒语，但是当他们的眼线通报拉芬克雷斯特已经来的时候，他们还没来得及派出人手。巫师并不因为黑鸦堡贵族的举动而高兴，更没觉得伊利丹的进步有什么可称赞的。在他们眼里，他是个不被认可的咒语家。

"抱歉打扰，我的拉芬克雷斯特阁下。"月亮守卫中年长的那个语气变得缓和——他的名字叫拉图苏斯，样子不像个官员——他说，"我必须要求，这些人要转交给我们，要问他们几个重要的问题。"

"你曾经抓住过兽人，但又让他跑了。无论如何，他在我手里事情就好办多了。"拉芬克雷斯特看了看三个人又说，"还真是出乎我的意料。伊利丹，你怎么看？"

玛法里奥的兄弟看上去有点病恹恹的，但是他回答得毫不犹豫："是，阁下，他是我的兄弟。"

"这是显而易见的事。"拉芬克雷斯特审视着被俘获的孪生兄弟，"我听说过你，小子，就像我也听说过你兄弟一样。你叫玛法里奥，对吗？"

"是的，阁下。"

"是你放跑了这个兽人？"

"是的。"

指挥官向前倾着身体，问："有原因吗？什么理由可以为这可恶的行为开脱？"

"我怀疑你是否会相信我，我的阁下。"

"哦，我相信很多事情，年轻人。"拉芬克雷斯特平静地回答，捋了捋胡子，"说实话，你那样做为了什么？"

"我——"玛法里奥别无选择，他们有一百零一种方法让他说出真相。他说："我可以试着解释一下。"

他先说自己跟随塞纳留斯学习，这立即招来可疑的目光。他又说了一再困扰自己的噩梦,还有半神半人如何教他行走于潜意识中的翡翠梦境。最关键的是,玛法里奥描述了令他困惑的力量,这力量带他到了很多地方:主城艾萨琳,还有受人爱戴的暗夜精灵女皇的宫殿。

他们听他讲着**井**,还有宫殿中巫师煽动起来的混乱。他为拉芬克雷斯特、月亮守卫和其他人描绘了一幅绘声绘色、身临其境的画面。

有件事情他没有提及——在他看来理所当然——就是他惧怕艾萨拉女皇的独断专行。

拉芬克雷斯特并没有对他的故事加以评论,而是转向月亮守卫:"你们以前遇见过类似的事吗?"

年长的巫师回答说:"**井**现在异常狂暴,这是因为它的力量被误用了。我们没有监控来自艾萨琳的活动,此后,就有了如此难以置信的故事。"

"是啊,真是难以置信。"长着胡子的指挥官看了一眼伊利丹,又说,"你对你兄弟有什么看法?"

"他是那种心志不坚定容易被蛊惑的人,阁下。"伊利丹不愿意看玛法里奥,"而至于这是不是真的……"

"确实,我可不相信哈维斯和上层精灵在没有女皇授意的情况下,煽动制造了一些恶行。他们的所作所为,就好像女皇是他们的私有财产,别人都没有权利碰一下。"

说到这里,月亮守卫也点头称是。参事和那些艾萨拉周围的人,个个态度傲慢,这是众人皆知的。

"如果您允许的话,"拉图苏斯插话说,"我们在这里得到的线索会传给我们的头儿,他们将监控那些上层精灵,看他们到底干了什么。"

"有一点我很感兴趣。年轻的玛法里奥,你的故事——假如大部分都是真的——解释了你的一些行为,但又怎么能解释你会把种族里的头等要犯释放了呢?"

"我或许能解释得清楚一点。"罗宁突然说。

玛法里奥并不肯定让他开口是否明智。虽然罗宁和暗夜精灵种族有某些含糊的相似处,而且这种相似对他是有利的,但暗夜精灵对其他种族一直不宽容。

拉芬克雷斯特似乎乐于倾听，随意地朝带头巾的法师挥了挥手。

“在我的土地上……离他家乡不远。”罗宁一边解释，一边朝布洛克斯点头，“有一种反常的魔法被激活了。我的人民和布洛克斯的人民分别派了我们去探个究竟。我们各自发现了那反常的魔法，我们不自主地被拖了进去。他落在这附近，我落在另外的地方。”

“那这和年轻的玛法里奥有什么关系？”

“他相信……和我一样……那些反常的魔法是因为前面提到的咒语所引起的。”

“那倒是个好理由。”高等月亮守卫有些怀疑地评价说，“但这个绿皮肤的家伙一点都不像能和魔法扯上任何关系的。”

“我的酋长命令我去的。”布洛克斯用一种挑衅的吼叫来反驳他，“于是我就去了。”

“我不能代表他。”罗宁说，“但是我肯定他是这种学习的行家里手。”他的双眼闪着截然不同的光芒，令月亮守卫不怎么相信他。

沉默了一会儿后，玛法里奥意识到他们还不知道罗宁到底是什么生灵，但是他们在这种意识流的表达中，了解了他。确实，法师被允许说出所有的故事，好像就是为了这个原因。

“也许是我老了，但是我愿意相信你说的大部分话。”拉芬克雷斯特的认可引来了几个官员的侧目，也让玛法里奥感到轻松。如果指挥官很重视他们所说的事，那么……

“但我们还没做出决定。”拉图苏斯宣布说，“这样一些信息并不足信，还需要一些推敲。”

贵族拉芬克雷斯特的眉毛扬了起来，问：“我说的话你还有什么异议？”

他打了个响指，守卫紧紧抓住玛法里奥的手臂，把他拖到了台前。

“现在，我要试试新巫师对我的忠心。伊利丹，我们必须知道真相，然而那可能对你来说并不愉快。我能指望你，为我们证明你兄弟说的都是真的吗？”

伊利丹咽了下口水,然后看着玛法里奥说:“我相信我兄弟,但是我不敢保证那个戴头巾的家伙,阁下。”

伊利丹避开了他兄弟,试图对其他人使用魔法。尽管玛法里奥对这种关心感到感激,但他受不了让罗宁和布洛克斯在他面前被折磨。

“指挥官阁下,这太荒谬了!”一个高等巫师走到台前,轻视地看着伊利丹,“一个没有被认可的咒语家,还是一个囚犯的兄弟,真让人怀疑!”他转向玛法里奥,对着年轻的暗夜精灵威胁地眯起了眼睛说:“法律规定,在牵涉到魔法的问题时,月亮守卫有责任和权力监督所有的审问!”

他走上前,到了一伸手就能够到囚犯的地方。玛法里奥尽力保持镇静,面对黑鸦堡的威胁,他受过的德鲁伊训练能够帮他活命。但是一个巫师对他意志上的拷问,可就麻烦大了。这样的审问会留个全身给他,但是他的精神会破碎,力量也不能再恢复了。

伊利丹从台上跳下来说:“阁下,我来审问我的兄弟。”

不管他的孪生兄弟会对他做什么,玛法里奥猜想伊利丹会比只想得到答案的月亮守卫更加小心翼翼。玛法里奥看着拉芬克雷斯特,希望他可以接受伊利丹的提议。

但是黑鸦堡的主人倚靠着椅子说:“有法必依。他归你了,月亮守卫,但是你只能现在在这里审问他。”

“这很好。”

“想想好,那样他才可能跟你说实话。”

玛法里奥异常真切地体会到,拉芬克雷斯特正试图保护自己免受伤害。但长胡子的老精灵首先是王国的指挥官,如果要以耗费一个暗夜精灵的生命或者意志为代价才能达到目的的话,他不会犹豫的。

“我们会知道真相的。”所有的巫师都会这样说,他朝守卫命令道:“扶正他的头。”

一个全副武装的卫士把玛法里奥放正在月亮守卫面前。穿长袍的月亮守卫上来,用食指点住了囚犯的太阳穴。

一阵惊恐向玛法里奥袭来,他肯定自己尖叫了。脑子一片混乱,旧有的记忆不听使唤地浮现出来。每段记忆都刺进心头,感觉就像是有个爪子在抓他的灵魂,不断往深处挖……

不要乱动! 拉图苏斯粗暴地命令道,老实交待,*这对你有好处!*

玛法里奥想要听从,但是却不知道怎么办。他想他已经说出了所有想到的东西甚至开始阐述自己的补充揣测。至于艾萨拉的表里不一,玛法里奥仍然坚持不说。他们已经不太信任他了,如果再发现他怀疑女皇……

此后,正当不停出现的问题向他涌来的时候,突然停止了。那种感觉没有消失不见,它只是停在那里。玛法里奥两腿软得站不住,不是卫士扶着早就跌倒了。

渐渐他开始意识到什么人在叫唤,半是怀疑半是慌乱。刺耳声音像是来自一个年老月亮守卫。

"真可怕!"别的人也叫了起来,"肯定不是女皇!"

"绝对不是!"

极度的恐惧终于过去了,玛法里奥诅咒了他脆弱的意志。审问还没有开始,他就已经投降了,还抛弃了塞纳留斯的教诲。

"上层精灵! 肯定是的! 这是哈维斯的作为!"另外一个声音坚持说。

"他用邪恶力量来对付自己人!"先前的一个赞同地说。

他们在说什么? 虽然玛法里奥的头脑仍旧不清醒,他仍然确定对话有些不对劲。说话的人太兴奋了,反应也很固执。他只是个等级不高的暗夜精灵,为什么他的一点尚未确定的猜测会让他们这么害怕?

"让我来对付他。"一个声音说道。玛法里奥感觉月亮守卫把他交给了一个人,这个人把他放到了地上。

有人拍拍他的脸,抬起他的下巴。透过迷蒙的双眼,玛法里奥发现他的兄弟正在看他。

"为什么你不立即招供?"伊利丹喃喃道,"两个小时! 你还有什么留着没有说?"

"两个——小时?"

没有回应,伊利丹的呼吸变得轻松一些:"赞美艾露恩! 在你说出有关女皇的那些事情之后，那个老混蛋必然会不惜一切代价挖空你的脑子！要不是他的咒语被立即压制了，你可能只留下一具空壳了！他们还不能对牺牲的弟兄释怀，他们会怪到你头上！"

"他的咒语被压制了?"玛法里奥没什么感觉，审问他的是最高级的巫师。

"他们所有的咒语都被压制了！"伊利丹坚持说，"当第一个咒语失去效力的时候，他又试了一个，但没有奏效，他的同伴试了第三个也一样！"

玛法里奥还是不太明白。他的孪生兄弟说的话听来好像两个月亮守卫都失去了魔法。"他们不能施咒语了?"

"不能，我感到我的力量也废了。"他靠在玛法里奥的耳边说，"我想我还有些控制力，但是所剩无几了，就好像我们被切断了和永恒之**井**的关联！"

骚动还在继续。他听见拉芬克雷斯特问月亮守卫，是否还和他们的同伴保持着交流。其中一个巫师已经承认，那经常出现的联系已经被切断。贵族然后询问他自己的手下，是否他们还存留有一些力量，哪怕是很微小的。

没人例外。

"开始了。"玛法里奥下意识地儿语着。

"嗯?"他的孪生兄弟皱起了眉头，"什么开始了? 什么东西?"

他的目光越过伊利丹，回忆起了被——那些在塔中的人——召唤来的暴力军队。

我不知道。"玛法里奥最后告诉他的兄弟，"我希望月亮女神可以帮我，但还是不行。"越过伊利丹，他看到了布洛克斯和罗宁关切的面容。不管他们知道多少，看上去都是在分担他的恐惧。"我只知道，*开始了*，不管它是什么……"

整个暗夜精灵王国，整个卡利姆多大陆和数以千计的其他物种，都感觉到了失落。他们和**井**的联系被切断了。他们曾经肆意挥洒的力量，现在全没有了。气氛紧张起来，因为就好像有人偷走了月亮。那些居住在宫殿附近的居民，自然就想向他们的女皇求助，呼唤艾萨拉的指引。他们在被闩住的大门前等待，人越聚越多。上面的哨兵看来面无表情，既不去开门也不安抚涌动的人群。

直到过了半夜，城市的大部分区域的精灵都涌向了这里，大门才最终缓缓打开。精灵们都向前拥挤，如奔腾的洪水。他们确信艾萨拉最终会出来回应他们的恳求。

但是，皇宫里出现的不是什么女皇，也不是任何暗夜精灵世界该存在的东西。

而是燃烧军团的第一个受害者。

19

一阵晕眩向克拉苏斯袭来，来得如此突然，差点要了他的命。他刚才还在感慨万千，这很大程度上归因于和克莱奥斯特拉兹直接的接触。龙正迅速带着他朝塞纳留斯的沼泽地而去，半神半人会注意到他们的到来的。诺兹多姆花那么大力气指示他去找一个暗夜精灵，这让魔法师干劲十足——这也是为什么晕眩来得这样突然的原因，他毫无防备，差点从龙脖子上跌下来。

克莱奥斯特拉兹在他要掉下去的最后一刻调整了飞行姿势，可克拉苏斯年轻的自己似乎也莫名其妙地失去了方向。

“你好点儿了吗？”龙朝他吼叫。

“我在……恢复。”克拉苏斯凝视着夜空，试图从刚刚发生的事情中得到些启示。他搜寻了一下他残破的记忆，最后想出来一个可能的解答：“朋友，你知道暗夜精灵的主城吗？”

“艾萨琳？我隐约对它有点印象。”

“调头去那里。”

“但是你要找的——”

克拉苏斯异常坚定：“照我说的做，现在！我们现在必须去那里。”

年轻的自我叽咕了一下，划过天际朝着艾萨琳方向飞去。克拉苏斯前倾着身体，注视前方，等待着传奇城市的第一个标识。他想起来了——他能确定——艾萨琳是暗夜精灵文明的顶点。一座巨大的城市矗立在土地上，前所未见。然而，吸引他的不是繁华富庶的城市，克拉苏斯所关心是，传说中艾萨琳距离永恒之井非常近。

现在也正是永恒之**井**驱使着他。克拉苏斯已经不太记得燃烧军团是怎么初次进入世界的了，但是他仍然头脑清醒，可以做出精密的推测。在这段时间里，**井**就是力量，这种力量不只是恶魔要寻找的，也让他们可以涉足那些被他们摧毁过的国度。

有什么地方直接靠近能量的源泉？那里一定是燃烧军团到达的入口所在！

他们在夜空中翱翔，克莱奥斯特拉兹在空中争分夺秒飞了很长的距离，现在时间过得飞快，克拉苏斯担心浪费宝贵时间的后果是世界无法承受的。

终于，龙叫道："我们马上就可以看见艾萨琳了！你希望能看见什么？"

克拉苏斯其实更希望的是什么也没看见，但他不知道怎么跟同伴解释："我不知道。"

前方出现了亮光，无尽的亮光，他皱起了眉头。当然，暗夜精灵会用些照明来进行夜间活动，但是现在这灯光也太多了一点。即使艾萨琳这样规模的城市，都不会这样亮。

可是当他们两个靠近的时候，他们看见亮光并非来自火炬或者水晶，而是整个暗夜精灵主城熊熊燃烧的火光。

"城市着火了！"克莱奥斯特拉兹吼叫道，"是谁干的？"

"我们下去看看。"克拉苏斯艰难地说。

红龙下降了数百英尺。现在，一切都看清楚了。美轮美奂的彩色建筑在燃烧，有些已经坍塌。雕塑花园和巨大的树窝都着了火。

死尸遍布街头巷尾。

他们被残忍地杀害，老弱病残都没有被放过。很多人都是成群被杀害的，同时还有很多精灵被抓了起来。除了艾萨琳的精灵之外，各种动物，尤其是那些巨大的夜刃豹，都被无辜地处死。

"这里发生了战争！"红龙吼叫道，"不——不是战争！这是有计划的种族灭绝!”

“是燃烧军团干的。”克拉苏斯自言自语道。

克莱奥斯特拉兹改朝市中心方向飞去。奇怪的是,宫殿的毁坏并不严重,甚至连围墙都完好无损。

“你知道这是什么地方吗?”克拉苏斯问他的坐骑。

“没印象,但我知道这片和女皇宫殿的围墙相连的地方,是属于上层精灵的,他们是最受尊崇的暗夜精灵,不知何故都只服务于女皇。”

“再绕着飞一圈。”

克莱奥斯特拉兹照办了。仔细观察,克拉苏斯的怀疑得到了证实。在巨大的灾难中,上层精灵居住的房子完好无损,一个角都没被碰掉。

“西北面有动静,克拉苏斯!”

“飞去那里!快!”

他不需要催促他的同伴,因为克莱奥斯特拉兹也和他一样急切地想弄清答案。这倒没什么可吃惊的,因为他们本来就是一体,性格是完全一样的。克拉苏斯现在看见了已经闯入龙的视野的东西。一股涌动的浪潮,就象蝗虫一样,穿过整个城市。克莱奥斯特拉兹进一步降低,让他们两个能够辨认出下面的每一个景象。

对于克拉苏斯来说,这就象是堕入地狱。

燃烧军团无情地横扫艾萨琳,所及之处,无一幸免。建筑物在他们的力量面前化为废墟。高大残忍的恶魔守卫拿着他们的钉头槌和盾牌,在石墙间敲打出道路,清扫任何阻挡去路的东西。身边盘旋着带翅膀的巨大身影,有着绿色的火焰剑、熔化的铠甲和裂开的脚掌——末日守卫。

当红龙朝军队的前方移动的时候,克拉苏斯认出了猎犬模样的地狱兽,它们是军团的冲锋队。它们特别活跃:不但耸起鼻子使劲闻着气味,而且还把不祥的触须拼命朝前伸。之后魔法师看见了军团抓获的俘虏。难民从市中心开始聚集起来,组成了一支绝望的逃难队伍,穿过狭窄的街道。在他们的背后,是由全副武装的士兵组成的小分队,还有些穿着长袍的人,克拉苏斯相信那就是传说中的月亮守卫。

两者快相遇的时候,前面的月亮守卫想要吟唱咒语,但是他暴露了自己，成为又一个牺牲品。一只地狱兽猛地一跃，就出现在了巫师的面前，触须以惊人的速度射出，吸附在咒语使用者的胸前，将他甩到空中。还没等有人——克拉苏斯和克莱奥斯特拉兹——上前帮他，剧烈扭动的月亮守卫就被吸干了魔法，剩下一具空空的干尸。

红龙怒吼了。克拉苏斯没有办法阻止他年轻的自我上前报复。事实上，魔法师自己被恐怖的记忆弄懵了。燃烧军团进行了屠杀，即使克拉苏斯影响到克莱奥斯特拉兹来这里，现在也没人在乎了。他试图避免对时间和历史有更多的破坏，但是现在的破坏已经足够了。

此刻，后果完全凸显出来。

当克莱奥斯特拉兹扫清了排在前面的地狱兽后，他放出一股巨大的燃烧飓风。这火流不但吞噬了杀害巫师的那只地狱兽，也把后面跟着的猎犬卷了进去。还活着的地狱兽掉头就跑，有一些烧成了重伤。

克莱奥斯特拉兹马不停蹄，转而面向大队人马，第二股火流包裹住了前面的地狱兽，大部分立即被消灭。少数地狱兽在火焰中挣扎，但很快因为烧伤重创倒地。一个烧着了的地狱兽想要扑灭龙息，它跑进一栋建筑物，希望这样可以躲避火势，但是也倒下了。

纵然燃烧军团无法对付龙息的纯粹力量，但是这并没有让他们彻底失去防守能力。一群末日守卫飞到队伍上空。克拉苏斯立刻看到了，虽然他知道很危险，但仍然快速吟唱了一句咒语。

飓风刮起前面的恶魔，把他们甩回到队伍当中，末日守卫在那里乱作一团。

克莱奥斯特拉兹放出了另外一口飓股。

其中五个带翅膀的恐怖恶魔骤然被刮倒，炽热的气流进一步袭向后面的众多恶魔。

剩下的那些末日守卫重新编队，其他的都一下子飞到天上，数量翻倍。

克莱奥斯特拉兹渴望面对面地厮杀，但是克拉苏斯突然感觉到虚弱的苗头。就像阿莱克斯塔萨所说，他们俩差不多就是一个整体——但不完全是。在一起的时候他们的力量消耗比平时都要快一些，这样下去很快要消耗殆尽。

红龙飞得慢了点,也不再那么稳当,即便他还没有意识到这点。

“我们必须要离开这里!”克拉苏斯坚持道。

“不战而逃? 不!”

“难民成功地撤退了,这多亏我们!”他们拖延的时间已经足够暗夜精灵逃到比较远的地方。这次克拉苏斯有信心赶在燃烧军团之前行动起来。“我们必须把咒语交给那些用得上的人! 我们必须要回到开始的计划!”

这么说,让克拉苏斯自己也不好受。在他心里,他很想烧死所有眼前的这些恶魔,但是眼下越来越多的恶魔飞上来。

克莱奥斯特拉兹绝望地吼叫了一声,释放出了最后一股飓风,被风卷起的三个末日守卫一死两伤。红色的巨龙转身就飞走了,尽管他精疲力竭,还是轻易地摆脱了燃烧军团。

当他们再次飞回宫殿,克拉苏斯惊恐地看见更多的恶魔从大门口涌出来。大部分的暗夜精灵卫兵还非常困惑,然而,他们仍然站在那里坚守着岗位。勇士们似乎对于眼下的绝望窘境置之不理。

克拉苏斯以前曾经见过如此麻木的惊骇脸孔。有些人在第二次经历这样的战争时,仍然表现出一样的恐怖举止。*他们被恶魔日益增强的影响催眠了。燃烧军团之主迟早要踏上这片土地!*

当这一切真的发生的时候,他担心世界将不会有未来……也不会有过去。

可怕的声响打扰了艾萨拉的休息。她下令演奏音乐,希望可以借此驱散噪音,但不幸的是,七弦琴和笛子也起不了作用。最后她起身,带着新的贴身护卫,优雅地信步穿过宫殿,第一个看见的不是哈维斯,而是瓦罗森。卫队长单膝跪地将一只拳头放在胸口。

“我至高无上的女皇。”

“我亲爱的队长,外面为什么那么吵?”

满脸疤痕的暗夜精灵抬头看了看她,掩藏了自己的表情:“您亲自去看看就明白了。”

“很好。”

他为她引路，来到一个可以俯瞰主城区的阳台。艾萨拉很少来这个阳台，因为她不想被公众看见，她更加偏爱她房间里那个奢侈的阳台看出去的景色，在那里可以看见永恒之井的角落。

但是眼前的景色已经不再是女皇熟悉的了。艾萨拉的金眸注视着这幅城市的惨景：建筑的废墟、无尽的火海和街头到处的尸首。她向右看，发现上层精灵的墙角完好无损。

“我需要解释，瓦罗森。”

“参事告诉我，眼前的这一切都是渺小到不值一提的，为了更加完美的世界，所有不完美的都要被清除。”

“这是他授意你们干的？”

“是在造物主最为信任的仆人、天界指挥官玛诺洛斯的命令下这样做的。”

艾萨拉曾经和她的参事一起，和令人难忘的玛诺洛斯短暂地见过一面，她为这强大的造物主的仆人所倾倒。

女皇点点头。“如果玛诺洛斯说必须这样，那就这样。我一直认为，在追求荣耀的行为中，总是需要牺牲的。”

瓦罗森低下了他的头：“您的睿智真是无边无尽。”

女皇用帝王般的沉着态度接受了他的赞美。她生活的重要组成部分就是接受赞美。艾萨拉看着眼下的大屠杀，问：“那么这会持续很长时间吗？造物主是不是也很快就要来了？”

“他会的，我的女皇，据说玛诺洛斯称他为萨格拉斯。”

“萨格拉斯——”女皇艾萨拉回味了一下这个名字，“萨格拉斯，确实是个适合神的名字啊！”她捂住了自己的胸口。“我相信当他来的时候，我会第一个知道。如果我不能亲自在这里向他问候，会非常遗憾的。”

“我个人也十分希望能够提前让您知道。”瓦罗森说着低下身，“请原谅，我的女皇，我还有些要事去做。”

她心不在焉地挥了挥手，仍然沉浸在眼前的情景以及神的真义之中。队长只留下她和她的贴身护卫。

在艾萨拉的脑海里,开始描绘一个梦寐以求的世界:一个更加伟大的城市,一座为她而立的荣耀纪念碑。它将不再叫艾萨琳,不,它应该被叫做*艾萨拉*。对于女皇的家乡来说,这是何等适合的名字啊! *艾萨拉*。她默念了两遍,自我陶醉起来。她应该早就做这样的改变,但是现在也不晚。此外,她又有了一个更加有吸引力的想法。确实,她的脸异常完美,是种族的象征,但是还有更加荣耀、更加伟大的……很快他要来。

他的名字叫萨格拉斯。

"萨格拉斯……"她低声念叨,"萨格拉斯神……"一缕天真的微笑浮上她的脸。"他的妻子,艾萨拉……"

信使几分钟就来黑鸦堡一次。所有的信使都被主人接见了,因为每次都有新消息。

每条消息对于拉芬克雷斯特来说,都一样可怕。

所有的暗夜精灵都失去了法力,就连他们这里最有经验的巫师也束手无策。另外,靠永恒之井提供能量源头的咒语力量也失败了,有那么一两次咒语还反噬了。四处都恐慌不已,官员们也无力阻止人民的慌乱。

那些最为重要的地方,艾萨琳附近的地区,毫无消息。

直到现在。

被哨兵带进来的信使几乎无法站立。他的铠甲已经支离破碎,血染全身。他在拉芬克雷斯特面前摇摇晃晃地跪了下来。

"给过他吃的和喝的吗?"贵族问。没有人可以回答,他朝门口站立的卫兵发了火。几秒钟后,有人送来了水和食物。

罗宁和大家在那里等得非常不耐烦。他们已经从囚犯变成了某种无法定义的状态。不是同盟,也不是局外人。他选择在众人后面保持沉默,这样比较能够确保他的地位不再变成囚犯。

"你现在能说话吗?"信使吃了些水果,喝了半袋子水,拉芬克雷斯特大声地问。

“是的……原谅我，我的阁下……我之前实在没力气开口。”

“你能坚持来到这里真是个奇迹。”

跪在他面前的暗夜精灵四下看看，罗宁发现他的眼睛已经瞎了。“我也觉得难以置信，我的阁下。”他咳嗽了好几次，“阁下……我来告诉你……我想……我们的世界要完蛋了。”

他最后说话的平静口气，反而加重了话语中的恐怖气氛，房间里一片死寂。罗宁想起了玛法里奥以前说过的话。开始了。甚至玛法里奥自己都不知道这是什么意思，他只知道某些可怕的事情要发生了。

“你说的话什么意思？”拉芬克雷斯特向前探身，追问他，“你从艾萨琳收到某些可怕的消息了吗？是他们让你传达这个重要的消息吗？”

“阁下……我就是从艾萨琳来的。”

“不可能！”拉图苏斯插话道，“即使是最强的勇士赶这段路途也要三到五个晚上，而且不能用巫术——”

“我比你更了解到底是否可以！”士兵挑衅地坚持道，他朝着拉芬克雷斯特说，“我被派来求援。城里的人把他们微小的力量都聚集起来，送我到了这里！他们可能已经死了。”他咽了下口水：“我可能是唯一的幸存者。”

“城市？小子，什么城市？”

“阁下……艾萨琳正在被毁灭，嗜血的恶魔正在蹂躏这个城市，就像噩梦一样！”

故事从信使的嘴里讲出来，仿佛是一个血淋淋撕裂的伤口。象很多别的暗夜精灵一样，主城的暗夜精灵突然莫名其妙地失去了几乎所有的力量，这令他们困惑不已。许多精灵来到宫殿寻求安抚，聚集的精灵越来越多。

突然，宫殿里则涌出来一大批高大的恶魔士兵，有些带角的，有些长翅膀，他们武装到牙齿，残酷地展开了大屠杀。无边的恐惧袭击了人群，逃跑中甚至互相践踏。

“我们跑掉了……我的阁下……我们试着逃。我只能说从我那个方向逃出来的精灵，即便是最强壮的勇士也没能够坚持多久。

“那群恶魔追了上来，抓住了那些落后的精灵。我们四处逃窜，想离开这个城市，但是还是被恶魔抓住了。”

没有人打断他。没有人质疑他遭受到的混乱。他的眼神和嗓音证明他说的都是真的。

然后信使描述了他是如何来到这里的：一群月亮守卫和官员聚集在一起，试图商量出一些反击手段，必须要通知黑鸦堡。这个重任落在了士兵身上。

“他们警告说，咒语可能不如计划的那样奏效，我或许被送到井底甚至是地狱。”他耸耸肩，“可我别无选择。”

带着紧张，法师们开始了工作。他站在他们的中间，而他们尽量将能量聚集起来。世界开始在他周围隐去……

消失之前，他看见巨大的猎犬冲进了他们聚集的地方。

“我就在距离这里不远的北方出现……我的阁下……受伤了但还有一口气。我花了一些时间找到前哨基地，并得到了一匹坐骑，然后我就尽快赶来了。”

克制已久的拉芬克雷斯特突然向后倒了下去。“那么宫殿呢？宫殿……也毁了？所有人都被杀了？”

信使犹豫了一下说：“阁下，墙上有哨兵。他们在大门没开之前就看着我们，然后无动于衷地看着怪物出来，把我……我们都屠杀了！”

“女皇绝对不会允许那样做！”官员突然说。有的人在点头，但是很多人都没发表自己的意见。

指挥官对此事有着自己的独特看法：“如果这是真的，那么，这一定是上层精灵干的。”

“除非他们疯了！”拉图苏斯争论说，“是，这些巫师一直觉得自己尊贵无比，但是他们和我们一样，都是暗夜精灵！”

“所以我才这么说……我一直纳闷他们的傲慢自信是从哪里来的！”拉芬克雷斯特猛地一拳砸在石椅的扶手上，“别忘了上层精灵遵从参事——哈维斯的命令！”

罗宁听到了被提过的名字，但是现在重复这个名字让他感到晕眩。

他靠近玛法里奥问："谁是哈维斯？"

通过自己孪生弟弟的治疗，玛法里奥已经好多了。他稍微靠着布洛克斯的身体站在别人边上。"他是个离女王最近的宠臣，是女皇最信任的参事，也是拉芬克雷斯特的对手。我并不怀疑哈维斯插了一手，但是他不可能未经艾萨拉的同意就做这样的事情！甚至是上层精灵也绝对臣服女皇！"

"他们才不会怀疑女皇呢！"伊利丹说，"打消这个念头吧，现在，就让他们认为是参事搞的鬼！反正结果都一样！"

虽然罗宁并不完全信任伊利丹，但是在这方面也只能同意这个暗夜精灵。

看来罪魁祸首已经被确定了。拉芬克雷斯特站在那里，对其他在场的人呼吁。他的幕僚们个个都戴上了头盔，好像立马就要去首都。

"所有的月亮守卫，所有具有能力的法师，立即集合！把命令传达到每个人头上，每个指挥官！我们必须组织军队结束这个混乱的局面。"

拉图苏斯面朝贵族："必须重新从**井**里获取能量！那些怪物光靠刀可砍不死。信使怎么说，你都听到了！"

满脸胡子的贵族脸侧过去对着月亮守卫："我希望手边能有点巫术，特别是你们一直自夸的那种；但是，另外一方面，我们目前是有军队的，不是吗？"

伊利丹突然丢下众人站出来："我的阁下，我或许可以帮上忙！我还有一些可以吟唱咒语的能力！"

"太好了！我们需要！艾萨琳的仇一定要报，要把女皇从上层精灵手里解救出来！"

罗宁受不了了。他目睹过燃烧军团做的那些事情，即使这都过去了，但是他仍然不能如克拉苏斯希望的那样忍着什么都不做。

他仍然可以感觉到召唤魔法的能力，可以随意使用。"拉芬克雷斯特阁下！"

贵族迷惑地朝他这里看："你要什么？"

"你需要能够施展魔法的人，我毛遂自荐。"

拉芬克雷斯特看上去挺怀疑。作为证明,魔法师召唤了一个就在左手边的蓝色光球。他花了比平时多的时间,但还不是他全部的能力。指挥官的怀疑消散了。“好的,欢迎你加入我们的队伍。”他一定用余光看到了拉图苏斯露出反对的迹象,“特别是目前也没有别的人帮我们。”

“如果那些切断我们和**井**的联系的咒语,都能被消除的话。”

“这首先需要某些巨大的魔法……如果你能办到的话,月亮守卫,那早就什么问题都没了!”

听着他们的争论,玛法里奥的心沉了下去。这样打嘴仗没有任何意义,现在急需的是行动。但是拉芬克雷斯特倾向于使用魔法,而现在各种魔法都少之又少,那么前景就确实不妙了。除非——

他瞪大了眼睛,或许他也能出点力。

如同他的兄弟和罗宁那样,玛法里奥朝贵族面前站了一步。拉芬克雷斯特用不信任地眼神看着他:“现在轮到你了。你准备像伊利丹那样使用魔法来帮忙?如果你有那样的本事,我很欢迎,我可以宽恕你之前犯的罪行。”

“我用的不是魔法,拉芬克雷斯特阁下,而是另外一种法术。我把我的老师塞纳留斯教我的东西,贡献出来。”

拉图苏斯嘲讽般地笑着:“这可真是个冷笑话!半神半人的法术?”

但是拉芬克雷斯特并没有就此回绝他:“你确信可以帮点忙?”

暗夜精灵犹豫了,然后说:“是的,但不是在这里。我要去一个……比较安静的地方。”

贵族的眉毛扬了起来:“比较安静?”

玛法里奥点头:“我必须去月神殿。”

“月神殿?我甚至没有想到过。这个危急的时刻的确也需要她们的支持——但是你希望在那里做什么?”

为了保有不能确定的那个秘密,玛法里奥回答说:“当然是消除切断永恒之井力量源泉的咒语。”

20

无论如何，对于哈维斯来说，世上一切都是美好的。

他的梦想，他的目标，都触手可及。

此外，造物主对他也相当满意。他和玛诺洛斯设置的咒语产生的障碍，不只切断了**井**的力量与所有人的联系，也几乎屏蔽了上层精灵。他们成功地将入口扩大和定型。虽然时间仓促得只有几个小时，但数以百计的天界士兵都从入口涌了进来。

玛诺洛斯立即发布命令，派遣他们去消灭不配生存下来的种族。哈维斯曾经一度觉得这个主意很残忍，但是现在他完全赞同萨格拉斯的做法。神最了解如何实现参事所要寻求的天堂乐土。上层精灵在宫殿中的那部分住所难道不是被绕开了吗？在那些宫殿的仆人中将诞生一个崭新的暗夜精灵时代，它将会让之前存在的任何时代都黯然失色。

而实现这个目标是哈维斯的荣耀。他优雅地保持着力量的平衡，令咒语不断产生新的屏蔽盾。工作难度比他们想象的要大，如果咒语失败了，那几乎不可能再重来一次。因为入口无法被再次打开并且定型。

哈维斯希望不要出现任何麻烦。宫殿的中心会发生什么呢？

一个身影偷偷进入了房间，不耐烦地四下张望。

“玛诺洛斯在哪儿？”犬王悄悄地问。

“他当然去指挥天界士兵了。”暗夜精灵回答说，“他去清除艾萨琳中不和谐的低等生物。”

哈卡的表情中的某些变化惹恼了哈维斯，似乎他觉得自己说的话很好笑似的。而至于是什么，暗夜精灵又说不出来。

入口又出现了四个恶魔守卫。一个可怕的末日守卫就站在附近，他朝这四个恶魔守卫嚷嚷了几句听不懂的话，他们就立即朝房间走去。

天界士兵迈着令人惊叹的精确步伐，唯命是从，尽忠职守。在哈维斯的心目中，即使是瓦罗森的精锐部队，也比不上他们。

“狩猎准备得怎么样啊?”参事问哈卡。

哈卡的脸上还留有一丝嘲弄：“一切顺……顺利，暗夜精灵之主。我的猎犬和跟随它们的恶魔守卫都清楚自己的使命。玛诺洛斯想捉的人绝不会漏网。”

他转身悄悄走出了房间，留下了满足的哈维斯。犬王哈卡的态度让他很爽，暗夜精灵觉得自己距离造物主的指挥官行列更近了。

参事再次看了看已经成为一个整体的咒符盾牌。入口几码以外，一串在图标上闪着蓝光的节点，正是玛诺洛斯画出来的咒符盾牌的关键处。哈维斯通过充满魔法的眼睛，还可以辨别出其他闪动的结构，橙色、黄色、绿色……还有很多别的颜色。他现在正掌控着一股巨大的魔法力量。

他现在不但掌控着自己子民的命运，也掌控着世界上其余生灵的命运。

月神殿还不知道发生在暗夜精灵王国的灾难。她们没有直接体验**井**被屏蔽的失落，但是她们仍然可以感到突如其来的空虚。当民众都跑去各种神庙寻求指点的时候，全国的女祭司正想尽办法互相交流——在月亮女神的法力下——讨论现在该怎么办。她们选择让人民进来祈祷，让艾露恩给予他们抚慰。他们也试图自己去找出**井**的去向……但是面对月亮女神，他们的占卜失效了。

然而，即使她们保留了女神赐予她们的礼物，也不意味着女祭司在恐怖发生之后是安全的。当燃烧军团蹂躏到首都的神殿时，甚至是遥远的苏拉玛城都感觉到了她姐妹的死亡，感受到她们被无情屠杀时候的极度痛苦。

“姊姊，门口有个人要见你。”另一个女祭司跟泰兰德说。泰兰德这时正在为虔诚的人们倒水。

“谢谢，妹妹。”泰兰德把水壶交给另外一个女祭司，自己快步走了出去。她想只可能是伊利丹。泰兰德其实不想见他，她不知道如果两人又吵起来，自己该拿什么表情面对他。

然而，不是伊利丹，而是一个久别的朋友。

“玛法里奥！”还没有意识到自己在做什么，泰兰德就伸手抱住他，紧紧拥抱着。他的脸颊充血变黑了，轻声说：“见到你真好，泰兰德。”

她放开了他。“你怎么来了？”突然，她心里涌起一阵恐惧，“布洛克斯呢？他们做了什么？”

“他和我在一起。”玛法里奥指了指身后，泰兰德看见兽人在进门的黑暗角落里等着。强壮的勇士看上去不太自在，周围的暗夜精灵对他来说太多了。

她看了看周围，除了庙宇周围，没有什么卫兵。“玛法里奥，你疯了吗？你们两个偷偷跑回城里来，就是为了来见我？”

“不，我们已经被抓了。”

“但如果——”

他温柔地把手指放在她的嘴唇前，让她不要说话。“等会再跟你细说。你知道艾萨琳的劫难了吗？”

“听说一些，但不是很多！玛法里奥，我的心感受到了远处姐妹们的恐惧。一些很可怕的东西——”

“听我说！这一点很快大家就都会知道了。更糟糕的是，月亮守卫对此也无能为力。某种咒符切断了他们需要的井的力量。”

她点点头说：“我们已经猜到了，但是这和你来这里有什么关系？”

“现在我们所处的位置是月亮神室，对吗？”

她想了想说：“先前是，但是现在那么多的精灵都要来这里寻求指引，高级祭司已经把主殿打开，代替月亮神室。现在月亮神室里没有人。”

“好，我们去那儿。”他招呼布洛克斯，兽人跑了过来。泰兰德吃了一惊,兽人甚至还带了把斧子。

“你不是被抓了吗?”她提醒玛法里奥。

“拉芬克雷斯特看没有什么理由继续扣着我们,同意让布洛克斯和我在一起。”

“我欠你们俩的情。”兽人说,“我还欠你条命。”

“你什么都不欠我,”玛法里奥回答说。他又对泰兰德说:“请带我们去神室吧。”

她带着他们向神庙走去。尽管布洛克斯试着混在同伴当中,但是在暗夜精灵聚集的地方,他的外表实在太特殊了。许多暗夜精灵害怕地看着他,甚至有些还叫了出来,他们对他指指点点,好像他就是引起骚乱的罪魁祸首。

当他们要靠近月亮神室的时候,卫兵走上来阻止了他们。最前面的那个曾经跟泰兰德谈论过伊利丹。

“姊姊,月亮女神庙的确是允许任何人进入其中,可是那个兽人——”

“艾露恩有说过,别的种族不配接受月亮女神的恩泽吗?”

卫兵为难地面面相觑,最后有一个终于说:“的确是没有说过,别的种族,但是——”

“但谁不是艾露恩的孩子?是不是他无权进入神殿寻求女神的指引?”

没有人回答。

最后卫兵把围观人群驱散了,说:“最好让他待着别动,外头已经够乱的了。”

泰兰德感激地点点头,说:“我明白。”

他们进去的时候,发现还有另外两个祭司在那里。泰兰德立即上前跟她们解释,需要她们回避,还特别指了指布洛克斯。事实上,兽人出现的时候她们就想离开了。

她回过来问玛法里奥:“你想要做什么?”

“我想再去一次翡翠梦境,泰兰德。”

她一点都不愿意听到这话："你要用神识窥视艾萨琳?!"

"是的。我想去看看,到底什么人对**井**动了手脚。"

泰兰德比他自己还了解他："你不单想要了解真相,玛法里奥。我认为你想做点什么,改变真相。"

他不接她的话,而是研究着神室的中心："那看来是最为安静的位置。"

"玛法里奥——"

"我赶时间,泰兰德。原谅我。"

他拖着布洛克斯,走进了他选定的地方坐下。玛法里奥盘起双腿,抬头看着星光闪耀的天空。

兽人就坐在了暗夜精灵的对面,但是给泰兰德也留下了一个位置。玛法里奥询问地地看着她："你不用留下来。"

"如果月亮女神愿意帮我引导你,保护你免受伤害,我就要这样做。"

玛法里奥给了她一个感谢的微笑,随后就又变得平静："我要开始了。"

泰兰德猛地抓住了他的手。他并没有看她,而是闭上了眼睛,但还是报以浅浅的微笑。

突然,泰兰德觉得他离开了她。

这是一个仓促而绝望的计划。玛法里奥明白,拉芬克雷斯特实际上也没指望能有什么结果。然而,月亮守卫失去能力的事实摆在那里,他也只能病急乱投医。

现在玛法里奥只希望,他真的能做点什么。

泰兰德握住他的手,她的触摸安抚了玛法里奥,过去几天发生的可怕劫难让他实在太紧张了。

他的潜意识扩散向他身边的世界,树木,河流,岩石,比他和塞纳留斯在一起时的东西更多。

然而,这次他不但遇到了自然界中静止的元素,还有躁动的元素。

世界失去了平衡。森林知道,丘陵也知道,甚至天空也感知到了错误。玛法里奥看到的所有地方,都是一片混乱。这个事实打击得他差点昏过去。

所幸,泰兰德轻微的触摸使他稳定下来。他从她那里获得了平和的力量。混乱已经减弱,虽然依旧在那里,但已经不能动摇他。

再稳住自己的心神,玛法里奥触碰自然的精神,让它们感受自己的平静。他理解它们的躁动,许诺会以它们的名义行动。暗夜精灵要求大自然在他需要协助的时候出现,还提醒这些自然精神,要渴望回归平衡。

混乱的感觉再次减弱。但只要上层精灵还在屏蔽井,这种不和谐就始终存在。但玛法里奥至少暂时安抚了大自然。

做完这件事情,他得以再次安全地进入幻境。

摆脱了肉体的束缚,他停下来凝视他的朋友,尤其是泰兰德。这次召唤画面相对容易一些,现实被调换成了田园诗般的风景。布洛克斯和泰兰德立即显现出来……当然,也看见了他自己。

令他吃惊的是,泰兰德脸上滑下晶莹的泪水。他本能地伸手去擦,可是手指却穿过了她的脸。年轻的女祭司好像感觉到他的靠近,于是不但伸手擦去了自己的眼泪,还碰了碰玛法里奥刚刚触摸过的地方。

玛法里奥努力让自己离开,浮上天空。他把注意力集中在艾萨琳的方向,然后加快了速度。熟悉的绿色包围了每件东西。玛法里奥集中注意,再次将幻境和真实世界的元素相交叠。一边像在走,一边像在飞,他飘浮在一个梦境之中,感受着众多方面的真实和潜意识中的世界。

但是在旅行的过程中,他注意到了些别的事。起先他怀疑自己的感觉,但是很快就找到了证据。

老师? 他叫道。玛法里奥感觉到,老师触碰到了他的思想,很轻微。然而,这样轻轻的一碰,足以告诉他塞纳留斯一切都好——最后一只地狱兽也已经被消灭,而半神半人赶着去处理别的麻烦事。玛法里奥意识到,森林之王感觉到了,他的学生出现在翡翠梦境中。塞纳留斯很快让他知道,世界并没有都沦陷。

玛法里奥被塞纳留斯无言的消息安抚后,继续前行。绿色的雾气变得更淡了,很快他看见了下面的世界。现在的他真的像一只鸟在飞一样,快速地穿越过山川,直奔目的地而去。当玛法里奥接近主城的时候,他第一次感到恐惧。信使虽然跟他们描述了可怕的场景,但还不是全部。艾萨琳大部分已经被夷为平地,就好像有根大石棒在它的表面扫了一个来回。外围的建筑无一幸免,到处是火海。然而并不是玛法里奥熟悉的深红色火焰,主城被来自另外一个世界的肮脏绿色和沥青黑玷污了。尽管是在梦境中,当玛法里奥经过它们的时候,他仍然可以感到它们发出的邪恶炽热。

之后,他第一次看见了恶魔。前面的地狱兽已经够巨大可怕了,但是跟在后面的生灵更加让他颤抖,因为显然他们有智慧。头上长着巨角,脸像恶魔一样,还有可怕的躯体,他们为了同一个目的在前进。这群恶魔并不是一盘散沙,而是一支军队。

当他靠近的时候,越来越多的恶魔从宫殿的大门口涌出来。那个巨大而美丽的建筑物毫发无损,这倒没让他惊奇。正如信使所说,卫兵在墙边站成了行。玛法里奥靠近一点,看见他们在毛骨悚然的场景之下眼中居然流露出疯狂的喜悦。银眸涨得通红,有些看上去好像巴不得加入到恶魔的军队中。

玛法里奥感到一阵厌恶,他迅速离开,注意到宫殿另一侧的上层精灵官邸都保存完好。一些女皇的仆人还穿行其中,似乎周围什么都没有发生一样。

他觉得越来越厌恶,于是开始向塔前进。之前来的时候他能感到一股黑暗的力量从永恒之**井**中被牵引出来。上层精灵付出双倍努力引导着。**井**的上方狂风大作,甚至波及到周围。

上次,他感觉到了咒语的力量,试图直接进入塔。但是这次,玛法里奥飞到了比较低的阳台上。如果仅仅是进去的话,有很多种办法。暗夜精灵可以在阳台的上方盘旋,随后沿着开着的入口飞进去。

令他吃惊的是,他成功了。如此轻松地进入塔里,他差点笑出声来。没有人会想到要防范这样进入阳台的方式。上层精灵的傲慢和大意已经使他能够在宫殿里进出自由了。

玛法里奥慢慢地沿着走廊飘荡,想找路上去。在靠近后部的地方,他发现了主楼梯——在它的外面,有几十个巨大的带角士兵守在那里。

玛法里奥第一反应就是缩回身子,不让他们看见自己。不幸的是,没有地方可以躲。他担心他们会攻击自己,但当一队恶魔军队声势浩大地经过他身边的时候,他觉得自己真蠢。

他们是没有办法看见翡翠梦境里的玛法里奥的。他长呼了一口气,看着最后一个恶魔消失在走廊尽头。玛法里奥确定四周无人之后,直起身子爬上了楼梯。

玛法里奥毫不停留地穿过几个房间。他要找的东西是在差不多塔顶的地方,越快找到它,就越可以早些实施计划。

玛法里奥其实也不知道自己该怎么动手。尽管他已经皈依德鲁伊,但还是和伊利丹一样对于巫术很精通。就算在现在情况下,仍然可以施几个法术。再飘上去一点之后,玛法里奥突然碰到了什么东西。他伸出手,感觉了一下空气。一股看不见的力量堵住了去路,可能就是之前阻止他进来的那股力量。或许上层精灵还不是他想的那么大意。

暗夜精灵下定决心,用尽全力向前移动。他感觉到有力量正在拦阻他,就好像那是一面真的墙。然而,他越是推,墙似乎就变得越软,差一点就——

玛法里奥一头冲了进去。如此突然他甚至不能确定自己是不是真的成功了。他转身试着去触摸障碍,却觉得不过只是一股含糊而虚弱的力量。不是他们没预料到会有人以这种方式前来,就是这机关许进不许出。

再上去一点,是两个守卫和一扇厚重的门,那路直接通向上层精灵工作的地方。令人高兴的是,守卫没有看见他,玛法里奥将一只手放在门上,试试能不能开。

他的手指穿过了门,就好像它根本不存在。暗夜精灵鼓励着自己,飘了进去。

他进去之后的第一感觉,是失去了方向感。里面要比从外面看上去的大得多。

玛法里奥

上层精灵、士兵们挤在一起，他们都是从刚刚玛法里奥进来的门进出。他上前仔细看清楚他们的脸，更加震惊。没有同情，没有仁慈——先不想这些，他飘向上层精灵工作的地方，看着他们努力用魔法作恶。上层精灵表现得都不太正常。大部分看上去又累又饿，身上穿着破破烂烂的衣服，连站立都有些费力。但是他们都用眼睛紧张而急切地瞪着自己奋斗的成果——一个凶猛的、搏动的缝隙。

玛法里奥向缝隙的中间看去，但是又突然不得不闭上眼睛。短暂的窥视已让他足以感到里面巨大的邪恶。上层精灵并不明白自己造出来的是什么东西，这让他很吃惊。

甩掉心头的恐惧，玛法里奥转而面对的是女皇的参事——哈维斯。

他曾经听说过参事的假眼，这个有魔力的眼球是哈维斯自己要求换的。红宝石的射线穿过乌木透镜——黑得就像他刚才在缝隙里感受到的邪恶力量。参事站在那里，一种敏感的表情在他粗糙的脸上浮现。起先年轻的暗夜精灵还以为自己被发现了，后来这证明是他自己胡思乱想。

过了一会儿，哈维斯走上前去，穿过玛法里奥，走向上层精灵们，继续面无无情地工作。

玛法里奥花了点时间才从不期而遇的震惊中回过神来。月亮守卫和拉芬克雷斯特认为，哈维斯是造成世界灾难的罪魁祸首。现在看见了哈维斯，玛法里奥才能够体会这点。但他仍然觉得女皇也应该知道一切，但是这得以后再说。

玛法里奥下定决心，朝控制咒符盾牌的军队走去。三个上层精灵巫师站在周围，但是他们好像只起了监督作用，而不是在运作。他飘过他们，上前去研究咒符盾牌的细节。

这是一个令人赞叹的纯人工制品，部分地方是玛法里奥远远难以企及的。但是，他很快就弄懂了怎么干扰它，甚至解除它。

当然，这一切假设的前提就是，玛法里奥能在梦里影响到真实世界。

为了尝试这种可能性，他对着空气讲了一个小笑话。但话还没说出口，一阵微风轻轻地吹乱了一个巫师的头发。

居然成功了,这让玛法里奥震惊不已。如果他可以多这样做几下,完全够把咒符盾牌扰乱,那样月亮守卫就能恢复了法术。

他盯着魔法矩阵的中心,看着它最为虚弱的连接点。

"真是愚蠢。"一个冷冷的声音说道。

玛法里奥本能地向后看去。

哈维斯在他后面看着他。

被察觉了!

参事拿着一块细长的白水晶。他的假眼里——可以明显地看到梦游的玛法里奥摇晃的身体。

一股巨大的力量将玛法里奥吸向水晶那里。他想往后退,但却没有力气了。水晶充满了他的视野……然后他就被吸了进去。

从一个很小的监狱里,他往外看,一张大而嘲讽的暗夜精灵的脸。

"我突然有一个有趣的想法。"哈维斯像个医生一样说道,"你觉得,你要多久才会死掉?"

玛法里奥还没有回答,参事就简单地耸了耸肩:"不然试试?"

说完,他把水晶放到了口袋里,也把玛法里奥投进了黑暗中。

他们来到王国,在那里克拉苏斯希望找到特定的那个暗夜精灵。他不清楚自己怎么知道要找谁,这个精灵就住在这附近。他猜想诺兹多姆留下了这信息,就是防止他找不到。

克拉苏斯默默地感谢克莱奥斯特拉兹,如此周到地考虑到了搜寻中的困难。同时他的希望也重新燃起,这场灾难会很快结束,那样他和罗宁就能够回家了。

当然,他得*先找到*罗宁。

他对自己把罗宁丢下很内疚,但现在好受了一些。他一直要找一个精灵,能被五种基本力量中的一种认出来,这种力量不管对于现在还是将来,都是必须的。当他确定这个神秘的暗夜精灵的方位时,魔法师想要去找罗宁,他亏欠罗宁的实在太多了。

克莱奥斯特拉兹突然放慢速度,渐渐地朝树丛里降落。"我只能带你到这里了。”

“我理解。”没人不会注意到这么大的龙。

红龙降落了，然后低下头，让克拉苏斯可以下来。等他下来以后，克莱奥斯特拉兹观察了一下附近的情况。

“我们不会分开很久，最多一到两个小时。”

克拉苏斯并没有提及一旦他离开他的年轻自己，这两个小时的战争会变成什么样子。

“我不想现在就离开你，”克莱奥斯特拉兹回答说，同时收起了他的翅膀，“尽管你现在成了这样。你可能忘记了我们种族是可以变身的，我会变成某种我们需要伪装的种族。”

龙的巨大身体突然闪闪发光。克莱奥斯特拉兹慢慢开始收缩，外表开始向人类变化。

但是几秒钟后，他又变回了自己原来的样子，眼睛闪闪发亮，急促地喘着气。

“怎么了？”克拉苏斯无助地看着年轻的自己。

“我……我不能变身！试一下就很痛苦！”

魔法师想起了自己的反应：当刚刚来到这个时代的时候，他想恢复龙身却不能。现在克莱奥斯特拉兹遭受到同样的困难就一点都不惊奇了。“别再试了，我自己去那里吧。”

“你确定吗？我注意到，当我们在一起的时候，我们两个都能舒服点儿。”

克拉苏斯内心既焦虑又骄傲，相信年轻的自己也看到了真相。克莱奥斯特拉兹知道原因吗？

他要是知道就不会这么说了。可是，克莱奥斯特拉兹说：“好吧，你走吧。”

“你会留在这里吗？”

“尽量吧。暗夜精灵也不是经常在这个地区出没，而且这里的树又高又大，容易隐蔽。如果你需要我，我会随叫随到。”

“我知道你会的。”克拉苏斯回答说，因为他很了解他自己。

魔法师告别了克莱奥斯特拉兹，开始了前往暗夜精灵聚居地的艰难行程。然而，就在他要消失在克莱奥斯特拉兹的视野范围之外的时候，龙轻轻地呼唤着他。

“你觉得你能找到那个精灵吗？”

“我只能希望如此。”他并没有说，如果他没有找到怎么办，那么每个人都会难过的。克莱奥斯特拉兹点点头。

克拉苏斯靠城市越近——离开龙就越远——他就越感到身体疲倦。然而，尽管他变得虚弱，但是咬牙拖着瘦长的身体前进。那个暗夜精灵会出现在某个地方。克拉苏斯还不知道找到这个暗夜精灵之后要做什么。他只希望诺兹多姆或许留下了信息，并把它放在了他的潜意识里，需要的时候就会释放出来。

如果不是，那就要靠克拉苏斯自己的判断了。

他走了很久，但至少他看见了第一个文明的信号：远处的火把标记出了一圈围墙，或者，甚至可能是城市的入口。

现在最难的事情出现了。虽然他现在的样子多少有点像暗夜精灵，但是他们仍然会觉察出他是个异类。或许把斗篷拉到前面来挡着，身子佝偻一点会好一些——

克拉苏斯突然觉得在森林里不止他一个人。

他们从四周围过来，暗夜精灵们穿着大体相似的铠甲——和那些早先抓捕他的暗夜精灵一样。长矛和利剑对准他。

一个年轻、严肃的战士从马上下来，然后走近他，说道：“我是影歌，你被捕了！如果你束手就擒，我们就会公平地对待你。”

没有别的选择，克拉苏斯举起双手让精灵绑起来。然而，他的内心，却对这次被捕颇为满足。现在他知道去城市的路了。

而一旦到了那里，他就要想法逃走……

21

当罗宁要骑上夜刃豹的时候，豹子发出了嘘嘘声。他拉紧缰绳，希望这野兽知道要去哪里。

“你坐稳了吗？”伊利丹问他。

玛法里奥的兄弟已经成为人类法师非正式的护卫，伊利丹可能自己一点也不介意。他密切地注意罗宁的一举一动，希望能学到点什么东西。即使那跟魔法没什么关系，伊利丹也非常留意。

罗宁很快就明白到底是怎么回事。在现存的种族里面中，他代表着最具权威的魔法之源。暗夜精灵非常傲慢，所以显然看不透自己使用的魔法。的确，罗宁发现越来越难从自己的咒语中获得力量，但是还不像精灵那样无助。只有年轻的伊利丹跟罗宁能力相当。

*我可以帮他。*法师罗宁决定，*如果他想学，我就教。*无论罗宁个人如何看待玛法里奥的孪生兄弟，他还是看到了伊利丹的潜力。

他只希望这样的潜力在将来遇到燃烧军团的时候能派上用场。

他们骑马出了苏拉玛城，以最快的速度朝艾萨琳而去。罗宁离开的时候觉得有点恐慌，因为现在和克拉苏斯的距离更加远，魔法师悲观地觉得自己永远回不到未来了。他只希望，温蕾萨和孩子无论生活在哪个时空里，都能过得好。

如果这世界还有未来的话。

拉芬克雷斯特尽全力夜以继日地行进，连夜刃豹都跑不动的时候，他才不情愿地喊停。

他们的队伍扩充了，沿途有其他精灵的加入，数量已经超过了一千，还有更多精灵陆续加入其中。拉芬克雷斯特希望在遇到敌人之前，部队的规模越大越好。他的想法和罗宁正好不谋而合，他清楚地知道恶魔力量的可怕。

一步步想清楚要怎么做之后，法师最终还是接近了拉芬克雷斯特，把所有自己能回忆起来的敌人信息全都告诉他。他解释道，燃烧军团曾经入侵过“遥远的土地”，破坏每一样东西——这些毫无疑问都是真的。罗宁还向贵族描述了那场可怕战争的进程，在把恶魔打败之前，有多少地方惨遭蹂躏。

然而拉芬克雷斯特到底会相信多少，这就不得而知了。但至少他把罗宁关于恶魔的描述放在了心里，并且要求士兵们针对恶魔的弱点调整战术。拉图苏斯和月亮守卫还不知道，和地狱兽交锋将会出现怎样的情形，拉芬克雷斯特向他们保证，最精良的小分队总是在他们身边。而且他也命令那些战士，会尽量先攻击地狱兽的触须，先把危险消除。

暗夜精灵指挥官觉察到罗宁说话多少有些隐瞒，但是他并没有逼问罗宁，因为有价值的信息都已经说了。他也觉得罗宁信心满满，势在必得。

尽管他们的队伍越来越长，但是他们并没有慢下来。一个精灵，两个，然后是三个……罗宁施念了一个小小的咒语，就能像同伴们一样在黑暗中看清周围环境了。他快速调整到夜间的活动模式。然而他仍警觉地意识到，恶魔根本不在乎是在太阳底下作战还是在月亮底下。燃烧军团的战士是全天候作战的。防守的一方白天的时候也应该准备好迎战他们。

当暗夜精灵靠近艾萨琳的时候，他们注意到一束怪诞的绿光照亮了前面的区域，这光似乎不是从幽暗的天空中散发出来，而是从城市里发出来的。

“是艾露恩！”一个士兵自言自语道。

“镇静！”拉芬克雷斯特命令道。他身体前倾，向前凝望。“有东西正朝这里移动，而且很快。”

罗宁并不需要问什么:“是他们。他们已经知道我们要来,所以打算来个迎头痛击。他们从不浪费时间。燃烧军团活着就是为了战斗的。”

指挥官点点头:“我本来想四处侦查一下,探明敌人虚实。但是如果他们希望立即开战,我们是无论如何也不会让他们失望的。听候号令!”

号角齐鸣,暗夜精灵的队伍分散开来,变成战斗阵型。现在,一支千人大军,身披铠甲的骑兵和步兵排列整齐,看上去非常壮观。罗宁回想起了盟军,当他们准备和亡灵天灾作战的时候,那时他同样恐惧。

他也想起了那天的阵线,是如何被入侵者摧毁的。

不会再这样了!他看着伊利丹。但面对即将到来的强大敌人伊利丹有点颓丧。

“不要在恐惧中迷失自己。”法师说。他知道丧失信心会造成怎样的后果。“你是有天赋的,伊利丹。我已经教了你两招,如何获得力量。我们确实和**井**切断了联系,但它的精华弥漫在土地、空气,还有其他地方。如果你能感知到它,你就能利用它的力量,就像没有咒符盾牌的时候一样。”

“我听从您的智慧教导,老师。”年轻的暗夜精灵幽幽地说。罗宁以前曾经听到过这个字眼,尤其是玛法里奥提及他的老师的时候,半神半人的塞纳留斯。他想知道现在森林之王在哪里。在这个时候,很需要他。

随后,第一个可怕的身影走进了视野,罗宁脑子里就只想着活命了。

活命……还有温蕾萨。

燃烧军团到处破坏,而且他们要扩大战果到整个大陆。地狱兽嚎叫着,身后的恶魔也集结在那里,看到眼前一排排的身影,快乐地吼叫起来。这里,更多无辜者将被杀害,更多的血会飞溅出来。

在一声令人胆寒的喊叫声后,他们向前进发。

拉芬克雷斯特点点头。“射手准备!”一个官员叫道。

超过一千把的弯弓对准了天空。

贵族将手高高举起,看着前方。恶魔群越来越近,他挥下了手,箭像雨点儿一样朝敌人身上落去。

尽管知道死亡也许就在前方，燃烧军团仍然没有放慢速度。

箭涌如潮。

他们可能是恶魔，但他们还是肉身凡胎。第一排的箭几乎全部射中了地狱兽，有些地狱兽身上插了太多箭杆，死了都倒不下去。地狱兽们纷纷倒地。一两个末日守卫也从天上掉落下来。

但是燃烧军团的恶魔踩踏在自己人的身上，就好像没有看见一样。地狱兽们无视死去的弟兄，咆哮着，垂涎三尺地接近暗夜精灵的大军。

“该死！”拉芬克雷斯特自言自语道，“再来一次齐射！快！”

射手们精确瞄准，又准备好了。贵族已经没有时间统一命令他们发射。

死亡之箭再次冲向群魔，但是这次已经不那么有效了。现在，燃烧军团举起了盾牌，形成一个良好的防御阵型。“这些不单单是野兽，”罗宁边上的一个官员说，“他们学得太快了！”

拉芬克雷斯特没理会他。“所有射手退后，在阵型中放置好火焰。枪骑兵，准备冲锋！”

“我的阁下！”罗宁叫道，“我可以去吗？”

“都到这时候了，法师，你做什么都可以！去吧！”

罗宁看着注视着恶魔军队即将经过的大块地面。他集中思想，使出魔法。比平时更费力些，但还是可以做得到的。

他眯起了眼。

燃烧军团面前的地面裂了开来，岩锥凸起，尘土飞扬，俨然像是一排重炮轰过。好多恶魔守卫被炸到了天上，还有很多被埋在了巨石下面。巨石砸断地狱兽的脊梁就跟折断小树枝一样轻松。前进的大军被遏制了势头，他们相互乱作一团。

射手们利用这个机会，朝群魔又发射了一排箭。大量的弓箭落下，场面越发混乱。

暗夜精灵军团里一片欢呼。月亮守卫则有些嫉妒地看着罗宁。拉图苏斯朝他的随行巫师大吼，让他们赶快行动。

但是暗夜精灵巫师的法力看来远不及罗宁。降临在燃烧军团上方的能量圈时不时地变弱。有一大批恶魔倒地了，但是还有一些恢复了起来。

“他们不行了!”伊利丹打了个响指。

“他们没放弃反攻。”魔法师纠正道。

年轻的暗夜精灵没有争辩,他突然手指着群魔,喃喃自语起来。

燃烧军团前排几个地狱兽的喉咙周围,黑色能量不停盘旋。恶魔们放下了他们武器和盾牌,尝试着撕裂这能量环,但是还没能得逞,他们的触须就从脖子那里开始烧了起来,一直燃到骨头……最终每个伊利丹锁定的目标都被杀死了。

罗宁掩盖住自己的不悦。暗夜精灵选择的攻击方式让他恶心,但是当伊利丹来寻求赞同的时候,他还是点点头。他不能挫败唯一有能力的人的劲头。如果将来和平到来,罗宁会教伊利丹用更好的方法来对付敌人。

可是如果他们活不过今天,那么……

燃烧军团再次涌上前来,脚下践踏着自己同伴的尸体。边冲变叫,他们高举起钉头槌和其他武器,在那里挥舞着。

“我们现在要和他们近身肉搏。”拉芬克雷斯特决定,“你们两个留在后面,做你们能做的事情!你们现在是我最好的武器……可能永远是!”

伊利丹朝贵族低下头:“多谢,我的阁下。”

“这是事实,年轻人……可怕的事实。”

暗夜精灵指挥官策马前行,加入到战士的队伍中去。拉芬克雷斯特提起武器,高高举起……

枪骑兵绷紧神经。在他们的后面,步兵镇静地站着。最后面,射手准备着又一轮的发射。

拉芬克雷斯特挥下了剑。

号角齐鸣。射手发射了弓箭。

暗夜精灵军队朝敌人冲锋过去,夜刃豹吼叫着冲向恶魔。

枪骑兵冲近之前,弓箭开始了袭击掩护。前排的恶魔被分了心,纷纷被砍倒。

拉芬克雷斯特正是想要利用暂时的混乱。

暗夜精灵战豹的速度,让枪骑兵很快得以深入敌军腹地。尽管恶魔守卫个头很大,还是有几个被抛到了空中,暗夜精灵的利矛刺穿了他们的铠甲,直达血肉。

冲锋的绝对力量让燃烧军团暂时地后退了。暗夜精灵战豹的威力更大,它们撕咬着恶魔。步兵从后面包抄,从缝隙中钻入,只要不是自己人的地方,就乱戳一气。

他们的矛的确非常有用。骑兵戳翻了无数恶魔;远远的后方,射手则继续不断地发射弓箭。

另外一队人马中,拉芬克雷斯特也在其中,仍然等待着战机。他扫视着战场,研究每个打斗过程,寻找着薄弱的环节。

罗宁和伊利丹也没有闲着。魔法师吟唱着一句咒语,把一部分恶魔头上的空气凝固起来,变成空气弹砸下来;伊利丹——在这个时候——重复地念着蛇纹石咒语,每次都能杀死几个恶魔。

月亮守卫也竭尽全力,虽然力量不大,但也帮上了点忙。尽管他们已经尽力克制缺乏与永恒之井联系而引起的沮丧,但表情还是越发沉重。

之后,有一个暗夜精灵巫师突然尖叫着向后摔倒,皮肤象像化的蜡一样流下来,倒在地上的时候,已经变成了一具白骨。别的月亮守卫惊愕地看着尸体。拉图苏斯责骂着,让他们回到自己的位置上去继续战斗。

罗宁迅速扫视燃烧军团,寻找着咒语的来源。没花多少工夫,他就找到了罪魁祸首,一个不祥的身影站在队伍的后方。巫师就像一个恶魔守卫,但长着爬虫般的尾巴,身着华丽的铠甲,铠甲的外面还披着黑色和血红色的长袍。他观察战场的眼神,显露出一种远高于前线那些恶魔的智慧。

罗宁以前从来没有亲眼看到过这个家伙,但是法师还是认出他是个艾瑞达巫师。他们不只是燃烧军团的巫师,也是军团的官员和战略家。

但是,这个艾瑞达巫师错误地以为,是月亮守卫发出了最具破坏力的咒语。这给了罗宁可趁之机。

罗宁一直看着他,当他发出恶魔咒语时,罗宁控制住了它,然后反噬于艾瑞达巫师。

恶魔巫师顿时傻了眼,他的皮肤就这样融化了。他发出一声野兽般的叫声,眼睛转而盯着罗宁看。

这是恶魔巫师最后的动作,恶魔的嘴巴继续张大,因为没有东西可以支撑他的颚骨。就在那个瞬间,那个已经没有肉的身躯站在那里——然后白骨也坍塌了,最后消失在无边的恶魔守卫涌动的脚边。

缺少了指挥官,一部分的燃烧军团士兵变得茫然无绪。暗夜精灵进一步逼近,而前排的恶魔们只能退缩了……

"我们要打败他们啦!"一个年轻的官员急不可耐地对拉芬克雷斯特说。

末日守卫用鞭子赶着地狱兽前进。更多的地狱兽拼命穿过防守的暗夜精灵,冲到魔法师身边。

两个恶魔向骑兵毫不犹豫地猛冲过来,暗夜精灵发出了尖叫,防线被冲开了一个缺口,恶魔钻了过去。

"向前进!"拉芬克雷斯特朝他的部下叫道,"不要让他们切断我们的阵线!"

他身先士卒地冲向闯进来的巨大恶魔。拉芬克雷斯特亲自斩断了一只地狱兽的触须,然后一刀砍掉它的头,夜刃豹扑倒在恶魔士兵的身上,用自己锐利的牙齿将恶魔撕得粉碎。

队伍的缺口慢慢减小……然后消失了。暗夜精灵的队伍又恢复了阵型。

虽然他们现在有了一个坚固的前沿阵线,但是防守的暗夜精灵还是被压迫着。相比被暗夜精灵们杀掉的恶魔数量,两倍多的敌人又增援了上来。

罗宁一边咒骂一边吟唱另外一条咒语,朝他们发出致命的火焰闪电攻击。他的力量越来越强,他知道如果有永恒之井,他会更厉害。伊利丹尽他所能,使用任何想得到的魔法消灭恶魔,很快就累了,而罗宁也好不到哪里去。如果永恒之井的力量可以被正常使用,他们俩就能少念几个咒语,但是效果却会更显著。

在暗夜精灵撤退的时候,引起了更多的尖叫。地狱兽把步兵给撕裂开来。末日守卫在骚动中跃起,然后一头扎进了暗夜精灵堆中,胡乱挥动着武器。恶魔开始变得到处都是，像雨点儿般落在防御的暗夜精灵身上，仿佛之前暗夜精灵放出的箭一样。

另外一个月亮守卫看见一只溜进来的地狱兽而大叫了起来。四个步兵试图切断他的触须，然后把刀锋扎进它的胸腔，但是对魔法师来说已经太晚了。

射手的另外一拨箭雨上来了，但恶魔立即在背后包围了他们。虽然逃跑了大部分，但还是有一些站在原地，僵住了。

那些死去的射手，就像是被他们自己的箭刺穿了喉咙和胸膛。

罗宁找了找，发现并没有艾瑞达巫师在作怪。他再次诅咒自己没有分身之术，而现在的状况并不是他希望看见的。

我们的兵力正在减少！ 他们已经用尽全力，但是士兵抵御恶魔，需要月亮女神，而月亮守卫需要**井**的能量。在黑鸦堡的时候，玛法里奥说他能去解除上层精灵放在那里的咒符盾牌，但是那已经过去好几天。罗宁只能认为年轻的暗夜精灵玛法里奥的行动没有成功……或者他死了。

“阵线又一次变形了！”有个精灵叫道。

罗宁把玛法里奥抛到脑后，这里只存在战争……战争和温蕾萨。这可能是他对她最后一次的无言告别，他再次看了看无边的恶魔军队，想吟唱出另外一个咒语，虽然他知道这还远远不够。

但是这里还有什么力量，*什么人* 可以抵御燃烧军团？

“祭司，那里有什么变化吗？”

泰兰德摇了摇头：“什么也没有。身体活着，可是精神却涣散了。”

兽人皱了皱眉头：“他会死吗？”

“我不知道。”也许死了更好？她实在是不知道。已经三个晚上了，泰兰德守着玛法里奥的身体，先是在月亮神室里，然后是在庙宇深处的一间破屋子里。这些高级女祭司非常同情他，但是她们也不知道能为朋友做些什么。

“他也许就这样永远睡下去了。”有一个祭司告诉她，“身体会因为缺乏营养，衰弱而死。”

泰兰德试着去喂玛法里奥,可他就像死了一样毫无吞咽反应。她不敢把水滴进他的喉咙,生怕呛到他,令他窒息。

昨晚,布洛克斯谨慎地建议,如果他们觉得没有希望,倒不如尽快了结玛法里奥的痛苦。他甚至愿意亲自动手。泰兰德听到这主意的时候觉得很可怕,但她明白,兽人已经做到了朋友能做的一切。他在乎玛法里奥。

他们不知道他在做什么梦。他们唯一知道的就是翡翠梦境就在周围漂浮,但不知为何就是进不到里面。泰兰德怀疑,玛法里奥在摧毁咒符盾牌的时候,遇到了什么麻烦。也许他的精神已经在这次行动中灭亡。

想到要失去玛法里奥,泰兰德感到前所未有的痛苦。甚至于伊利丹的危险任务,都不曾让她这样担心。诚然,她也为伊利丹所担心,但是那种担心不同于眼下。

她摸着他的脸,女祭司已经不止一次地想着,*玛法里奥……回到我身边吧。*

但他还是没有醒来。

绿色粗壮的手指温柔地触碰了她的手臂。泰兰德看着兽人焦虑的眼神。他对她来说,此刻一点都不丑陋,只是一个和她一起忧伤的灵魂。

“祭司,你没有睡觉,也没有离开过这间屋子。这样不好。出去走走吧,呼吸一下夜晚的新鲜空气。”

“我离不开他——”

他并不理会她的话:“你想做什么呢?什么也不需要你做。他就在那儿躺着,很安全。他不要你这样。”

其他人看着兽人,觉得他野蛮又粗鲁,但是泰兰德越发觉得这野蛮的身躯只是出生在了一个原始的社会中。他理解一个活生生的生命的需要,也理解失去这种需要时的痛苦。

如果她自己虚弱或者病倒,她就无法帮助玛法里奥,连自己都保护不了。她只能走开。

“好吧……但就几分钟。”

布洛克斯扶起她。年轻的女祭司发现双腿无力,几乎没有办法支撑身体。她的同伴是对的。如果她还希望为玛法里奥坚持下去，那么就要振作起来。

在兽人的陪伴下，泰兰德穿过神庙来到了大门口。在此之前，外面的大厅里挤满了惊恐而困惑的精灵，都想要从月神的仆人那里得到安抚。

她担心他们必须要挤出一条路来，但是人群看见布洛克斯就避开了。他不顾他们的议论和歧视，大步朝前走，但是泰兰德觉得很窘迫。艾露恩宣扬众生平等，只是暗夜精灵很少会尊重别的种族。

他们两个步入广场。一阵清风向泰兰德吹来，令她回想起了自己的童年。她喜欢风，没什么缘由，她就爱张开手臂去拥抱它。

泰兰德和布洛克斯在那里站了几分钟。之后，她再次难过起来，她想起了童年时光，包括和玛法里奥在一起的时候。最后她向兽人道歉，坚持还是回到里面比较好。布洛克斯只是点点头，表示理解，然后跟在了后面。

然而，在他们还没有踩到神庙台阶的时候，一个苏拉玛城守卫朝她大叫一声。泰兰德犹豫了一下，不确定是否是因为布洛克斯，才来找她。

但是明显这个官员为了别的而来。"姊姊，原谅我，我是影歌。"

她认出了他的脸。他只比她年长一点，眼睛稍微有点斜，所以表情里总有怀疑的成分，尽管他极力想表现出友好和礼貌，就象现在这样。

"你希望我做什么，影歌队长？"

"我斗胆占用点您的时间，我有个犯人需要帮助。"

起先泰兰德想要拒绝，她急着想回到玛法里奥那里，但是她的责任告诉她要留下。她怎么能够拒绝那些需要她治疗术的不幸者呢？"好的。"

影歌队长斜眼看了看跟在后面的兽人。"那东西要跟着我们吗？你可否让他站在这里等，尤其是在这样一个混乱的时候？"

祭司不情愿地摇摇头。影歌只得把兽人一起带上。

苏拉玛城很少有关押囚犯的地方，大部分囚犯都关在了黑鸦堡。影歌队长让他们建造的监狱，原本是一棵老树的树基。根部构成了建筑的框架，别的部分工人们都用石头当材料。除了拉芬克雷斯特的要塞和苏拉玛城城墙之外，没有比这更加坚固的建筑，大家都很为此感到骄傲。

泰兰德恐慌地看着那冷酷的建筑，从它单调的外表就想象得出，它是关押最恶毒的恶棍的地方。然而，当队长邀请她进来的时候，她振作一下自己，不让自己表露出任何情绪。

外面的一间房间除了一张桌子以外，什么家具也没有，那桌子也显然是给站岗的官员用的。大部分苏拉玛城的武装力量都走了，剩下的那些影歌队长的同僚们忙着维持稳定。

“我们是傍晚在森林里发现他的，就是拉芬克雷斯特和远征军离开的那个傍晚。我们很多的侦察咒符都失败了，姊姊，但是有些还有用。其中一个警告我们对入侵者小心。他和一些最近逃亡的犯人一起——”他看了看兽人。影歌队长清楚地知道，布洛克斯现在已经不能算是囚犯了，否则早就动手把他抓起来了。“我们只能立即调查。”

“那和我有什么关系？”

“那……犯人……我们发现他已经非常虚弱。在判断这不是个陷阱之后，我们把他带了回来。从那以后，他就没有好过。因为他奇特的习性，我要确保他在拉芬克雷斯特回来的时候，还活着。所以我去找你帮忙。”

“那么，不管如何，请带路吧。”

房间的后面只有十二个小房间，官员告诉泰兰德下面还有更多空间。她礼貌地点点头，有些好奇，到底什么样的生灵躺在里面。有布洛克斯做前例，她几乎希望这是另外一个兽人，但是影歌队长对布洛克斯的态度打消了她的这个念头。

“他就在这里。”

女祭司还以为是一个巨大而凶猛的生物，但是他的身形并不比一般的暗夜精灵要高，而且更瘦削。在宽松的长袍下，她注意到一张非常苍白的同族的脸，像鬼一样缺乏生气，眼睛不大。从他的头巾判断，他的耳朵也挺小。

“他看来像是我们中的一员，但不是。”她说。

“像我们中的一个鬼魂。”队长纠正道。

但是布洛克斯向前移动，似乎被这令人不安的身影催眠了：“精灵？”

“或许……”囚犯用一种比他外表深沉的口吻说，他似乎也对布洛克斯感兴趣，“一个兽人在这里干什么？”

他知道布洛克斯是什么种族，泰兰德发觉这非常有趣，特别最近遇到这么多特殊的来客。

囚犯严重地咳嗽引起的她的注意，她坚持队长影歌为她开门。

当年轻的祭司靠近他躺着的垫子的时候，忍不住又看了那张脸。他的脸显现出超乎外表的内涵。她从中感觉到无尽的睿智和丰富的阅历，这渐渐地震撼了她的内心。不知道怎地，泰兰德觉得这是一个非常非常古老的生物，他现在的样子跟他的年龄一点关系都没有。

“你很有天赋。”他低声说道，“我希望是这样。”

“你在担心什么？”

他给了她一个父亲般慈祥的微笑：“没事，你有治愈我的能力。我让队长去找一个像你这样的人，因为快没有时间了。”

“不是你叫我去的。”影歌反对说，“是我自己决定去找她的。”

“就像你说的那样。”但是犯人的眼睛流露正好相反的内容，然后再次看了一眼布洛克斯，“我没想到你也在这里。这才让我担心。”

兽人哼了一声：“别人也这样说。”

“别人？哪个别人？”

“那个长着红头发的人说……”说到这里，布洛克斯停顿了一下，偷偷地看了一眼护卫队长，轻声说道，“很久以前说的。”

令泰兰德吃惊的是，囚犯坐了起来。影歌队长向前跳了一步，已经拔出了武器，但是女祭司摆手制止了他。

“你看见了罗宁？”

“你认识他？”泰兰德问。

“我们一起来的，我想他被抓住了，关在别的地方。”

“在塞纳留斯的沼泽地里。”她说。

他真切地笑了：“不知道是巧合还是命该如此，要不就是诺兹多姆促成了这件事情，真不容易！是的，那地方……可是，你怎么知道的？”

“我去过那里了……和我的朋友一起。”

“你去过了?”那憔悴的脸凑近了过来,“和朋友?”

泰兰德不肯定现在该怎么对待他。他知道很多一般暗夜精灵不知道的事情,这点她可以肯定。“你能先告诉我你的姓名吗?”

“原谅我的无礼!你可以叫我……克拉苏斯。”

现在布洛克斯反应过来了。“克拉苏斯?罗宁提到过你!”兽人上前单腿跪地,“大哥……我是布洛克斯……这是女祭司——泰兰德。”

克拉苏斯皱起了眉头。“好像罗宁说得太多了……而且引发出了更多后果。”

布洛克斯的反应触动了女祭司,她站起来转向队长:“我想要带他去神殿。我相信在那里他可以得到更好的治疗。”

“不可能!如果他逃跑——”

“我保证他不会逃走。而且,你自己也说过,他必须要活下去。总之,拉芬克雷斯特必须看到活着的他!”

护卫官员皱了皱眉头。泰兰德朝他露出一个微笑。

“很好……但是我就必须要在那里亲自保护你了。”

“当然。”

她扶克拉苏斯站了起来,布洛克斯来到他的另外一边。泰兰德靠近他的时候,她发现了克拉苏斯心满意足的微笑。

“有什么事情让你高兴吗?”

“自从我错误地出现这里,这是第一次让我感到,有希望了。”

他没有想要解释什么,她也不需要。他们扶着克拉苏斯离开了监狱。泰兰德意识到,克拉苏斯在某种程度上,没有玩什么把戏。他非常虚弱。尽管如此,她仍然在他身上感觉到了魄力。影歌跟着一起回到了神殿。这次,还是兽人用可怕的外表,为他们开出一条路来。

泰兰德害怕护卫和高级祭司会阻碍他们,但是,像她一样,她们也似乎本能地感觉到了克拉苏斯的不同。年长的祭司们朝他弯腰,尽管她们也不明白是为什么。

“艾露恩做了个正确的选择。”当他们靠近起居殿堂的时候,克拉苏斯说道，“这点，在我看见你的时候我就知道了。”

他的话让她脸红了，但不是因为男女之间的那种暧昧的情愫。而是，泰兰德觉得，好像自己被一个年高德厚的长辈称赞了一番。

她原本要带他到一个单独的神室里，但是没有多加考虑，她就把他带到玛法里奥待的那个房间。最后一刻她才意识到这点而停了下来。

“有问题吗？”克拉苏斯问。

“不……只是那个房间里有我一个受伤的朋友——”她还没来得及进一步解释，带着头巾的克拉苏斯就挣脱了她的搀扶，朝着玛法里奥俯伏的身躯扑去。

“机缘，命运，或者是诺兹多姆，确实如此！”他轻声说，“什么把他变成了这样？快说！”

“我——”泰兰德不知该怎么解释。

“他走进了翡翠梦境。”布洛克斯回答说，“还没有回来，大哥。”

“还没有回来……他要去哪里呢？”

兽人告诉了他。克拉苏斯够苍白了，泰兰德觉得现在他变得更加惨白。

“去所有的地方……”他痛苦地喘着气，“如果我离开那里的时候知道就好了！”

“你到过艾萨琳？”泰兰德喘着气说。

“我去过城市的废墟，但是后来我转而到这里来找你的朋友。”他仔细地看着这一动不动的躯体，“如果……真的像你说的，他已经好几个晚上这样了，那么对于*我们*来说，我可能来得太晚了……”

22

一个暗夜精灵绝望地叫着，他的胸膛被一个恶魔用刀割了开来。他边上的另外一个暗夜精灵连声音都没有来得及出声就被恶魔守卫用钉头槌敲碎了头盖骨。

到处都有暗夜精灵战死。罗宁关于恐怖事实的警告远超出他们的想象。尽管拉芬克雷斯特身先士卒，但是暗夜精灵还是正在被慢慢地消灭。燃烧军团没有给他们喘息的机会，不停地冲击着他们的阵线。

即使知道自己和精灵都将战死，法师还是继续坚持战斗。

但他已经没有别的力量源泉了。

反抗军队到达的消息，让哈维斯多少有点吃惊。但是他对最后胜利的信心，丝毫没有减少。他看着如此众多造物主的天界将士，洪水般地涌出入口。他确信没有任何反抗军队可以坚持很长时间。很快，那个不和谐的世界将会被他清扫干净。

玛诺洛斯带领燃烧军团对抗着暗夜精灵，而哈卡继续狩猎抓捕，把所有的猎物都交给熟练的参事。哈维斯朝入口附近的小房间内瞥了一眼，在那里有他最新的战利品。等反抗军被彻底消灭的消息传来之后，哈维斯会有时间去看他的“客人”。现在，他有更加重要的事情要做。

他的注意力又回到入口，另外一群恶魔守卫出现了。他们接受了玛诺洛斯留下的高大的末日守卫的指导，列队加入到嗜血的兄弟们中去。

这样的情形在过去的几分钟里重复发生了好几十次。唯一的区别就是，每次到达的恶魔守卫都要比上次多。现在他们几乎挤满了整个房间。

当最后一队恶魔守卫通过之后，哈维斯在他的脑海里听见了萨格拉斯荣耀的声音——

节奏加快了，我很高兴。

暗夜精灵跪了下来："这是我的荣幸。"

这里有人反抗我们。

"只有少部分的不识时务者还在抵抗。"

入口必须要被保护好，它不仅必须开着，而且要尽快加固。很快……很快……我就要通过这个入口降临。

参事的心一阵狂跳。伟大的时刻就来临了！他站起来，说，"我会确保一切就绪！我发誓！"

他感到一阵满足……随后萨格拉斯离开了他的思绪。

哈维斯旋即传令下去，确保咒符盾牌功能正常。在入侵者尝试破坏它之后，他去检查过并确保那里完好无损。没有人再有机会动它了。

是的，它仍然在井然有序地工作着。想到他的"客人"，哈维斯继续思索着，当萨格拉斯最终降临的时候，他要做什么。当然，女皇应该在那里，也理应安排一个荣誉守卫。之后瓦罗森会打理最后的琐事。参事想要第一个问候天神。哈维斯决定要把水晶和水晶里的东西一起作为礼物交给萨格拉斯。这可是玛诺洛斯觉得很重要的三件事物之一。如果愚蠢的哈卡发现，参事这么容易就已经抓住了一个，他会怎么看？

哈维斯几乎已经等不及，要把他的囚犯展示给伟大的萨格拉斯看。看看神是如何对待这个年轻傻瓜的，这一定非常有趣……

玛法里奥的噩梦继续着。

年轻的暗夜精灵在水晶里飘荡，看着他能够看见的一点点房间的外观。他被放置在一个凹室的小角落里，水晶被插在一个角上。在凹室里，他可以瞥见门口，这让他可以看见一队队恶魔士兵气势汹汹地走过，他们只想着杀戮。那让他的心抽紧了，因为他知道，他们跑出来将杀害所有可以找到的暗夜精灵,这都是因为玛法里奥没有能够摧毁咒符盾牌。

虽然光看周围的环境变化,玛法里奥不知道时间过了多久,但是他知道,自从他被抓获的那刻到现在,至少已经有两个暗夜精灵死去了。在梦游的时候,他没有睡着。这样的情形持续了两个晚上或者更长时间。

他犯下了愚蠢的错误!玛法里奥曾经听说过有关哈维斯眼睛的故事。人们说,他的眼睛可以看见影子的影子,但是他把那些都当做奇谈怪论。那双让参事哈维斯能够观察自然巫术力量的瞳孔,也可以让他注意到他圣所里的飘荡的灵魂。难怪哈维斯笑得那么得意!

玛法里奥之前已经试过好几次想打破这个水晶笼子,但是发现它太牢固了。或许受过更多的训练之后,年轻的精灵也可以发现一些弱点,但不是现在。他失败了。他令自己、他的朋友、他的种族都失望了——还辜负了他的世界。

现在,只有拉芬克雷斯特的军队,还站在恶魔进攻的道路上阻击他们。

他必须要做些什么。

玛法里奥镇静下来,他再次试图使用塞纳留斯教他的办法。水晶是自然的一部分,这同样适用于他的法术。他的手在周边摸索,寻找这个矩阵的弱点。他利用的不全是德鲁伊教的法术,但是还是很接近。

可他依旧什么都没有发现。玛法里奥沮丧地尖叫。因为他的失败,数千人会死去。伊利丹会死,布洛克斯会死,还有泰兰德……

他可以在心里描绘她的脸,比任何人的脸都要清晰。玛法里奥想象着她对他的关怀。他知道她就在他的身边,试着把他召唤回来。他甚至可以听见她的呼喊。

玛法里奥……他真的听见了。

暗夜精灵颤抖了。难道他的思维正在崩溃?灵魂的消散居然这么快,让玛法里奥感到震惊,他的情况变得最坏了。

玛法里奥……你能听见吗?

感觉上泰兰德的声音好像是在回应他的想法。他凝视水晶之外,试图去看看,是不是哈维斯已经开始了某种触及灵魂上的拷问,但是玛法里奥没有看到任何征兆。

他最终多少恐惧地想到，*泰兰德？*

玛法里奥！我都快绝望了！

他自已都无法相信。是的，她是一个月神殿的祭司，但是这样的行为应该超过了她的能力。*泰兰德……你是怎么找到我的？*

这要感谢另外一个人，她说，他正在寻找你。

玛法里奥唯一能够想到的，是布洛克斯和罗宁。泰兰德曾经遇到过兽人，可尽管布洛克斯是个勇敢的斗士，但是他没有任何魔法。那么是罗宁吗？那也不太可能的，法师应该和拉芬克雷斯特一起离开了。

*谁呢？*他终于问道，*谁？*

我的名字叫克拉苏斯。

突如其来的插话令玛法里奥不安。这个声音是他从来没有听到过的，虽然听上去有点像是塞纳留斯的感觉。不管这个克拉苏斯是谁，他绝不仅仅是一个暗夜精灵，而是代表着更多。

*你仍然可以感觉到我们么？*这个声音问。

是的，我可以……克拉苏斯。

我曾经向泰兰德展示，我如何越过她的束缚，来释放自己的灵魂。听起来很困难，但是我希望它可以让你自由。

*让我自由？*玛法里奥看了看这个水晶笼子，他深切地怀疑这一点。

*这是一个狡猾的陷阱，*是的，克拉苏斯继续说，这令暗夜精灵非常吃惊。显然他们现在可以看见哈维斯把他囚禁在哪里。*但是我曾经对付过和它类似的陷阱。*

现在玛法里奥的情绪被进一步调动起来。*我需要做什么？*

既然我们已经移动了你的身体——

*你做了什么？*移动了他的身体？这太冒险了。

*我了解其中的风险。*玛法里奥没有继续反对，克拉苏斯继续说，*必须把它……带到我们身边。你必须要听好，因为机会只有一次。*

暗夜精灵紧张地等待着。如果他们可以把他从水晶中解救出来，他会去做任何他们要他做的事情。

我必须看见水晶，看见它大自然属性的每一面。你是个德鲁伊成

员。*这个你可以展示给我看。*

为了回应他的理解,玛法里奥观察了整个水晶内部。他看了每个角落,每个方面,指出了水晶的坚固和它可能的弱点。他看见的东西不能给他以逃脱的信心,但是他猜想克拉苏斯知道怎么做。

那里! 那个飘忽于肉体之外的声音,令他停在了某一边上。玛法里奥之前也研究过,注意到一个小小的瑕疵,但那时派不上什么用场。

这是你自由的钥匙,用你的意志去触碰它。看看这个薄弱环节会怎么样?

他第一次这么做了。瑕疵是微小的,但是仍然很清晰。他之前怎么会没有想到呢?

*他们说,智慧来自于经验。*克拉苏斯突然说,*我的存在恰好证明了这句谚语。*

他命令玛法里奥,运用森林之王教他的技能,来感知整个瑕疵的宽度,以了解它最终的自然属性。

你应该能够注意到它最有问题的地方,可以说,是它的薄弱之处。

我不能——哦,是的!是可以的! 玛法里奥感觉到了方位。他挤压它,急着想要自由……但是它也不屈服。

你有力量,但是还不够熟练。把你的心灵进一步朝我们打开。让我们进入,不管我们有多少人。我们将会是你额外的力量和智慧。

玛法里奥尽量清空了他的思想,将自己朝泰兰德和神秘的克拉苏斯开放。他立即感觉到了两者的区别。泰兰德的意识是关切但坚定的,克拉苏斯的意识是睿智而沮丧的。奇怪的是,那种沮丧感和玛法里奥的现状无关。

现在……再试试。

玛法里奥把他的梦,描绘成了一个切实的东西。他渐渐地推挤那个瑕疵。果然,如果他用的力气足够,它就退缩了。

突然,感觉上另外两个人也在帮助他推挤。玛法里奥几乎可以想象泰兰德和另外一个在他的身边,奋力地推着。瑕疵开始投降了,一个微小的裂缝逐渐变大。当瑕疵微微打开的时候,一个极其渺小的口子出现了。

*这是你的出路！*克拉苏斯催促他，*钻过去！*

玛法里奥的潜意识挤出了这个小小的出口。

当他离开了参事的牢房之后，身体开始变大，直到恢复成他原来正常的身高。其实这样的变化只是存在他的想象之中，但是他对此颇为满意，毕竟远比像昆虫一样被囚禁在水晶里要好。

现在……在你被发现之前……回到我们这里！

但是玛法里奥没有这么做。他要完成他的任务，来拯救他的人民，拯救他的世界。咒符盾牌必须解除。

玛法里奥！泰兰德恳求他，不要！

他不顾他们两个，飘荡在角落里……然后停住了。哈维斯站在了房间的另外一头，注意力集中在那个恶魔来到这个世界的黑暗入口处，似乎参事和入口潜藏的任何事物都融为了一体。玛法里奥战栗了，想起了哈维斯天生的邪恶。

现在的情形仍然对他有利。如果哈维斯盯着这个漩涡多看几分钟，玛法里奥就可以完成任务然后离开。

他朝咒符盾牌飘了过去，脑海里已经想好怎么去摧毁它。稍微改动一下，就已经足够了。

泰兰德和克拉苏斯已经不说话了。这要么意味着他们同意了他的做法，要么……和他的某种联系已经被切断了。不管是哪种情况，他现在已经不能回头。

玛法里奥最后看了一眼哈维斯，然后凭自己的力量接近了咒符盾牌。他首先改变了咒符的内部组成——这让他随后无论做什么，咒符都不会报警。

玛法里奥现在召唤的，是世界的力量，自然的力量。他利用这力量把咒符重新排列组合，这种新的形式会转换咒符的作用，最终导致它的消失。

咒符盾牌不稳地晃起来……

哈维斯立即觉察到出了问题。咒符盾牌发生了可怕的变化。

在入口处,萨格拉斯也感觉到了某些不对劲。

快找! 他命令他的爪牙。

参事快速地环视四周。他带有魔法的黑眸,盯住珍贵的咒符盾牌。——还有之前抓住的幽灵般的入侵者。

有人正在破坏咒符!

“抓住他!”哈维斯吼叫道。

喊叫声扰乱了玛法里奥的行动。他设法恢复他的控制力,却发现哈维斯正愤怒地指着他,叫嚷着让上层精灵和恶魔来抓住他。然而,这两者似乎都做不到。因为他们不像参事,他们看不见玛法里奥的潜意识,更别说是去抓他了。

但是哈维斯既可以看见,也可以抓他。当他发现别人都拿玛法里奥没有办法的时候,他自己冲了过去。人造的假眼放射出黑色能量,让玛法里奥觉得有什么东西正在朝他袭来,他本能地举起手,寻求空气和风的帮助。

暗红色的闪电劈过来,如果被打中就死定了。然而几英尺的地方,闪电被看不见的障碍挡住了——可能是固化了的空气——随即被暗夜精灵召唤的风所引开。

带着致命的精确性,闪电击中了入口附近的恶魔士兵。

恶魔像暴风中的树叶一样摇晃起来。几束闪电撞碎了墙壁,而有两束击倒了在入口站岗的巫师。这样一来,又造成了一片巨大的混乱。入口开始起伏不定地收缩,就像是不规律地呼吸,疯狂地一开一合。

上层精灵巫师拼命想把入口纳回自己的控制之下。几个想要通过入口的恶魔,突然被身后的黑暗给吞噬了。

一个巨大的身影站在玛法里奥附近。这个巨大的恶魔显然没有看见暗夜精灵。但是他挥舞着兵器希望打到什么东西。玛法里奥尽力地避让着兵器,根本没反应过来他对物理伤害是免疫的。

哈维斯已经避开了反噬的咒语,现在参事又回到了骚动当中。从他的口袋中,他拿出了另外一块水晶。

“这块水晶，不会让你逃掉了。”他眨了一下魔瞳。

玛法里奥迅速地把身旁的恶魔推到自己和参事之间。参事于是没有抓住他想要的目标，反而把惊恐的恶魔给抓住了。野兽庞大的身躯在被吸入水晶之前，朝着玛法里奥的方向愤怒而无用地乱叫一气。

哈维斯咒骂着把水晶丢开，也不管里面恶魔的死活。他所有的注意力还是集中在这个鬼魅般的梦游者身上，只有他一个人可以看见。

“我的阁下！”有一个巫师哭喊道，“我们还是——”

“保持手头的工作别动！入口必须保持开启，咒符盾牌也必须完好！我会对付这个隐形的入侵者！”

哈维斯说着准备再次吟唱咒语。然而玛法里奥并没有傻站着等死，他转身朝房间外疾飞，迅速地穿过了外面的门。

狂怒的参事立即追着他出来。

“开门！”

守卫照着命令开了门。哈维斯冲出房间，走下了楼梯追他的敌人。

但是玛法里奥并没有逃到楼下，而是飘到了塔的一堵内墙里。在那里参事就看不见他了。这样他一直等到危险过去。

玛法里奥又回到房间里，迅速地飘向咒符盾牌。要在上层精灵有机会加固它之前，快速地破坏它。

然而，当他接近咒符盾牌的时候，他再次感到了熟悉的恐惧。玛法里奥浑身发抖地看着入口。

你是不会碰这咒符盾牌的……一个可怕的声音出现在他的心中，你并不想这么做。你只是想侍奉我……崇拜我……

玛法里奥努力不让自己向那个声音屈服。他知道如果说话的人有机会进入这个世界，那么每个人会遇到什么样的不幸。所有被恶魔释放出来的罪恶，和这个相比，都将会是小巫见大巫。

*我……不会成为你的走狗！*玛法里奥几乎是吼完这句话的。他终于挣脱了那个思想的漩涡。

他感觉到可怕身影的愤怒。邪恶除了跟他玩思想魅惑的把戏以外，不能给他任何直接的影响。玛法里奥已经忽略了他。他只是想，失败对于他们来说意味着什么。

只是几秒钟之后——

他梦游的身体萎缩了，难以想象的痛苦袭击了他，使他头昏眼花地摔倒。

“别再玩了。”哈维斯站在门口，自言自语道。在他边上，几个守卫被搞得莫名其妙。他们弄不明白，哈维斯到底在和谁说话。

“游戏结束了！我会把你的精神撕碎，把你的精华散布在世界上，然后……我把你交给造物主，让他依照兴趣来处置你。”

他指着玛法里奥。

越来越多的燃烧军团冲击着暗夜精灵的阵线。拉芬克雷斯特极力避免他的部下被冲散，但是他们还是被迫后退。

罗宁创造出了一个凶猛的攻城槌，直捣恶魔群，扫荡掉了好几个恶魔，还在他们的队伍中砸下一个大坑。这在一个方向上拖住了恶魔进攻的步伐。但是在其他地方，燃烧军团仍然继续挺进。

罗宁听到了拉芬克雷斯特在某个地方的命令：“加强右侧！射手，打掉那些有翅膀的疯子！拉图苏斯，召回你的月亮守卫！”

也不知道高级巫师是否听到了拉芬克雷斯特的命令，反正月亮守卫动都没动。拉图苏斯站在最前面，指挥着咒语预言家们处理各种情形。罗宁扮了个鬼脸。年长的暗夜精灵对于战术一点概念都没有，他把那些本来就不多的力量，浪费在了隔靴搔痒般的攻击上，这还不如集中力量突击一点。

伊利丹也看到了这点，他说：“这个该死的老蠢材，完全浪费了！我带领他们可能还好一点！”

“别想他们了，把注意力集中在你自己的咒语上吧！”

但是正当魔法师说这话的时候，拉图苏斯摇晃了一下。他紧紧抓住自己的喉咙，跌倒在地，血从他的嘴里喷了出来。他的皮肤变黑，身躯瘫软，明显已经断气了。

“不！”罗宁审视了一下燃烧军团，他发现了那个恶魔巫师。

早先恶魔巫师也使用了类似的计谋，罗宁抓住几支箭朝他的身上投射过去。穿长袍的身影一闪，看着这突然的袭击，只是在那里大笑。罗宁断定他在身边引发了一个黑暗护盾的法术。

当利箭穿透了他的盾牌，也穿透了他的躯干后，艾瑞达停止了大笑。

“它并没有你想的那样坚固，是吗？”魔法师冷酷而满足地喃喃道。

罗宁再次转向伊利丹，却发现他已经不见了。他向四周望去，看见年轻的暗夜精灵伊利丹正在发狂般地奔向月亮守，领袖的战死让他们变得六神无主。

“他怎么了？”但是罗宁没有工夫去担忧他将来的得意门生，因为他突然被恐怖的热量包围，感觉自己的皮肤好像就要溶化了。

艾瑞达巫师已经把他看做是最大的威胁，首当其冲要除掉他。罗宁设法召唤足够的力量来抵御伤害，但是没有什么效果。渐渐地，他觉得自己正在被这种热量煮着。

他会死在这里，永远不会知道他在战役中的作用，是否会让历史维持原样，还是完全地改变历史。

有一个瞬间，罗宁身上的那些紧张压力几乎停止了。他本能地反应过来，用魔法全力抵抗剩余危险。他的视线变清晰了，最后将视线固定在了一个关键的恶魔巫师身上。

“你喜欢火焰？但我喜欢凉快一点。”

罗宁把咒语反过来投射在他身上，朝他发出一道冰霜。

罗宁看到酷寒淹没了恶魔巫师。艾瑞达变硬了，脸色也转而苍白。被冻住的他脸孔扭曲，显得十分痛苦。

有一个恶魔守卫碰了一下恶魔巫师，这个冰块身体就被打翻在地，撞上粗糙的地面，变成了一粒粒的冰块，散落在战场上。

罗宁屏住呼吸，看了看月亮守卫，他感觉到支援是从那个方向来的。当他看见伊利丹在带领月亮守卫的时候，不由瞪大了眼睛。年轻的暗夜精灵笑了，然后又转身回到了激战中。指挥着那些年老的巫师，命令他们排成一排，将他们微小的力量放大。他提取他们的力量，由此来增加自己咒语的威力。在燃烧军团当中引起一次又一次的爆炸，把不少恶魔炸上了天。伊利丹显出一种胜利的喜悦,也根本没有意识到其他巫师脸上的紧张。他已经全力利用他们的力量,但是如果他频繁地重复这样的步骤,月亮守卫会一个接一个地烧起来。

但是罗宁没有办法提醒伊利丹,而且事实上,他也的确不知道他是否应该让他知道。如果守卫们在这里失败了,还会有谁来抵抗恶魔?

只要玛法里奥没有失败……

玛诺洛斯高兴地看着战场,他的麾下势如破竹——不只在那些没有遇到抵抗地方,甚至在那些处处誓与燃烧军团拼死到底的地方。

他很高兴,在他的努力下,这场战役很快就要结束。这意味着为他的主人——萨格拉斯的即将到来铺平了道路。萨格拉斯会很满意一切都以他的名义得以完成。他会很好地奖励玛诺洛斯,这意味着恶魔在没有寻求阿克蒙德帮助的情况下,完成了这样一个壮举。

是的,玛诺洛斯会被好好地嘉奖,得到燃烧军团中更多的恩惠、更多的权力。至于帮助恶魔取得这个世界的上层精灵,他们会得到萨格拉斯的奖励,这种奖励以前只给予那些……

最后的绞杀开始了。

23

玛法里奥以为已经用计谋战胜了哈维斯，但是年轻的暗夜精灵又一次做了傻事。当他明明有可能会回到塔里去完成自己的任务时，凭什么认为参事会蠢到一直在楼梯和走道里找他呢？

这也许就是他最后一个错误了。哈维斯是一个有天赋的巫师，他拥有来自**井**的力量。玛法里奥已经从他的老师那里学会了很多，但还似乎不够对付这样一个致命的敌人。

而哈维斯也同样意识到了这点。

然而，玛法里奥的脑海里出现了一个声音……不是来自入口的地方，而是来自于神秘的克拉苏斯，玛法里奥已经很久没有听到他了。

玛法里奥……我们的力量就是你的力量……就像你在水晶里做的那样，利用所有认识你的人的爱和友谊……从那些和我一样的人那里寻求决心。

他所说的，暗夜精灵并非全部明白，但最关键的部分还是了解的。他感知到的现在不只是泰兰德和克拉苏斯，还有布洛克斯。这三个人朝玛法里奥开启了他们的心灵，他们的灵魂给予他所需要的任何帮助。

你是个德鲁伊成员，玛法里奥，或许你是你们种族中的第一个成员。你从世界和自然中获取力量，我们难道不是这两者中的一部分吗……所以也可以从我们这里获取……

玛法里奥听从了命令……但快来不及了。

哈维斯吟唱着咒语。

玛法里奥的精神力留下的痕迹已经很少了。年轻的暗夜精灵举起手来防止邪恶的攻击，但是他没有寄希望自己能成功。参事先前的攻击已经让他变得非常虚弱，好在接下来一次都没打中。他轻易地躲避着攻击，就象赶走骚扰的蚊子一样。

*站起来！*克拉苏斯催促他，*去做你该做的！*

他没有让玛法里奥和参事多做缠斗。没时间了。暗夜精灵应该去完成他的使命。

玛法里奥试着继续破坏咒符盾牌。

咒符盾牌已经被改变了排序。两个上层精灵在忙着调整它，但是他们脚下的地面突然陷了下来，石块好像按照玛法里奥的要求，转换了他们的自然属性，不再那么坚固。随着一声尖叫，这两个上层精灵在视线里消失了。

哈维斯愤怒地追打着玛法里奥，将某种热气附着在玛法里奥的身上，试图把他压成一团。起先玛法里奥艰难地挣扎着，后来他结合了泰兰德、布洛克斯和克拉苏斯的力量，再次坚强起来，利用风的力量一口气驱散了蒸汽。

但是当玛法里奥在对付蒸汽的时候，哈维斯趁机重新完善了咒符盾牌的顺序，然后不怀好意地转向他的对手。

玛法里奥失望了。最终，他要么死在这儿，要么被迫逃走。但他必须做点什么，而且要迅速。

他快速地飘动，但既不是朝咒符盾牌，也不是朝向哈维斯。

相反，玛法里奥现在面对着入口。

他再次召唤了飓风，这次要驱散的不只是一些蒸汽。玛法里奥意味深长地看着上层精灵，召唤来风显示它的威力。

在密闭的圣所内，巫师们突然发现自己被一阵狂风袭击。其中的三个被甩到了房间的另外一边，重重地撞在墙上。当他们掉下来的时候，又一个巫师被刮了过来，撞在他们身上。其余的巫师都趴在地上，躲避突如其来的狂风。然而，尽管没有更多人受害，这样的损失已经打击到了还活着的人，入口开始不稳定地闪光，而且萎缩了进去。玛法里奥感觉到的邪恶力量减少了。一双炽热的手突然从背面抓住了玛法里奥的脖子，掐住了他。之后他们进入了玛法里奥的梦游之躯，就好像进入他的肉体，这引起了他的尖叫，尽管叫得很响，但是只有攻击他的人可以听见。

“造物主的力量与我同在！”女皇的参事用满足的口吻吼叫道，“你不是我们两个的对手！”

玛法里奥感觉到入口再次传来的邪恶。虽然邪恶试图将他扔向上层精灵那边，但还是很微弱，但是这增强了参事已经很可怕的力量。要抵御这样的压迫，玛法里奥从其他三个伙伴那里获得的力量，还是不够。

泰兰德……他没有尝试召唤她，只是也许永远见不到她了，也没有办法和她长相守了。

克拉苏斯的声音再次充斥了他的脑海，*勇敢一点，德鲁伊成员，现在这里还有另外一个帮手等着呢。*

第四个出现了，立刻注入了自己的力量来帮助玛法里奥。和克拉苏斯一样，他绝不仅仅是一个暗夜精灵。他有内在的弱点，但是和暗夜精灵相比，这样的弱点是微不足道的。奇怪的是，新来的这个就好像是克拉苏斯的孪生兄弟，因为他们两者之间的差别实在太小，甚至根本区分不开他们俩的灵魂。

甚至留在玛法里奥脑海里的声音，也让他想起了克拉苏斯。*我是克莱奥斯特拉兹，我会贡献我全部的力量。*

他们的天赋是与生俱来的，是自然赐予的天性。克莱奥斯特拉兹的出现百倍地加强了玛法里奥的意志，给予了他从来没有过的希望。

*你是德鲁伊成员。*克拉苏斯再次提醒他，*整个世界都是你的力量。*

玛法里奥感觉到精神力倍增。他现在不但感知着遥远的朋友，而且也感知着岩石、风、云、泥土、树木……天地间所有的事物。玛法里奥现在几乎被世界的愤怒所占据。上层精灵和恶魔所有的邪恶，前所未有地冒犯了大自然。

*我保证我会尽我所能，*他对他们说，赐予我力量吧！

对于玛法里奥来说，这一刻仿佛有永恒那么长，但是直到他最后看一眼哈维斯之前，最多只过了几秒钟。参事僵硬地站在那里，表情呆板地表现出他正在准备借助身后主人的力量，试图最终消灭他幽灵般的对手。

玛法里奥对其他暗夜精灵的混乱报以一笑。他举起双手，遮住了天空，并召唤它的力量。外面雷电怒吼了。入口附近的上层精灵和军队都再次站不稳身体摔倒在地上，他们知道这不是他们计划的一部分，甚至哈维斯也开始担心。

突然，密室像地震一样摇晃起来——然后炸成了无数碎片。

瓦罗森抱着头盔跪在了艾萨拉面前："您召唤我，我荣耀的女皇？"

两个艾萨拉的仆人正在帮她梳头，这是每天的必修项目，可以保持她奢华的头发柔顺而完美。当仆人在为她梳头的时候，她自己正在嗅闻商队最近带回来的异国香料，以此为乐。

"是的，队长。我想知道上面传来的是什么噪音，听上去好像是从塔那里发出来的，是不是有什么事瞒着我？"

暗夜精灵耸耸肩膀："绝对没有，女皇，或许这是伟大的萨格拉斯到来的序曲。"

"你认为是这样？"她的眼睛亮了起来。"太奇妙了！"她挥手让他退下，"这么说来，我应该好好准备一下！这对我们来说可是件大事！"

"如您所说，这是我们民族的荣耀。"队长瓦罗森站了起来，把头盔戴上。他犹豫了一下。"您要我去调查吗，就是去确认一下？"

"不，我确信就是这个好消息！无论如何不要打扰哈维斯！"艾萨拉嗅了嗅另外一个小瓶子。这味道令她的血流加速，心情舒畅。或许在见神的时候，她应该带上这个。"毕竟，我相信参事会安排好一切。"

塔中神室的上半部分被摧毁了，从天而降的闪电劈开了它，屋顶翻滚着落入黑井。

几块巨大的石块砸进了房间，压死了两个上层精灵，剩下的也跑干净了。咒符盾牌和入口仍然矗立在那里……但是两者都已经严重受损。

风在里面肆虐。一个被飓风甩到房间边上的巫师刚昏头昏脑地站了起来，却又被风抓住了他的长袍，将他往后拖去。随着一声尖锐的哀号，他从高塔掉进了井中。

强烈的风鞭子一样抽打着生还者，上层精灵趴在地上，依然坚持要保护他们的咒符盾牌。但这是无济于事的，风暴实在是太强烈了。

只有两个人的身体，没有被暴风波及。一个是玛法里奥，他梦游之躯让雨水和暴风穿过他的身体。还有一个是哈维斯，保护他的不只是从**井**中提取来的力量，还有正试图从黑色的漩涡中渗出的邪恶。

“够了！”参事大叫道，“这没用，我年轻的朋友！你虽然有**井**中获得的力量，然而我也有神赐予我的力量！”

听了他的话，玛法里奥笑了。参事并没有意识到自己现在和谁作战。他以为依旧只是面对着一个熟练的巫师。

“不，我的阁下。”暗夜精灵说，“对于你而言，只有**井**的力量和恶魔的力量可以看做是有神性的！而对我而言，全世界的力量都在我这边！”

哈维斯嘲笑道，“我没有功夫跟你瞎扯。”

玛法里奥感觉自己从**井**中获得了前所未有的力量。这让他感到片刻的震惊，但是当这些力量转而帮助他的时候，就令他安下了心。

“我必须让你停止。”他向参事高声说道，“你和你侍奉的主子都必须停止。”

无论哈维斯想要吟唱什么咒语，玛法里奥都会提前知道。在参事念完咒语之前，暴风就会攻击到他。闪电一次又一次地击中哈维斯，把他烧成一根人形柱体。尽管他的皮肤焦黑脱落，但他还站在原地。雨水变成了奔腾的溪流，将所有的力量都倾倒在哈维斯的身上。哈维斯似乎在年轻的暗夜精灵眼前溶化了，骨骼和肌肉开始分离——但是参事还是顽强地做着最后挣扎。

之后，雷电从天空降临，惊天动地，以至于连塔的残骸也在晃动，同时又劈飞一个上层精灵，惨叫着掉进了黑暗的**井**中。雷声也撼动了玛法里奥自己的身体，更摧毁了哈维斯，把女皇最高的参事——上层精灵的统帅——轰成了渣。

他爆炸的时候，发出了如同地狱里的野兽一样的狂吠，这样的嚎叫延续不已，直到他变成空气中的碎片。那微粒尘埃曾经一度是备受荣宠，说一不二，呼风唤雨的参事哈维斯……

剩下的那些上层精灵最终都四下逃窜。玛法里奥任由他们跑掉，他知道自己耗尽了力气，但他还有最后一件事情要做。

没有了哈维斯的保护，咒符盾牌很容易地就被毁灭了。玛法里奥的轻轻一个手势，就解除了邪恶的咒语，给了他的种族继续生存下去的希望，但求还不算太晚。

最后，他看向那个入口。

它现在只是一个微弱的影子，实际上只是个洞而已。玛法里奥瞪着它，知道自己无法永久地把通道封存起来，杜绝邪恶的降临，但是至少可以延缓邪恶出现的时间。

*我迟早会来的，你只是拖慢了一点节奏……*他害怕的声音又来了，*我会吞噬你的世界……就像我已经吞噬的其他世界一样……*

“你会消化不良的。”玛法里奥冷淡地说。

他再次释放了暴风雨。

雨水冲走了原先漂浮在入口的黑气。一束又一束的闪电精确地打在洞的中央，迫使里面的东西一再后退。飓风在变弱了的咒符边上旋转，用强大的力量把它撕扯成碎片。

而大地……大地也在颤抖，终于把最后一点塔基也摧毁了。

因为是纯灵魂，玛法里奥对于建筑的崩溃并不感到害怕。他忍住疲倦，注视着发生的一切，希望所作所为已经彻底挽救了这个世界。

地面倾斜了。黑暗巫术的用具和残余的墙壁，都纷纷跌落下来。

塔倒塌了。入口也快速地收缩，最后自行关闭了。

一股突如其来的引力将玛法里奥抓住了。他感觉自己的梦游之躯，被一股强力拖向那个在消失的洞。

*至少我还有你。*一个渐渐衰弱的声音说道。

暗夜精灵拼命挣扎，让他的梦游之躯远离那个缝隙。灰尘在他的身边飘过，被收进了萎缩的入口。

无法忍受的恐惧，他被拖得越来越近。

玛法里奥! 泰兰德叫道,*玛法里奥!*

他抓住她的呼喊,试图把它作为一根连着现实世界的救命稻草。在他的下面,塔的余下部分也跌入了永恒之井的黑暗深渊。只有玛法里奥和那个微小而危险的洞还留在空中。

泰兰德! 他默默地呼喊。他闭上眼睛,试图想着她的样子,试图靠近她。

*我得到你了。*一个他无法辨别的声音说道。

世界被颠倒了过来。

玛诺洛斯感觉到失去了什么。甚至在一切发生之前,他已经感到了力量的空虚。

身形硕大、野兽一般的指挥官,在众人的后面停了下来,朝着塔的方向,转过他长有獠牙的丑脸。

塔已经崩塌了。

"不——"他吼叫道。

罗宁感觉了能量如潮水般汹涌而来,力量的鼓动。他觉得自己能够建立世界,摘下星星,排列成自己喜欢的图案。他是无法征服的,是全能的。

封锁永恒之井的咒符已经被摧毁了。

他立即看看伊利丹,看看年轻的暗夜精灵是否也有一样的感觉。罗宁完全不害怕,虽然伊利丹同样也感知到了突如其来的力量。事实上,不只有月亮守卫看上去变得强壮而自信,其他的守军成员也一样。

*法师意识到,**井**和暗夜精灵是一体的。*即便是那些没有法力的精灵,也和**井**有相同程度的维系。**井**被屏蔽之后,以一种还未知的方式,剥夺了他们的力量。而现在,罗宁从每个人的身上,上从拉芬克雷斯特下到最低微的士兵,都看到了恢复的信心和决心。他们现在确实相信,自己是不可战胜的。

即使是燃烧军团。

鼓号齐鸣。暗夜精灵齐齐地发出了一声吼叫,正好和以前恶魔发出的声音相对。燃烧军团的阵线动摇了,一点都不明白这突然的变化意味着什么。

“杀了他们!”拉芬克雷斯特呼喊道。防守的暗夜精灵齐齐向前冲锋。

恶魔突然发现自己前所未有地慌张。地狱兽在跑回自己的阵营之前,就已经被杀掉了。獠牙士兵在暗夜精灵的刀锋下一个接一个地跌倒。燃烧军团在溃败途中被彻底消灭了。

伊利丹率领着月亮守卫抗击侵略者,并继续调用他们的力量加强自己的咒语。

土地在燃烧军团的脚下晃动,将恶魔到处乱甩,像甩小弹丸一样。几个带翅膀的末日守卫在他们蹿入空中的时候,就着了火,成为燃烧的炮弹从天空坠落,反而加重了自己同伙的伤亡。

罗宁也并没有袖手旁观。一想到今天已经牺牲的同伴和将要在未来战争中失去的战士,他就无法停止追杀那些恶魔。一个艾瑞达巫师愚蠢地被自己的长袍裹住了,越拉越紧直到自己被拧成两截。自从法师采用锁链状的蓝色闪电网,成群地消灭燃烧军团的巫师后,只有地上留下的一堆堆灰烬可以显示出他们曾经存在过。

第一次,真正的混乱在这些可怕的恶魔中爆发了。甚至,恶魔的眼中出现了恐惧。

他们收缩起队伍准备撤退,暗夜精灵则向前冲锋。

“我们现在要打败他们!”拉芬克雷斯特呼喊道,“不要留一个活口!”

防守的暗夜精灵在他的呼喊下进一步集结。尽管面对的是比他们强大高壮的侵略者,但是暗夜精灵还是无畏地前进。罗宁和伊利丹继续扩大战果。法师抬起头发现几个恶魔正朝防守军直冲下来。如同之前一样,炽热的恶魔被卷进了一个球中,像一块石头一样掉落下来,摔成了碎片。

还有一次,罗宁还利用了一些伊利丹的手法,借助从**井**获得的力量,他在空中生成了一个金色的屏障,使得那些天空中的恶魔没有办法逃走。那障碍不仅仅是一堵墙,对于罗宁来说,还有个用处。他按照自己的想法来塑造它的形状，令它弯曲成半圆形的天幕，恶魔会撞上它摔下来，正好掉在他们自己队伍的最中央。

即便是他早先投射下来的闪电锁链，也没有像这次一样，造成如此巨大的毁灭。超过二十个恶魔从不同方向摔向了燃烧军团的中央，毁灭了整个队伍，而且还造成了几个硕大的冒烟的大坑。敌人的身体被炸得到处乱飞，跌落下来砸到别的恶魔，造成更加巨大的破坏。

魔法师远远地听到了胜利的笑声。伊利丹拍手庆贺胜利，之后他用手指了指落荒而逃的敌军脚下。

左翼一部分的燃烧军团突然挣扎起来，很多恶魔忽然陷入了泥沼。他们脚下的坚硬土地变成了泥泞的池塘，重盔甲的恶魔只能像石头一样沉下去。他们挣扎着想要爬上来，但是，最终还是消失在地面上。

此后，伊利丹挥了挥手，又将泥土凝固了起来，擦去了这里恶魔群灭的痕迹。他回到罗宁身边，向法师鞠躬。

罗宁保持着镇静，只是又一次点了点头。如果没有什么别的意外，伊利丹已经控制了战争的节奏。

最终，在如此残酷的攻击之下，燃烧军团别无选择——只能撤退。

没有鼓号，没有呼喊。恶魔撒腿就跑。他们保持了有序的队形，这也是他们的指挥官唯一所能做的了。甚至他们逃得还不够快，被后面的守军追上来收割着。

月亮守卫开始施展自己的本领。他们将抓获的地狱兽变成了树木或者田鼠。有几个想要逃跑的地狱兽，干脆就被烧成了灰烬。

还有一些轻微的抵抗，但是很快就被守军平息下来。恶魔守卫的尸体躺倒在各个地方。无数的燃烧军团恶魔都死在了这里。罗宁毫不怀疑这里肯定也有很多艾萨琳沦陷受害者的朋友和爱人。

然而，暗夜精灵不懈战斗的一个重要原因是魔法师关心的。现在，拉芬克雷斯特呼喊了她的名字，用它来集结军队。

“为了艾萨拉！为了女皇！让我们去拯救她！”

罗宁听到过玛法里奥的怀疑，女皇似乎是残杀的同谋，她轻信她的参事和上层精灵，他觉得这是真的，但只能把秘密藏在心里，而当他们一到宫殿,真相就会显现。

远离了燃烧军团,他们开始走近被毁灭的主城的边缘。一路上全是燃烧军团的尸体,他们死于战豹的撕咬,他们死于兵器和巫术的双重打击,总之他们死了。战斗在黑暗中不停地爆发,暗夜精灵踩着恶魔侵略者的尸体前进。

或许它还会继续,或许战争还会延续到主城甚至是宫殿里,但是当白天不可抗拒地到来的时候,反抗军最终还是会疲倦的。他们已经筋疲力尽,拉芬克雷斯特看出如果继续下去,将会让暗夜精灵受到无法承受的伤害。他表情相当勉强地发出了停止行军的号角声。

当号角响起来的时候,伊利丹的表情有点复杂。他试图让月亮守卫继续跟随他前进,但是有些月亮守卫还有足够的热情支撑身体,有些则一步都走不动了。

罗宁同样也感到疲惫不堪。诚然,他还可以发出破坏性极大的魔法,但是他开始直冒冷汗,如果走得太快,还会感觉到头昏。他越来越不能集中注意力。

除开伊利丹,余下的暗夜精灵知道他们也不能继续走了——不是因为太阳出来了——而是因为他们的路还很长。是的,威胁还存在,他们现在看到的恶魔是有限的。它们可以都被杀掉,它们也可以跑回去。

指挥官迅速地找出了一些志愿者,骑豹去巡游暗夜精灵王国。他们有两个任务。第一可以找到一些暗夜精灵,重整旗鼓来组建更加强大的军队,以抵御下次燃烧军团的攻击;第二是去查看一下其他地方遭受破坏的程度。

除了这些之外,贵族还立即任命他的私人巫师——伊利丹——来统领那些已经跟随他的月亮守卫。有一些资深的生还者发出了轻微的反对声,但是伊利丹在打退恶魔时显示出来的力量,很快平息了这些抗议。

伊利丹很高兴自己的新头衔,他找到罗宁跟他说起这个情况。魔法师礼貌地点点头,一方面他在回想自己年轻的时候,是否也这么容易热情而冲动;另外一方面,他担心现在新的局面会怎样影响伊利丹的性格。伊利丹有很好的潜质,是他从未见过的,但是他的鲁莽会给他带来麻烦,就像燃烧军团那么危险。罗宁决定要留意他的同伴。

当他冷静下来的时候，这个暗夜精灵中唯一的人类，开始审视这支曾经抵御过恶魔的军队。日光让他们的铠甲闪闪发亮，给了他们一个史诗般辉煌的形象。他们勇敢得好像可以击退任何敌人。尽管如此，罗宁仍然觉得，如果他们想要赢得最终的战斗的话，就需要一支更加强大的军队。历史已经证明，胜利是肯定的，但是现在太多的因素——包括他在内——在影响着这个结果。更糟糕的是，燃烧军团察觉并警惕到了对付他们的魔法力量，他们现在会越发卖力地首杀魔法师和伊利丹。

在他自己的时代，罗宁曾经是恶魔的目标，也是他们的盟友。他不希望这样的事再次发生。

暗夜精灵这次的成功，应该归功于谁？不是罗宁，不是伊利丹，不是所有的月亮守卫或者拉芬克雷斯特和他的军队。他们中没有一个是真正造成胜利的因素。

究竟是什么呢，当疲倦的法师思考的时候，他凝望了远处黑暗的艾萨琳和混乱的众生灵，*玛法里奥怎么样了？*

24

玛法里奥像死了一样一动不动地躺着，这样的场面让事情变得更加糟糕。他们没有一个人可以感应到他。泰兰德把他的头枕在自己的膝盖上，软草充当了他的床。

“我们会失去他吗？”影歌困惑地问。他陪着这群人离开这里去了遥远的森林，假装在看守着他的囚犯，克拉苏斯。他没有在他们的咒语战中起到什么作用，但是当情况发生变化的时候，他站在旁边保护他们。他已经从一个不情愿的局外人，变成了一个关切的同伴，虽然他现在还不怎么明白到底发生了什么事。

“不！”泰兰德打断了他的话，然后她用抱歉的口吻说，“不可能……”

“他闻上去不像死了。”克莱奥斯特拉兹声音很大地说。

每次克莱奥斯特拉兹说话，影歌都斜眼看他，他还不能接受红龙的出现。泰兰德别的什么时间可能会很高兴，但换到现在就难说了。她自己很快接受了红龙成为同伴，特别是自从她感知到了克莱奥斯特拉兹和克拉苏斯之间一些隐秘的关系之后。他们似乎就像是兄弟或者双胞胎。

想到双胞胎，让她低头再次凝视玛法里奥。

克拉苏斯在来回踱步。他现在似乎健康多了。当他和龙接近的时候，年轻的女祭司注意到治疗起的效果更大了。不幸的是，那样的健康现在帮不到像个活死人一样的玛法里奥。他现在忧心忡忡的样子，就和女祭司担心玛法里奥一样——可是，克拉苏斯在神殿见到玛法里奥之前，从来没有看见过他。

布洛克斯跪在泰兰德的对面，他的斧子放在他沉睡朋友的边上。兽人深深地埋下头，女祭司可以听见一些喃喃自语，好像是祷告。

“这个区域已经被有力的魔法控制了。”克拉苏斯低声自言自语道，“他梦游的灵魂可能已经被驱散到了世界的每个角落。他可能有能力把这些灵魂再次拼凑起来，但是那样的可能性……”

影歌环顾四周看看其他人：“恕我鲁莽地问一句，他最后完成了他希望做的事情吗？”

戴头巾的魔法师转向他，表情平静地说：“他至少做到了一点，我祈祷这已经足够了。”

“别再这样说了！”泰兰德坚持道。她擦了擦眼睛里的泪水，抬头凝望阳光。尽管光芒刺眼，但是泰兰德坚持专注地看着。“艾露恩，月亮女神，原谅我这个仆人打扰了您的休息！我不敢奢求他可以回来，但是请至少告诉我他的命运如何！”

但是没有荣耀的光芒照射到玛法里奥，月神没有显灵。

“或许我们把他带回神殿会更好。”守卫队长影歌建议道，“也许女神可以在那里更好地感应他。”

泰兰德没有回答。

克拉苏斯停止了踱步，眺望南方，那片森林茂密的地方，眼睛眯了起来，嘴唇也受挫般地嘟了起来，说：“我知道你在那里。”

“我现在也知道你是什么。”一个突然变大的声音回答。附近的树木突然聚拢在一起，形成了巨大的胸、手臂和脸的形象，就和泰兰德还有影歌的很象。

塞纳留斯握紧拳头，慢慢地朝众人走来。他和克拉苏斯对视了一会儿，然后彼此尊敬地点头致意。

森林之王来到了泰兰德安置玛法里奥的地方。布洛克斯恭敬地让出位置，而守卫队长影歌站在那里张口瞪着他。

“我亲爱的艾露恩之女，你的眼泪感动了苍天和大地。”

“我为他而哭泣，我的阁下……这个人，你也是爱他的。”

塞纳留斯点点头。他弯起前足，温柔地碰到了玛法里奥的前额，说：

"他几乎等于我的儿子,所以,我很高兴他能有你这样的人在他的身边。"

"我——我们很小的时候就是朋友了。"

森林之王微微地笑了,笑声引来了小鸟,还送来了一阵凉爽清新的微风,抚摸着每个人的脸颊:"是的,我得知了你对艾露恩的请求,不管是嘴里说出来的,还是藏在心里的。"

泰兰德并没有掩藏她的尴尬,她伤心地说:"但是我所有的恳求都没有结果。"

他的表情变得诚实而困惑:"你这么认为?那么,我为什么要来呢?"

其他人都愣住了。年轻的女祭司摇了摇头:"我不明白!"

"因为你还年轻。等你到了我这把年纪……"说着,塞纳留斯打开了他的左手。

一朵轻盈的翡翠玫瑰出现在他的手掌中。它稍稍飘浮在手掌之上,就好像自己会飞一样。

半神半人站了起来,往后退了几步,仔细观察他的学生。"我走入了翡翠梦境,寻找了很多可怕问题的答案。我在那里搜寻,寻找可以对这些死亡之花采取的措施,"一丝温柔的微笑掠过了满是胡须的脸,"想象一下,当我发现一个我认识的人,在翡翠梦境中飘荡的时候,我有多么吃惊。但是我也很不解。为什么,他甚至不认识自己,甚至还不如我对他了解得多!"

当塞纳留斯说完的时候,一缕光投向到了玛法里奥,进入了他的头脑。

暗夜精灵的眼睛睁开了。

"玛法里奥!"

泰兰德的声音是玛法里奥感觉到的的第一件事物,他迅速紧紧抓住了它,将它作为安全绳,一条生命线。他从无意识的深渊,朝着明亮而欣慰的光芒,把自己拉了上来。

当他睁开了眼睛,看见了晨光下的泰兰德。令人惊讶的是,日光并没有影响到她,反而让他觉得,泰兰德美丽得难以置信。

他几乎想要告诉她自己的感受,但是随后其他人的出现,令他改变了这个念头。他摸了摸她的手,然后才认出了其他人。

“那咒符——盾牌——”他的声音听上去像只青蛙的叫声，“它是不是——”

“不见了。”一个不是暗夜精灵的人回答。对于玛法里奥来说，那一定是克拉苏斯。“现在，燃烧军团已经被控制……至少在一个地方。”

玛法里奥点点头。他知道战争并没有结束，他的同胞仍然面临着灭亡。然而，这并不影响暗夜精灵取得胜利。即使没有别的成果，至少还仍有希望存在。

“我们会和他们抗争到底。”泰兰德许诺，“我们会拯救我们的世界。”

“他们是可以被打败的。”布洛克斯也赞成地说，一边还骄傲地挥舞着自己的兵器，“这个我知道。”

克拉苏斯还是很现实：“他们是可以被打败的，不过我们需要更多帮助。我们需要龙族的援手。”

“你要的远不只是龙族！”塞纳留斯吼道，“我走了，我们等着瞧！”他面对众人往后退，最后给了玛法里奥一个微笑：“你让我感到骄傲，我光荣的学生。”

“谢谢您，老师。”他看着半神半人又融进了树丛中。

“我们现在就回苏拉玛城吗？”一个穿制服的年轻护卫军官插嘴问。玛法里奥不认识他，但是他想也许这个人有理由留在此地。

“是的。”克拉苏斯说，“我们回苏拉玛。”

泰兰德扶着玛法里奥站了起来。他说：“摧毁那个恶魔降临的入口花不了多少时间，但是，上层精灵可以轻易地再造一个传送门，招来更多的恶魔，我担心这样。”

他的想法比较独特，可是没有人附和。玛法里奥朝着主城的方向眺望。一个可怕的恶魔已经来到他的土地上，必须阻止他毁灭一切的恶行。在阻止燃烧军团的首次战斗中，玛法里奥已经立了大功。出于他自己都无法解释的原因，他深信，他们将会再次抗击那些恶魔，抗击那些前来侵略和破坏他深爱的卡利姆多大地的恶魔。

玛法里奥只有祈祷，到那个时候，自己已经有准备地面对燃烧军团……否则，不只是卡利姆多，整个世界都将有毁灭的危险。

敬请期待

上古之战三部曲之二

恶魔之魂

图书在版编目(CIP)数据

永恒之井/(美)纳克著;张尧臣,龚瑱译.-上海:文汇出版社,2010.2

ISBN 978-7-80741-807-8

Ⅰ.永… Ⅱ.①纳…②张…③龚… Ⅲ.长篇小说-美国-现代 Ⅳ.I 712.45

中国版本图书馆 CIP 数据核字(2010)第 018069 号

图字:09-2005-362 号

“魔兽”上古之战三部曲之一

永恒之井

作者/(美)理查德·A.纳克 译者/张尧臣 龚 瑱

责任编辑/刘 刚 封面装帧/柏拉图创意机构

出版发行/文汇出版社(上海市威海路 755 号 邮编 200041)

经销/全国新华书店

印刷/装订/江苏启东市人民印刷有限公司

版次/2010 年 2 月第 2 版 印次/2010 年 2 月第 1 次印刷

开本/640×960 毫米 1/16

字数 180 千 印张/17

ISBN 978-7-80741-807-8 定价:25.00 元